구슬쌤의

예의
바른 영어
표현

에 더하여

예의 바른 영어 표현에 더하여

지은이 구슬
초판 1쇄 발행 2023년 8월 28일
초판 2쇄 발행 2023년 9월 11일

발행인 박효상 **편집장** 김현 **기획 · 편집** 장경희, 김효정 **디자인** 임정현
마케팅 이태호, 이전희 **관리** 김태옥

기획 · 편집 진행 김현
본문 · 표지 디자인 고희선

종이 월드페이퍼 **인쇄 · 제본** 예림인쇄 · 바인딩

출판등록 제10-1835호 **발행처** 사람in **주소** 04034 서울시 마포구 양화로 11길 14-10 (서교동) 3F
전화 02) 338-3555(代) **팩스** 02) 338-3545 **E-mail** saramin@netsgo.com
Website www.saramin.com

책값은 뒤표지에 있습니다.
파본은 바꾸어 드립니다.

ISBN
979-11-7101-019-6 13740

우아한 지적만보, 기민한 실사구시 사람in

말할수록 들을수록 품격 있는 영어 표현!

구슬쌤의

예의

더
부드럽게
조언할 때는

You
should

vs

You might
want to

바른 영어 표현

인품이 느껴지는 한마디
I don't want to tell you.

vs

It's not my story to tell.

에 더하여

변화를
일으키겠다는
의지가 담긴
계획이라면

plan

vs

INITIATIVE

유튜브 46만 구독자 구슬쌤이
알려 주는 격조 높고 품위 있는
영어 표현의 진수!

BEYOND MANNERS

구슬 지음

사람in

사랑하는 나의 가족,
I couldn't have done this without you.
THANK YOU
for
EVERYTHING.

인생을 살다 보면 타임머신을 타고 과거로 돌아가 10년 전 내 자신에게 말해 주고 싶은 것들이 있잖아요. '아, 10년 전 내가 이걸 알고 있었다면 정말 좋았을 텐데'라고 느껴지는 것들이요. 이 책은 12년 전의 제게 알려 주고 싶은 내용들로 가득 채워져 있습니다.

12년 전 미국에서 대학 졸업 후 첫 직장에 들어갔을 때 전 분명 네이티브와 소통하는 데 아무 지장이 없을 정도로 영어를 잘했어요. 친구를 사귀는 데도, 학업을 따라가는 데도, 금융 위기의 취업난 속에서 취업 비자 스폰서를 해 줄 회사를 찾으려고 수십 번의 인터뷰를 하는 데도 전혀 문제가 없었죠.

그런데 막상 회사에 들어가니 친구와 '점심 뭐 먹을래? 영화나 볼까?'처럼 편하게 툭툭 나눴던 일상 회화나 면접을 위해 달달 외웠던 면접용 영어가 더 이상 통하지 않더라고요. 고객에게 우리 회사 제품을 왜 사야 하는지, 경쟁사와 우리 제품이 어떻게 다른지, 왜 다른 미국인 직원이 아닌 '구슬'과 거래해야 하는지를 설득하려면 단순히 말만 통하는 영어가 아닌, 부드러운 대화술이 필수였으니까요. 또 특별 할인 요금을 승인하도록 상사를 설득하고 타이트한 마감 기한을 맞추기 위해 동료에게 아쉬운 소리를 하며 부탁할 땐 please와 would you로는 부족했습니다.

그때부터 전 네이티브는 어떻게 '예쁘게' 부탁하는지, 싫은 소리를 어떻게 부드럽게 돌려 말하는지를 살펴보고, 기분 좋은 대화를 위해 자주 쓰이는 표현들을 익히려 정말 많이 연구하고 노력했습니다.

이 책에 나와 있는 내용은 결코 쓸데없이 어려운 단어가 아닌 네이티브가 가장 많이 쓰는, 누구나 다 알아야 할 기본 표현들로 구성돼 있어요. 그리고 기왕 영어 공부하는 거, 처음부터 제대로, 기분 좋은 의사소통에 기본이 될 표현들을 외우는 게 좋잖아요. 품위 있는 말투를 갖는 건 누구에게나 도움이 되니까요.

전작인 〈구슬쌤의 예의 바른 영어 표현〉이 예의 바른 영어의 뼈대를 단단히 잡아 주는 표현들을 다뤘다면, 이번 책은 한 단계 더 나아가 여러분의 표현력을 높일 수 있게 구성했습니다. 제가 제일 좋아하는 부분은 '늘 쓰던 단어도 더 새롭게 더 예의 바르게'입니다. Appreciate, share처럼 다 아는 기본 동사와 어휘를 재발견하는 부분이에요. 네이티브와 대화하다 보면 '아, 저 단어를 저렇게 쓸 수도 있구나'란 aha moment(깨달음의 순간)이 올 때가 정말 많거든요. 그 aha moment의 총 집합체라고 보시면 될 것 같아요. 전 지금도 잊히지 않는 칭찬이 있는데요. 회사에서 상을 받을 때 부회장님이 절 안아 주시며 'We appreciate you.'라고 하시더라고요. 평소 'Appreciate it.(고맙습니다.)'은 입에 달고 살았지만 이렇게 it 대신 사람을 가리키는 말을 넣어 쓸 수도 있다는 건 몰랐거든요. 아는 만큼 들린다고, 아마 그 전에도 여러 번 들었을 텐데 한 귀로 듣고 한 귀로 흘렸을 가능성이 높겠지요. 이처럼 우리에게 익숙한 쉬운 단어로 더 예의 바르게, 네이티브처럼 쓸 수 있는 법을 담았습니다.

이 책은 지난 4년 간 올린 유튜브 영상 중 가장 중요하고 구독자분들이 진짜 꼭 알았으면 하는 표현들만 담아야겠다는 생각으로 집필했습니다. 〈구슬쌤의 예의 바른 영어 표현〉과 이 책 딱 두 권이 blunt한 영어에서 벗어나기 위해 고군분투했던 제 자신에게도, 지금까지 4년 동안 올린 영상의 하이라이트 표현만 엄선해 한눈에 정리하고 싶은 구독자분들께도 자신 있게 내 놓을 수 있는 책인 것 같습니다. 여러 번 다시 봐도 정말 작은 글씨로 쓰여진 부분까지 버릴 것 하나 없는, '구슬의 욕심'이 가득 찬 책이에요.

세월의 영향을 받은 것도 있겠지만 12년 전의 저와 지금의 저는 표정도, 말투도, 아우라도 다릅니다. 배려심 있는 말투가 절 더 배려심 있고 부드러운 사람으로 만들어 준 거죠. blunt한 말투에 여러분의 다정한 모습이 가리지 않기를, 나아가 부드러운 영어 표현이 여러분을 더 나은 곳으로 데려다 줄 수 있기를 진심으로 바랍니다.

처음부터 안 봐도 돼요. 흥미를 느끼는 부분에서 시작하세요!

영어 공부는 재미있게 하는 게 가장 중요하죠. 그래야 부담 없이 꾸준히 할 수 있으니까요. 이 책을 굳이 처음부터 하나하나 찬찬히 볼 필요는 없어요. (물론 그게 편하신 분들은 그렇게 해도 좋아요.) 책장을 휘리릭 넘기다가 관심이 가는 주제나 지금 당장 내게 필요한 부분이 눈에 띄면 그것부터 봐도 괜찮아요. 단, 대충 눈으로만 쓱 보고 넘기지 말고 예문까지 꼼꼼히 읽어 본 다음에 넘어가 주세요.

Good things take time. 좋은 건 시간이 들게 마련이죠.

저는 이 책에 담긴 표현들을 배우고 익히는 데 17년이 넘게 걸렸어요. 그것도 매일 영어에 노출된 환경에서 말이죠. 여러분이 단 일주일 만에, 한 달 만에 제가 알려 드린 표현들을 전부 완벽하게 익힐 수 있다면 좋겠지만, 그것보다 좀 더 시간이 걸려도 속상해하거나 답답해하지 마세요. 내 영어에 빨리 변화가 있어야 한다는 급한 마음은 조금 내려놓고, 매일 표현을 한 개씩 익히더라도 꾸준히 공부해 주세요. '이 책에 있는 건 다 외워 버릴 거야. 단 하루도 빠지지 않고 매일 20개씩 공부할 거야.'라며 자신에게 부담을 주는 다짐보단 꾸준히 공부하는 걸 목표로 해 주세요. 그럼 실력은 늘 수밖에 없습니다.

꼭 소리 내어 읽어 주세요.

좋은 표현들을 많이 알고 있어도 결국 실전에서 쓰지 못하면 아무 의미가 없어요. 이 책에 있는 표현들은 '아, 이런 근사한 표현도 아는 내 자신이 자랑스럽다'란 자기 만족이 아니라, 예의 바른 배려 영어를 통해 상대와 관계를 쌓는 데 도움이 될 것들이니까요. 네이티브 앞에서 자신 있게 쓸 수 있는 표현들은 머리가 기억하는 표현이 아닌 입 근육이 기억하는 표현이거든요. 특히 내가 꼭 쓰고 싶은 표현들은 입으로 그냥 읽어 보는 게 아닌, 실제 그 상황을 상상하며 표정과 말투까지 완벽하게 연습해 주세요. 진짜 그 상황이 다가오면 나도 모르게 '툭' 하고 튀어나올 수 있게요.

원어민 음성 파일로 복습, 복습, 또 복습!

영어는 자투리 시간을 잘 이용하는 게 정말 중요하다고 하잖아요. 거창한 시간이 아니라 출퇴근길에, 집안일할 때, 운동할 때 원어민 음성파일을 들으며 꼭 복습해 주세요. 참고로 이 책에 실린 원어민들의 발음 속도는 평소 그들이 말하는 현실적인 대화 속도입니다. 약간 빠른 것 같아도 '아, 이 정도는 들을 수 있어야 상대가 얘기하는 걸 무리 없이 이해할 수 있겠구나'란 생각으로 시간 날 때마다 틈틈이 들어보세요. 여유가 된다면 대화 속도에 맞춰 따라 읽어 보기도 하고 상대가 이렇게 얘기했을 때 난 어떻게 답변할지에 대한 생각도 해 보시면 금상첨화지요.

작은 글씨로 쓰여 있는 것도 꼼꼼히 봐 주세요.

한국에서 영어 공부를 하며 많은 분들이 갖는 가장 큰 고민은 '이 표현을 네이티브가 진짜 쓸까?'인 것 같아요. 자연스럽고 실제 쓰이는 표현과 분명 틀리지는 않지만 네이티브에겐 딱딱하고 어색하게 들리는 표현을 구분 짓는 게 참 어렵죠. 여러분이 이 책에 나와 있는 표현들만 익혀도 자연스러운 실전 영어의 기본을 충분히 쌓으실 수 있도록 제가 미국에서 가장 많이 들은 표현들만 엄선해서 꽉꽉 채웠어요. 작은 글씨로 적혀 있는 추가 설명 부분은 결코 덜 중요한 부분이 아닙니다. 정말 중요한 내용이기에 꼭 기억해 주셨으면 하는 내용들은 다시 한번 복습할 수 있도록 구성했습니다. 오히려 '이걸 말씀드리지 않으면 아쉬울 것 같으니 꼭 기억해 주세요!'라고 외치는 것으로 생각해 주시고 꼼꼼히 봐 주세요.

구슬쌤이 자신 있게 내놓는 효과 만점 구성

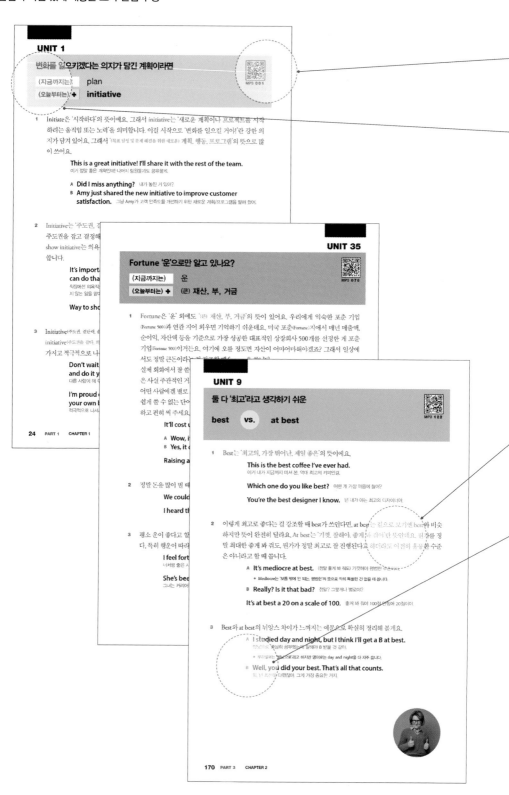

QR코드에는 표현을 녹음한 음성 파일이 들어 있습니다. 원어민들이 평소에 말하는 속도로 녹음했으니, 표현들의 정확한 발음이 어떤지 확인하고 섀도잉에 활용해 보세요.

예의 바르게 말하는 것은 물론이요, 한 단계 더 나아가 활용력을 높이는 표현들만 엄선했습니다. 여기 나온 표현을 쓱 보는 것만으로도 표현력이 +1 상승합니다.

지금까지 알고 있던 것 외에 이제부터 알아야 할 뜻과 활용도 챙기고, 한마디를 해도 기분 좋게 하는 표현은 무엇인지, 마치 귀에 쏙쏙 들어오는 강의를 듣는 것처럼 상세히 설명합니다. 지금까지 어디서도 볼 수 없던 설명은 이 책의 핵심입니다.

그렇게 어렵지 않으면서 누구에게 해도 배려 깊은 사람으로 각인되게 하는 예문들은 이 책의 백미입니다. 반드시 여러 번 소리 내어 읽어 보고, 음원도 들으면서 정확한 발음 확인 과정을 반복해 주세요. 해석 앞의 괄호에 나온 상황과 뉘앙스에 관한 설명도 꼭 챙겨 주세요.

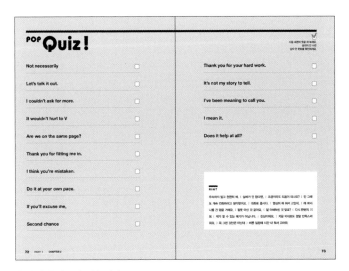

확인하지 않으면 잊습니다.
챕터가 끝날 때마다 표현을 정확하게 알고 있는지 Pop Quiz를 통해 확인하세요.

차례

한마디를 해도
예쁘고 정중하게 말하는
당신을 응원합니다!

저자 서문 ⋯⋯⋯⋯⋯⋯⋯⋯⋯⋯⋯⋯⋯⋯⋯⋯⋯⋯⋯⋯⋯⋯⋯⋯⋯⋯⋯⋯⋯⋯⋯⋯⋯ 6

구슬쌤이 제안하는 효과 만점 활용법! ⋯⋯⋯⋯⋯⋯⋯⋯⋯⋯⋯⋯⋯⋯⋯⋯⋯⋯⋯ 8

구슬쌤이 자신 있게 내놓는 효과 만점 구성 ⋯⋯⋯⋯⋯⋯⋯⋯⋯⋯⋯⋯⋯⋯⋯⋯ 10

PART 1 더 예의 바르게 더 깍듯하게

CHAPTER 1 단어 하나로 더 격조 있는 느낌

UNIT 1 변화를 일으키겠다는 의지가 담긴 계획이라면 → **initiative** ⋯⋯⋯⋯⋯ 24

UNIT 2 발언권을 넘기며 '얘기해도 된다'라고 할 때는 → **You have the floor.** ⋯⋯ 25

UNIT 3 무언가가 유용하다고 할 때는 → **handy** ⋯⋯⋯⋯⋯⋯⋯⋯⋯⋯⋯⋯ 26

UNIT 4 편히 쓰라고 할 때는 → **It's all yours.** ⋯⋯⋯⋯⋯⋯⋯⋯⋯⋯⋯⋯ 27

UNIT 5 딱히 내키지 않아 마지 못해서 할 때는 → **I'm reluctant to ~** ⋯⋯⋯⋯ 28

UNIT 6 여러모로 많은 걸 이룬 생산적인 날일 때는 → **a productive day** ⋯⋯⋯ 29

UNIT 7 정말 금방이라고 강조해 말하고 싶을 때는 → **before you know it** ⋯⋯⋯ 30

UNIT 8 '~하자마자'를 좀 더 강조해 말하고 싶을 때는
→ **the second 주어 + 동사** ⋯⋯⋯⋯⋯⋯⋯⋯⋯⋯⋯⋯⋯⋯⋯⋯⋯⋯⋯ 31

UNIT 9 내 호의나 마음을 거절하지 말라고 할 때는
→ **I won't take no for an answer.** ⋯⋯⋯⋯⋯⋯⋯⋯⋯⋯⋯⋯⋯ 32

UNIT 10 이해되지 않는 부분을 명확히 설명해 달라고 할 때는 → **clarify** ⋯⋯⋯⋯ 33

UNIT 11 덧붙여 부가 설명을 해 달라고 할 때는 → **elaborate** ⋯⋯⋯⋯⋯⋯⋯ 34

UNIT 12 이미 한 말을 강조하기 위해 다시 말할 때는 → **reiterate** ⋯⋯⋯⋯⋯ 35

UNIT 13 무언가 중요하다는 것을 강조하여 표현하고 싶을 때는 → **pivotal** ⋯⋯⋯ 36

UNIT 14 어떤 임무든 잘 해내는 다재다능한 인재를 설명할 때는
→ **He's very versatile.** ⋯⋯⋯⋯⋯⋯⋯⋯⋯⋯⋯⋯⋯⋯⋯⋯⋯⋯ 37

UNIT 15 어떻게 생각하는지 의중을 물어볼 때는 → **run by** ⋯⋯⋯⋯⋯⋯⋯⋯ 38

UNIT 16 그 힘든 걸 어떻게 해냈는지 물어볼 때는
→ **How did you pull that off?** ⋯⋯⋯⋯⋯⋯⋯⋯⋯⋯⋯⋯⋯⋯ 39

UNIT 17 간절히 바라고 열망할 때는 → **be eager to V** ⋯⋯⋯⋯⋯⋯⋯⋯⋯ 40

POP QUIZ ⋯⋯⋯⋯⋯⋯⋯⋯⋯⋯⋯⋯⋯⋯⋯⋯⋯⋯⋯⋯⋯⋯⋯⋯⋯⋯⋯⋯⋯ 42

CHAPTER 2　　인품이 느껴지는 한마디

UNIT 1 지금 이대로도 정말 만족스러울 때는 → **I couldn't ask for more.** ⋯⋯⋯⋯ 46

UNIT 2 바쁜 일정에 시간 내 줘서 고맙다고 할 때는 → **Thank you for fitting me in.** ⋯⋯ 47

UNIT 3 갑자기 잡힌 미팅인데도 응해 줘서 고맙다고 할 때는
→ **Thank you for meeting me on such short notice.** ⋯⋯⋯⋯ 48

UNIT 4 먼저 자리에서 일어나야 할 때는 → **If you'll excuse me,** ⋯⋯⋯⋯ 49

UNIT 5 대화로 풀자고 할 때는 → **Let's talk it out.** ⋯⋯⋯⋯ 50

UNIT 6 그렇다고 세상이 끝난 것도 아니니 너무 낙담하지 말라고 할 때는 →
It's not the end of the world. ⋯⋯⋯⋯ 51

UNIT 7 그게 꼭 그런 것만은 아니라며 위로할 때는 → **Not necessarily** ⋯⋯⋯⋯ 52

UNIT 8 다른 성향이나 의견을 좀 더 부드럽게 표현할 때는 → **more of** ⋯⋯⋯⋯ 53

UNIT 9 실수 후에 다시 한 번 기회를 줄 때는 → **second chance** ⋯⋯⋯⋯ 54

UNIT 10 정중한 말투로 만들어 주는 → **If I may** ⋯⋯⋯⋯ 55

UNIT 11 해 봐서 나쁠 건 없을 거라고 말할 때는 → **It wouldn't hurt to V** ⋯⋯⋯⋯ 56

UNIT 12 상황을 염두에 두고 행동하자고 할 때는 → **mindful** ⋯⋯⋯⋯ 57

UNIT 13 상대가 잘못 알고 있어서 부드럽게 알려 줄 때는 → **I think you're mistaken.** ⋯⋯ 58

UNIT 14 무리하지 말고 네 속도대로, 천천히 해도 괜찮다고 할 때는
→ **Do it at your own pace.** ⋯⋯⋯⋯ 59

UNIT 15 결과보단 노력에 초점을 맞춰 고마움을 표현하고 싶을 때는
→ **Thank you for your effort.** ⋯⋯⋯⋯ 60

UNIT 16 주로 상사가 부하 직원의 노고를 칭찬하며 쓸 때는
→ **Thank you for your hard work.** ⋯⋯⋯⋯ 61

UNIT 17 문제없이 잘 이해하고, 따라오는지 확인차 물어볼 때는
→ **Are we on the same page?** ⋯⋯⋯⋯ 62

UNIT 18 상대방이 내가 원치 않는 가십을 유도할 때는 → **It's not my story to tell.** ⋯⋯ 63

UNIT 19 전혀 이상할 게 없다며 위로하듯 말할 때는 → **It's perfectly normal to V** ⋯⋯ 64

UNIT 20 진심이라고 할 때는 → **I mean it** ⋯⋯⋯⋯ 66

UNIT 21 안 그래도 계속 전화하려고 생각했다고 말할 때는
→ **I've been meaning to call you.** ⋯⋯⋯⋯ 67

UNIT 22 아직은 미완성이지만 나아가고 있을 때는 → **work in progress** ⋯⋯⋯⋯ 68

UNIT 23 질문에 답변 후 궁금증이 조금이라도 해소됐는지 물어볼 때는 → **Does it help at all?** ⋯ 69

UNIT 24 어쩔 수 없이 그럴 수밖에 없다고 할 때는 → **I can't help but V** ⋯⋯⋯⋯ 70

POP QUIZ ⋯⋯⋯⋯ 72

PART 2 늘 쓰던 단어도 더 새롭게 더 예의 바르게

CHAPTER 1 익숙한 단어의 새로운 재발견

UNIT 1 **Appreciate** : 진가를 알아보다, (제대로) 인식하다 ⋯⋯⋯⋯⋯⋯⋯⋯ 78

UNIT 2 **Room** : 여유 (공간), 여지 ⋯⋯⋯⋯⋯⋯⋯⋯⋯⋯⋯⋯⋯⋯⋯⋯⋯⋯⋯⋯⋯ 79

UNIT 3 **Follow** : 진행 상황을 계속 지켜보다, 이해하다 ⋯⋯⋯⋯⋯⋯⋯⋯⋯⋯ 80

UNIT 4 **Work** : (작동이) 되다, (계획 등이) 먹히다, 효과가 있다 ⋯⋯⋯⋯⋯ 81

UNIT 5 **Promise** : (성공할) 가능성, 장래성, (특히 좋은 일이 있을) 징조 ⋯ 82

UNIT 6 **Share** : 공감하다, 이해하다, (감정, 생각을 공유하며) 말하다 ⋯⋯ 83

UNIT 7 **Pick up** : 이어서 계속하다, 사다, 익히다, 데리러 오다, 회복되다, 개선되다 ⋯ 84

UNIT 8 **Work out** : 잘 풀리다, 좋게 진행되다, 계획을 세우다,
방법을 생각해 내다, 답을 알아내다 ⋯⋯⋯⋯⋯⋯⋯⋯⋯⋯⋯⋯⋯⋯⋯ 86

UNIT 9 **Honor** : 그 요구를 받아주다, (약속 등을) 지키다, 이행하다 ⋯⋯⋯ 87

UNIT 10 **Approve** : 괜찮다고 생각하다, 찬성하다 ⋯⋯⋯⋯⋯⋯⋯⋯⋯⋯⋯⋯ 88

UNIT 11 **Material** : 자질, 감 ⋯⋯⋯⋯⋯⋯⋯⋯⋯⋯⋯⋯⋯⋯⋯⋯⋯⋯⋯⋯⋯⋯ 89

UNIT 12 **Wise** : ~한 방향으로, ~한 방식으로, ~ 면에서, ~에 관하여 ⋯⋯ 90

UNIT 13 **Dive in** : 본격적으로 착수하다, 몰두하다 ⋯⋯⋯⋯⋯⋯⋯⋯⋯⋯⋯ 91

UNIT 14 **Humor** : 비위를 맞추다 ⋯⋯⋯⋯⋯⋯⋯⋯⋯⋯⋯⋯⋯⋯⋯⋯⋯⋯⋯⋯ 92

UNIT 15 **Reservation** : (계획, 생각에 대한) 의구심, 거리낌 ⋯⋯⋯⋯⋯⋯⋯ 93

UNIT 16 **Find** : (~라고) 여기다, 생각하다 ⋯⋯⋯⋯⋯⋯⋯⋯⋯⋯⋯⋯⋯⋯⋯ 94

UNIT 17 **Buy** : (~가 사실이라고) 믿다 ⋯⋯⋯⋯⋯⋯⋯⋯⋯⋯⋯⋯⋯⋯⋯⋯⋯ 95

UNIT 18 **Sell** : (~를 받아들이도록) 납득시키다 ⋯⋯⋯⋯⋯⋯⋯⋯⋯⋯⋯⋯⋯ 96

UNIT 19 **Afford** : (~를 할 시간적인/심적인) 여유가 있다 ⋯⋯⋯⋯⋯⋯⋯⋯ 97

UNIT 20 **Count** : (유효하다고) 인정되다, 중요하다 ⋯⋯⋯⋯⋯⋯⋯⋯⋯⋯⋯ 98

UNIT 21 **Fill in** : (모르는/빠진 부분을) 알려 주다, 최신 정보를 주다 ⋯⋯⋯ 99

UNIT 22 **Miss** : 아쉬워하다, 놓치다, 빠뜨리다 ⋯⋯⋯⋯⋯⋯⋯⋯⋯⋯⋯⋯ 100

UNIT 23 **Explore** : 자세히 조사하다, 잘 알아보다 ⋯⋯⋯⋯⋯⋯⋯⋯⋯⋯⋯ 101

UNIT 24 **Quote** : (명사) 견적가 (동사) 인용하다 ⋯⋯⋯⋯⋯⋯⋯⋯⋯⋯⋯ 102

UNIT 25 **Mean** : (어떤 의도를 담아) ~ 뜻으로 말하다, 의도하다 ⋯⋯⋯⋯ 103

UNIT 26 **Credit** : 칭찬, 인정, 공로 ⋯⋯⋯⋯⋯⋯⋯⋯⋯⋯⋯⋯⋯⋯⋯⋯⋯⋯ 104

UNIT 27 **Clear** : 분명한, 확실한, 깨끗이 치우다 ⋯⋯⋯⋯⋯⋯⋯⋯⋯⋯⋯⋯ 105

UNIT 28 **Gravity** : (사건이나 상황의) 중대함, 심각성 ⋯⋯⋯⋯⋯⋯⋯⋯⋯ 106

UNIT 29 **Weigh** : (결정을 하기 전에) 따져 보다 ⋯⋯⋯⋯⋯⋯⋯⋯⋯⋯⋯⋯ 107

UNIT 30 **Humble** : (예의상 자신을 낮추며) 변변치 않은, 소박한 ⋯⋯⋯⋯ 108

UNIT 31 **Concrete** : 구체적인, 실제적인, 확실한 ⋯⋯⋯⋯⋯⋯⋯⋯⋯⋯⋯⋯ 109

UNIT 32 **Upside** : 긍정적인 면, 좋은 점 ⋯⋯⋯⋯⋯⋯⋯⋯⋯⋯⋯⋯ 110

UNIT 33 **Takeaway** : 중요하다고 느낀 점 ⋯⋯⋯⋯⋯⋯⋯⋯⋯⋯⋯⋯ 111

UNIT 34 **Contribute** : (회의나 대화에서) 의견을 말하다, 조언/지식을 제공하다 ⋯⋯⋯⋯ 112

UNIT 35 **Fortune** : (큰) 재산, 부, 거금 ⋯⋯⋯⋯⋯⋯⋯⋯⋯⋯⋯⋯ 113

UNIT 36 **Company** : 함께 있음, 함께 있는 사람들 ⋯⋯⋯⋯⋯⋯⋯⋯⋯ 114

UNIT 37 **Catch** : (사람을 걸리게 하는 숨은) 함정, 책략 ⋯⋯⋯⋯⋯⋯⋯⋯ 115

UNIT 38 **All set** : 다 됐어요, (필요한 게 없어서) 전 괜찮아요 ⋯⋯⋯⋯⋯ 116

UNIT 39 **Outstanding** : 미지불의, 아직 처리되지 않은 ⋯⋯⋯⋯⋯⋯⋯⋯ 117

UNIT 40 **Mind** : 조심하다, 유의하다 ⋯⋯⋯⋯⋯⋯⋯⋯⋯⋯⋯⋯⋯ 118

UNIT 41 **Bear** : 참다, 견디다, 지니다 ⋯⋯⋯⋯⋯⋯⋯⋯⋯⋯⋯⋯⋯ 119

UNIT 42 **Spare** : ∼를 할애하다, ∼를 내어 주다, ∼를 면하게 하다 ⋯⋯⋯ 120

UNIT 43 **Sacrifice** : 포기하다, 단념하다 ⋯⋯⋯⋯⋯⋯⋯⋯⋯⋯⋯⋯ 121

UNIT 44 **Beat** : 비판하다, 피하다 ⋯⋯⋯⋯⋯⋯⋯⋯⋯⋯⋯⋯⋯⋯ 122

UNIT 45 **Move** : 행동, 조치 ⋯⋯⋯⋯⋯⋯⋯⋯⋯⋯⋯⋯⋯⋯⋯⋯ 123

UNIT 46 **Civil** : 예의 바른, 정중한 ⋯⋯⋯⋯⋯⋯⋯⋯⋯⋯⋯⋯⋯ 124

UNIT 47 **Add** : (말을) 덧붙이다, 부언하다 ⋯⋯⋯⋯⋯⋯⋯⋯⋯⋯⋯ 125

POP QUIZ ⋯⋯⋯⋯⋯⋯⋯⋯⋯⋯⋯⋯⋯⋯⋯⋯⋯⋯⋯⋯⋯⋯⋯ 126

PART 3　원어민보다 더 예의 바르게

CHAPTER 1　원어민 느낌 가득한 표현

UNIT 1　중요성을 강조할 때는 → **It's all about ~** ⋯⋯⋯ 132

UNIT 2　특히 힘든 시기를 겪고 있는 지인에게 안부를 물을 때는 → **How are you holding up?** ⋯⋯⋯ 133

UNIT 3　그럭저럭 살고 있다고 할 때는 → **get by** ⋯⋯⋯ 134

UNIT 4　회의나 수업 시작 전에 편히 자리 잡고 앉으라고 할 때는 → **settle in** ⋯⋯⋯ 135

UNIT 5　진짜라는 걸 강조하여 덧붙일 때는 → **I'm telling you,** ⋯⋯⋯ 136

UNIT 6　경험해 봐서 아니 내 말을 믿어 달라고 강조하며 덧붙일 때는 → **Take it from me,** ⋯⋯⋯ 137

UNIT 7　마음에 울림을 주듯 차원이 다른 공감을 할 때는 → **resonate** ⋯⋯⋯ 138

UNIT 8　본론으로 들어가면서 자연스러운 연결 고리를 표현할 때는 → **without further ado** ⋯⋯⋯ 139

UNIT 9　다른 사람 생각은 모르겠지만 내가 보기엔 그렇다고 말할 때는
→ **as far as I'm concerned** ⋯⋯⋯ 140

UNIT 10　내가 알기론 그렇다고 할 때는 → **as far as I know** ⋯⋯⋯ 141

UNIT 11　뭔가 점점 더 좋아지고 마음에 들 때는 → **grow on 사람** ⋯⋯⋯ 142

UNIT 12　다른 사람의 의견을 들어볼 때는 → **get a second opinion** ⋯⋯⋯ 143

UNIT 13　너무 좋아서 믿기지 않을 때는 → **too good to be true** ⋯⋯⋯ 144

UNIT 14　바로 필기할 수 있게 펜이 있는지 물을 때는 → **Do you have a pen handy?** ⋯⋯⋯ 145

UNIT 15　그건 내 책임이라고 할 때는 → **That's on me.** ⋯⋯⋯ 146

UNIT 16　정도를 완화시켜 부드럽게 만들어 줄 때는 → **not quite** ⋯⋯⋯ 147

UNIT 17　날 생각해 줘서 고맙다고 할 때는 → **Thanks for thinking of me.** ⋯⋯⋯ 148

UNIT 18　나중에 거슬리지 않게 먼저 해결하고 넘어갈 때는 → **get it out of the way** ⋯⋯⋯ 149

UNIT 19　다들 그렇게 생각한다고 할 때는 → **unanimous** ⋯⋯⋯ 150

UNIT 20　어떤 일에 나도 포함시켜 달라고 할 때는 → **Count me in.** ⋯⋯⋯ 151

UNIT 21　시간 될 때 해 달라고 부탁할 때는 → **when you get a chance** ⋯⋯⋯ 152

UNIT 22　그렇게 할 수 없음에 대한 아쉬움을 표현할 때는 → **I wish I could ~** ⋯⋯⋯ 153

UNIT 23　언젠가 반드시 일어날 일이니 시간 문제라고 말할 때는 → **It's just a matter of time.** ⋯⋯⋯ 154

UNIT 24　요령을 터득하고 감을 잡을 때는 → **get the hang of** ⋯⋯⋯ 155

UNIT 25　술 한잔 마시면 딱 좋겠다고 할 때는 → **I could use a drink.** ⋯⋯⋯ 156

POP QUIZ ⋯⋯⋯ 158

CHAPTER 2　뉘앙스에 따라 가려 써야 할 표현들

UNIT 1　다른 느낌의 걱정 **worry** vs. **concern** ⋯⋯⋯ 162

UNIT 2　Only 하나로 뜻이 확 달라지는 **so much** vs. **only so much** ⋯⋯⋯ 163

UNIT 3　전치사 하나로 같은 '끝'이 아닌 **in the end** vs. **at the end** ⋯⋯⋯ 164

UNIT 4　감정의 차이를 보여 주는 **on one's mind** vs. **in mind** ⋯⋯⋯ 165

UNIT 5　s 하나 차이로 같은 '매너, 예의 범절'이 아닌 **manner** vs. **manners** ⋯⋯⋯ 166

UNIT 6　비슷해 보이지만 완전히 다른 **what it takes** vs. **whatever it takes** ⋯⋯⋯ 167

UNIT 7 같은 '들었어요'가 아닌 **I was told** vs. **I heard** ·········· 168

UNIT 8 들은 정도가 다른 **I heard him** vs. **I heard him out** ·········· 169

UNIT 9 둘 다 '최고'라고 생각하기 쉬운 **best** vs. **at best** ·········· 170

UNIT 10 단순히 과소, 과대평가로만 외우면 쓰기 힘든 **underrated** vs. **overrated** ·········· 171

UNIT 11 가치가 있고 없고 차이가 아닌 **valuable** vs. **invaluable** ·········· 172

UNIT 12 비슷해 보이지만 다른 종류의 대화인 **talk it out** vs. **talk out of** ·········· 173

UNIT 13 둘 다 '미성숙한'으로 생각하기 쉬운 **immature** vs. **premature** ·········· 174

UNIT 14 단순히 '~하는 게 낫다'로 외우면 큰일나는 **might as well** vs. **had better** ·········· 175

UNIT 15 부드러움의 차이가 있는 **You should ~** vs. **You might want to ~** ·········· 176

UNIT 16 망설여지는 포인트가 다른 **hesitant** vs. **reluctant** ·········· 177

UNIT 17 궁금해서 물어보는 것과 추궁하는 느낌의 차이가 나는
Why did you ~? vs. **Why would you ~?** ·········· 178

UNIT 18 좋게도, 안 좋게도 쓰일 수 있는 **as good as it gets** ·········· 179

UNIT 19 똑똑하게 잘 활용할 때도, 악용할 때도 쓸 수 있는 **take advantage of** ·········· 180

UNIT 20 못 본 척할 때도, 진짜 못 보고 넘어갈 때도 쓸 수 있는 **overlook** ·········· 181

UNIT 21 어떤 기분인지 오역하기 쉬운 **be in a mood** ·········· 182

UNIT 22 상황에 따라 은근 빈정 상하게 하는 **Thanks in advance** ·········· 183

UNIT 23 포커스가 다른 **on the phone** vs. **over the phone** ·········· 184

UNIT 24 연락하는 과정이 차이나는 **reach** vs. **reach out** ·········· 185

UNIT 25 Really 위치에 따라 느낌이 달라지는 **I really don't know** vs. **I don't really know** ·········· 186

UNIT 26 같은 뜻으로 쓰이는 **I couldn't care less** vs. **I could care less** ·········· 187

UNIT 27 품사가 다른 **affect** vs. **effect** ·········· 188

UNIT 28 띄어쓰기 한 칸 차이인데 같다고 착각하기 쉬운 **everyday** vs. **every day** ·········· 190

UNIT 29 단순히 단수, 복수로 외우면 안 되는 **gut** vs. **guts** ·········· 191

UNIT 30 둘 다 레스토랑에 쓸 수 있지만 뜻이 다른 **to go** vs. **go-to** ·········· 192

UNIT 31 애정의 정도가 다른 **go-to** vs. **favorite** ·········· 194

UNIT 32 생각하는 범위가 다른 **I thought of you** vs. **I thought about you** ·········· 196

UNIT 33 정말 좋은 날에도, 정말 안 좋은 날에도 쓰이는 **What a day!** ·········· 198

UNIT 34 서류를 주고받을 때 의미가 다른 **come through** vs. **go through** ·········· 200

UNIT 35 할 수 있는 것과 하고 싶은 것의 차이인 **Be up to** vs. **Be up for** ·········· 201

UNIT 36 제안에 긍정적인 태도를 나타낼 때 쓰이는 **I'm up for ~**와 **I'm down for ~** ·········· 202

UNIT 37 느낌이 완전히 다른 **Thank you for noticing.** vs. **Thank you for noticing me.** ·········· 203

POP QUIZ ·········· 204

CHAPTER 3   학창 시절에 배웠지만 쉽게 못 쓰는 표현들

UNIT 1 **The 비교급, the 비교급** : ~할수록 더 ~하다 ·········· 208

UNIT 2 **Gotta + V** : ~해야 해 ·········· 209

UNIT 3 **At least** : 최소한, 적어도 ·········· 210

UNIT 4 Whether you 동사 it or nor : 네가 ~하든 말든 ···················· 211

UNIT 5 be supposed to + V : 원래 ~하기로 되어 있다 ···················· 212

UNIT 6 What if...? : ~라면 어떨까? ···················· 214

UNIT 7 When it comes to noun/V-ing : ~에 관해서는 ···················· 216

UNIT 8 부사로 쓰이는 that ···················· 217

UNIT 9 '~하게 되다'로만 외우면 쉽게 쓰기 힘든 get to ···················· 218

UNIT 10 도를 넘어 지나치게 할 때 Don't overdo it. ···················· 220

UNIT 11 너무 과하게 생각하고 고민할 때는 Don't overthink it. ···················· 222

UNIT 12 좋은 일이 가득할 때도, 안 좋은 일이 가득할 때도 eventful ···················· 223

UNIT 13 우연히 듣는 것과 의도적으로 엿듣는 것의 차이 overhear vs. eavesdrop ···················· 224

UNIT 14 특별한 일이 없어 평온할 때도, 지루할 정도로 아무 일이 없을 때도 uneventful ···················· 226

POP QUIZ ···················· 228

CHAPTER 4   활용도 높은 실전 이디엄

UNIT 1 Cut corners : 절차를 생략하다. 대충 해치우다 ···················· 232

UNIT 2 Spring is in the air. : 봄 기운이 완연하다. ···················· 232

UNIT 3 The ball's in your court. : 네가 결정/처리할 차례야. 이제 네게 달렸어. ···················· 233

UNIT 4 Skeleton in the closet : 숨기고 싶은 비밀 ···················· 233

UNIT 5 Cut out for : ~에 적합한, 소질이 있는, 체질인 ···················· 234

UNIT 6 All hands on deck. : 모두 힘을 합쳐야 해. ···················· 234

UNIT 7 From the get-go : 처음부터, 시작부터, 애초에 ···················· 235

UNIT 8 Not see eye to eye : 의견/생각이 다르다 ···················· 235

UNIT 9 Be on the fence : 아직 고민 중이다/결정 못하다 ···················· 236

UNIT 10 Go south : 떨어지다. (상황이) 악화되다 ···················· 236

UNIT 11 We have bigger fish to fry. : 지금 이럴 때가 아니야/더 중요한 일을 처리해야 해. ···················· 237

UNIT 12 Sleep on it. : 시간을 갖고 잘 생각해 봐. ···················· 238

UNIT 13 Ballpark figure : 대략적인 수치/범위, 추정치 ···················· 239

UNIT 14 Take a rain check : (제의, 초대, 약속 등을) 미루다, 다음을 기약하다 ···················· 240

UNIT 15 I have a lot on my plate. : (처리해야 할) 문제가/일이 많아. ···················· 242

UNIT 16 It's a long shot : 거의 승산이 없어/잘될 가능성이 희박해. ···················· 243

UNIT 17 Wing it : 즉흥적으로 하다, 준비를 제대로 하진 못했지만 일단 해 보다 ···················· 244

UNIT 18 It's water under the bridge. : 다 지나간/끝난 일이야. ···················· 245

UNIT 19 Don't dwell on it. : 마음에 담아두지 마/(계속 생각하며) 연연해하지 마. ···················· 245

UNIT 20 Better late than never. : 늦게 하더라도 아예 안 하는 것보다는 나아. ···················· 246

UNIT 21 I wasn't born yesterday. : 그런 거에 속을 만큼 난 바보/애송이가 아냐. ···················· 247

UNIT 22 Off the top of my head : 지금 당장 떠오르는 생각으로는 ···················· 248

UNIT 23 It is what it is. : (체념, 마음을 비우고 받아들일 때) 뭐 어쩌겠어/어쩔 수 없지. ···················· 249

POP QUIZ ···················· 250

PART 1

더 예의 바르게
더 깍듯하게

CHAPTER 1

단어 하나로
더 격조 있는 느낌

UNIT 1

변화를 일으키겠다는 의지가 담긴 계획이라면

(지금까지는)　　plan

(오늘부터는) **+** **initiative**

MP3 001

1　Initiate은 '시작하다'의 뜻이에요. 그래서 initiative는 '새로운 계획이나 프로젝트를 시작하려는 움직임 또는 노력'을 의미합니다. 이걸 시작으로 '변화를 일으킬 거야!'란 강한 의지가 담겨 있어요. 그래서 '(목표 달성 및 문제 해결을 위한 새로운) 계획, 행동, 프로그램'의 뜻으로 많이 쓰여요.

> **This is a great initiative! I'll share it with the rest of the team.**
> 이거 정말 좋은 계획인데! 나머지 팀원들과도 공유할게.

> A **Did I miss anything?**　내가 놓친 거 있어?
> B **Amy just shared the new initiative to improve customer satisfaction.**　그냥 Amy가 고객 만족도를 개선하기 위한 새로운 계획/프로그램을 말해 줬어.

2　Initiative는 '주도권, 결단력, 솔선'의 뜻도 있는데요. 다른 사람이 시키지 않아도 내가 딱 주도권을 잡고 결정해 행동하는 거죠. 이땐 show와 take가 짝꿍 단어로 자주 쓰이는데, show initiative는 의욕적으로 나서는 모습, 결단력 있게 행동하는 모습을 '보여줄 때' 자주 씁니다.

> **It's important to show initiative at the workplace. For example, you can do that by taking on tasks that others don't want to do.**
> 직장에선 의욕적으로 나서서 행동하는 모습을 보여 주는 게 중요해. 예를 들면, 다른 사람들이 하고 싶어 하지 않는 일을 맡아서 하는 거지.

> **Way to show initiative!**　솔선수범하는 모습 정말 좋은걸!

3　Initiative(주도권, 결단력, 솔선)한 모습을 보여 줄 땐 show initiative, 그런 행동을 취할 땐 take initiative(주도권을 잡다, 의욕적으로 행동하다, 솔선해서 하다)를 쓰세요. 변화를 일으키겠다는 의지를 가지고 적극적으로 나서서 열심히 하는 느낌을 줍니다.

> **Don't wait for someone else to do it. Take initiative and do it yourself.**
> 다른 사람이 해 주길 기다리지 말고 네가 나서서 직접 해 봐.

> **I'm proud of you for taking initiative and starting your own business.**
> 적극적으로 나서서 사업을 시작하다니 네가 자랑스러워.

발언권을 넘기며 '얘기해도 된다'라고 할 때는

(지금까지는) You can talk now.

(오늘부터는) ✛ **You have the floor.**

MP3 002

---

1 회의 중 누군가 발표할 차례가 되었을 때 You can talk now. 대신 You have the floor.를 쓰세요. Have the floor는 '발언권을 갖다'란 뜻인데요. 마치 단상(floor)이 상대의 것이나 다름없는 것처럼 이제 얘기해도 된다고 권한을 부여하는 것에서 나아가, 상대에게 주목하는 느낌을 줍니다. 얘기할 수 있게 자리를 깔아 주는 느낌이죠. 꼭 강단에 서서 얘기하는 게 아닌, 화상 미팅이나 일반 회의에서 누군가에게 발언권을 넘길 때도 자주 쓰여요. 같은 뜻으로 The floor's yours.를 써도 됩니다.

> **Harvey will take it from here. Harvey, you have the floor.**
> 여기서부터는 Harvey가 설명해 주실 거예요. Harvey, (주목하고 있으니) 말씀하세요.

> A **Can I add something to that?**
> (상대의 설명에 부언하고 싶을 때) 제가 뭐 좀 덧붙여 설명드려도 될까요?
> B **Of course. The floor's yours.** 그럼요. (주목하고 있으니) 말씀하세요.

2 평소 상대에게 말을 경청해 듣고 있으니 얘기하라고 할 때 자주 쓸 수 있는 표현 두 개를 정리합니다.

> ❶ **I'm all ears.** (귀 기울이고 있으니/집중하고 있으니) 말해 봐.
>
> A **I need to ask you a favor.** 너한테 부탁 하나만 할게.
> B **I'm all ears.** (잘 듣고 있으니) 말해 봐.

> ❷ **You have my undivided attention.** (다른 생각하지 않고) 집중해서 듣고/보고 있어.
>
> Undivided attention은 '(분할되지 않은) 완전한 집중'이란 뜻인데요. 다른 생각하지 않고 상대에게 온전히 집중하고 있다는 걸 강조할 때 자주 쓰입니다. 반대로 누군가 잠시 하던 일을 멈추고 내 말이나 행동에 집중해야 할 땐 I need your undivided attention.(집중해서 들어 줘/봐 줘.)을 씁니다.
>
> A **I don't feel like you're taking this seriously.**
> (난 진지한데 상대는 내 말을 한 귀로 듣고 한 귀로 흘리는 것 같을 때)
> 난 네가 이 상황을 진지하게 받아들이지 않는 것 같아.
> B **Okay, you have my undivided attention now.**
> 알겠어. 이제 완전히 집중해 듣고 있으니 말해 봐.

UNIT 3

무언가가 유용하다고 할 때는

(지금까지는)	useful
(오늘부터는) +	**handy**

MP3 003

1 '유용한' 하면 우리 머릿속에 useful이 가장 먼저 떠오르고 실제 네이티브들도 useful을
자주 쓰지만, handy도 기억해 두세요. Handy는 정말 다양한 상황에서 쓸 수 있는데요.
Hand(손)와 연관 지어 외우면 기억하기 쉬워요.
특히 손쉽게 쓸 수 있어 유용하고 편리할 때 handy를 쓰세요. 예를 들어, handy guidebook
이라고 하면 손쉽게 들고 다니며 여행 정보를 볼 수 있는 유용한 가이드북을 의미해요.
또 작업할 때 쉽게 가지고 다니며 여러 상황에서 유용하게 쓸 수 있는 만능 드라이버를
handy tool이라고도 해요. 참고로 컴퓨터 프로그램에서 손쉽게 쓰는 화면 캡처 도구 같은
것도 handy tool이라고 할 수 있습니다.

> **Thank you. This is a very handy booklet.** 고마워. 이 책자 정말 유용하다.

> **I hope you got some handy tips out of this.**
> (세미나를 마무리하며) 이 세미나에서 유용한 팁들을 얻었길 바랍니다.

2 Handy는 누군가 손재주가 있고 뭔가를 능숙하게 잘 다룰 때도 자주 쓰여요. 고장 난 걸
손쉽게 뚝딱뚝딱 고칠 때 You're so handy.(아, 정말 손재주가 있으세요.)라고 할 수 있는 거죠.

> A **I fixed your shower head.** 네 샤워 헤드 내가 고쳤어.
> B **Thank you. You're so handy.** 고마워. 넌 정말 손재주가 있다니깐.

> **I'm pretty handy with technology.** 난 기술적인 걸 꽤 잘 다뤄.

3 또 뭔가 정말 필요한 상황에서 '짜잔' 하고 나타나 도움이 될 때, come in handy(필요한 상황에
서 딱 도움이 되다, 쓸모가 있다)도 자주 씁니다.

> **I think you should keep it. I mean, it might come in
> handy someday.**
> (버리거나 다른 사람에게 주지 않고) 네가 가지고 있는 게 좋을 것 같아. 아니, 언젠간 유용하게 쓰일지도
> 모르잖아.

> **I thought this might come in handy.**
> (상황에 딱 필요할 만한 걸 제공하며) 이게 도움이 될지도 모른다고 생각했어.

편히 쓰라고 할 때는

(지금까지는)	You can use it.
(오늘부터는) +	**It's all yours.**

MP3 **004**

---

1 누군가에게 뭔가를 넘기거나 양도할 때 원어민들은 all yours를 자주 씁니다. 어떤 대상이 이제 다 상대방의 것이나 다름없으니 마음껏 편히 써도 된다는 뉘앙스로, '다 네 거야/마음대로 편히 써'란 뜻입니다.

> **A** **Is it okay if I use this?** 이거 써도 되나요?
> **B** **Of course. It's all yours.** 그럼요. 편히 쓰세요.

> **A** **Sorry for interrupting. I actually reserved the conference room for 3.**
> (앞의 회의가 안 끝났을 때) 방해해서 죄송해요. 실은 제가 3시에 컨퍼런스 룸을 예약해 놔서요.
> **B** **Oh, my bad. It's all yours.** (서둘러 자리를 정리하고 나가며) 아, 죄송해요. 편히 쓰세요.

---

2 프로젝트나 작업 등을 다른 사람에게 맡길 때도 all yours를 쓸 수 있습니다. 내 역할을 완수하고 나서 이제 다른 사람이 나머지 작업을 이어 나갈 때 배턴터치해 주며 쓰는데요. 책임을 다른 사람에게 넘긴다는 의미가 됩니다.

> **I've done my part. It's all yours now.** 내 부분은 다 했어. 이제 네 차례야.

---

3 로맨스 영화에서 I'm all yours.(난 다 네 거야.)란 표현이 종종 등장하죠. 그런데 이걸 강한 사랑의 표현이라고만 생각하면 평소에 쉽게 쓰기 힘들어요. 이건 특히 누군가의 말에 온전히 집중하거나 전적으로 상대가 하고 싶은 대로 따라 줄 때 쓰세요. 예를 들어, 제가 정신없이 급한 일을 마무리하고 있는데 동료가 말을 걸면 한 귀로 듣고 한 귀로 흘리기 쉽잖아요. 그러니 일단 이따 얘기하자고 하고 일을 마무리한 후 'Okay, I'm done. I'm all yours.(이제 다 끝났어. 필요한 거 말해 봐.)'라고 할 수 있는 거죠.

> **A** **Can I talk to you for a second?** 잠시 얘기 좀 할 수 있을까?
> **B** **I'm all yours.** (네게만 집중할 테니까) 말해 봐.

UNIT 5

딱히 내키지 않아 마지 못해서 할 때는

(지금까지는) I don't want to ~

(오늘부터는) **+ I'm reluctant to ~**

MP3 **005**

---

1 뭔가를 하고 싶지 않을 때 I don't want to ~(~하고 싶지 않아요)로 단호하고 직설적으로 말해야 할 때도 있지만, 좀 더 부드럽게 말하고 싶다면 I'm reluctant to ~(~하는 게 꺼려져요/딱히 내키지 않아요)를 쓰세요. Reluctant(꺼리는, 마지 못해서 하는, 주저하는)을 Cambridge 사전에서 찾아보면 not willing to do something and therefore slow to do it이라고 나오는데요. 딱히 뭔가 내키지 않거나 거부감이 들어 꺼리거나 주저할 때 씁니다. 예를 들어, 'I don't want to go to the party.(그 파티에 가고 싶지 않아.)'라고 하면 딱 잘라 안 가고 싶다고 직설적으로 말하는 느낌이에요. 반면 'I'm reluctant to go to the party.(그 파티에 가는 게 딱히 내키진 않아.)'라고 하면 어떤 이유로 인해 그 자리에 가기 꺼려지는 것처럼 좀 더 부드럽게 싫다는 걸 전달할 수 있어요.

I'm reluctant to do this. (하더라도 마지못해 하는) 난 이렇게 하는 게 꺼려져/망설여져.

A **You should join us for dinner.** 너도 저녁 같이 먹으러 와.
B **To be honest, I'm a bit reluctant. I'm not a big fan of Elaine.**
(딱히 가고 싶지 않음) 솔직히 말해 좀 망설여져. 난 Elaine 별로 안 좋아해.

- 뭔가를 별로 안 좋아할 때 I'm not a big fan of~ (난 ~의 광팬이 아냐/~ 별로 안 좋아해)라고 할 수 있어요.

I'm reluctant to take on more work. I mean, I'm already busy with other projects.
더 많은 일을 딱히 맡고 싶지 않아. 아니 내 말은, 이미 다른 프로젝트로 내가 바쁘잖아.

2 특정 행동을 안 하고 싶을 때 I'm not comfortable with ~(~가 불편해요/~하는 게 편치 않아요)도 자주 쓰입니다. 어떤 대상이나 행동이 불편하게 느껴진다는 부정적인 감정을 표현할 때 쓰세요.

I'm not comfortable with public speaking.
전 공식적인 자리에서 여러 사람들 앞에서 얘기하는 게 불편해요.

I'm not very comfortable with this conversation.
(특히 예민한 주제에서 벗어나고 싶을 때) 이 대화를 나누는 게 아주 편치만은 않네요.

I'm not comfortable with this idea. It would definitely put him in a difficult position.
난 이 아이디어대로 하는 게 불편한걸. 분명 그 사람을 곤란하게 만들 거야.

UNIT 6

여러모로 많은 걸 이룬 생산적인 날일 때는

 (지금까지는)　a good day

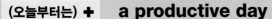 (오늘부터는) **+　a productive day**

MP3 006

1 전 productive(생산적인/결실 있는)란 단어를 참 좋아해요. Good day(좋은 날)와 productive day(생산적인 날), 둘 다 긍정적인 의미가 있지만, productive day는 많은 걸 이루고 성취한 것에 초점이 맞춰져 있어요. 그날 계획한 걸 다 이루고 성취한, 정말 꽉 찬 하루가 productive day인 거죠. 이처럼 많은 걸 이룬 것에 초점이 맞춰져 있기에 productive는 특히 회사에서 자주 쓰입니다.

Hope you have a productive day. 생산적인/알찬 하루 보내시길 바라요.

A **How was your day?** 오늘 하루 어땠어?
B **I got a lot of work done at the office. It was a productive day overall.** 회사에서 진짜 많은 일을 했어. 전반적으로 생산적인 하루였어.

2 이 외에도 주어진 시간을 알차게 보냈을 때 다양한 상황에서 productive를 쓸 수 있습니다.

What a productive meeting!
(미팅을 마무리하며) 이것저것 이룬 게 많은 정말 생산적인 회의였네요!

We had a productive conversation.
(결실 있고 의미 있는) 정말 생산적인 대화였어.

3 반면, 시간을 알차게 보내는 게 아니라 되레 불필요하게 시간을 낭비하는 것 같을 때, 시간 대비 얻는 게 별로 없는 것 같을 때도 productive를 쓰세요. 이때는 not, never 같은 부정어와 함께 쓰입니다.

I don't think these meetings are very productive.
(맨날 회의에서 쓸데 없는 얘기만 하는 것 같을 때) 이런 회의가 아주 생산적인 것 같진 않네요.

A **I don't think this conversation is very productive.**
(더 의미 있는 대화를 나누자고 유도) 이 대화가 아주 생산적인 것 같진 않네요.
B **I agree. There's no point in talking about what's already happened.**
저도 그렇게 생각해요. 이미 벌어진 일에 대해 얘기해 봤자 아무 의미가 없지요.

Productive
Day

UNIT 7

정말 금방이라고 강조해 말하고 싶을 때는

(지금까지는)	very soon
(오늘부터는) **+**	**before you know it**

MP3 007

1 Soon을 강조해 정말 금방 어떤 일이 일어날 거라고 할 때 very soon을 써도 되지만, before you know it(금방, 곧, 순식간에)도 기억해 두세요. 마치 알아차리기도 전에, 그만큼 곧 순식간에 어떤 일이 일어날 거란 뉘앙스로 자주 쓰입니다. 특히 어떤 일을 앞두고 초조해하는 지인에게 진짜 금방 끝날 테니 긴장 풀라는 위로조로 before you know it을 쉽게 쓸 수 있어요.

> **It'll be over before you know it.**
> (병원 진료를 걱정하는 아이에게) 너도 모르는 사이에 금방 끝날 거야.

> **It's only overnight. I'll be back before you know it.**
> (부모가 출장 가기 전 아이에게) 딱 하룻밤만 자면 되는걸. 정말 금방 다시 돌아올 거야.

> A **I don't know if I can do this.**   이걸 내가 할 수 있을지 모르겠어.
> B **Relax. It'll be over before you know it.**   진짜 금방 끝날 테니 긴장 풀어.

2 이 외에도 상대가 알아채기도 전에 순식간에 어떤 상황이 다가올 거라는 걸 강조할 때도 쓰입니다.

> **Unless you do something about it, you're going to face a big problem before you know it.**
> 그 상황에 대해 어떤 조치를 취하지 않으면, 진짜 머지않아 곧 큰 문제에 직면하게 될 거라고.

> **Time flies. You'll graduate and have a family of your own before you know it.**   시간은 정말 빨리 가. 너도 정말 금방 졸업해서 가정을 이룰 거야.

3 내가 알아차리기도 전에, 순식간에 어떤 일이 다가올 거라는 걸 강조해 before I know it으로도 응용해 쓸 수 있습니다.

> A **Time flies. I'll be 60 before I know it.**
> 시간은 정말 빨리 가. 나도 순식간에 환갑이 될 거야.

> B **Well, they say sixty is the new 40.**
> 뭐, 사람들이 말하길 요즘 60은 마흔이나 다름없다잖아.

'~하자마자'를 좀 더 강조해 말하고 싶을 때는

(지금까지는)	as soon as
(오늘부터는) **+**	**the second 주어 + 동사**

MP3 008

1 '~하자마자'를 보면 as soon as가 가장 먼저 생각나죠? 그런데 네이티브는 특히 어떤 상황이 일어나자마자 정말 바로란 걸 강조해 말할 때, as soon as 외에 'the second 주어 + 동사'도 자주 써요. 예를 들어, '(수업이 끝나고) 나가자마자 바로 전화 준다'고 할 때 I'll call you the second I get out.을 쓰면, 나가는 순간 바로 그 초에 즉시 전화하겠다는 듯한 느낌을 줍니다. 시간의 가장 작은 단위인 초(second)를 씀으로써 진짜 바로 전화하겠다는 뉘앙스가 되는 거죠.

I'll text you the second I'm done.
다 하자마자 바로 문자할게.

A **Please tell him to call me the second he gets in.**
(긴급히 통화해야 하는 상황) 그가 들어오자마자 바로 내게 전화 달라고 말해 줘.

B **Will do.** 그럴게요.

2 응용해서 'the minute 주어 + 동사(~하자마자 바로, 그 시간의 분에)' 또는 'the moment 주어 + 동사(~하자마자 바로 그 순간에)'도 자주 쓰입니다. 물론 the second보다는 약간 덜 강조된 표현이지만, 둘 다 긴급성을 나타낼 때 자주 쓰여요.

I'll let you know the minute I find out.
(뭔가에 대한 정보를 알게 되면 상대에게 바로 알려 주겠다며) 내가 알게 되는 즉시 알려 줄게.

A **The moment I saw her, I knew she was the one for me.**
그녀를 보자마자 난 그녀가 내게 딱 맞는 사람이란 걸 알았어.

B **You're so romantic.** 넌 정말 로맨틱하다니깐.

이처럼 '~하자마자'란 뜻으로 자주 쓰이는 표현들이 as soon as 외에도 많이 있으니 늘 쓰는 표현만 쓰지 말고 상황에 따라 다양한 표현을 섞어 써 보세요.

UNIT 9

내 호의나 마음을 거절하지 말라고 할 때는

(지금까지는)   Don't say no.

(오늘부터는) **+**   **I won't take no for an answer.**

MP3 009

1   왠지 상대가 내 호의를 미안한 마음에 거절할 것 같을 때, I won't take no for an answer. (거절은 받아들이지 않을 거야.)를 쓰세요. 직역하면 'No(싫다는 답변)는 받아들이지 않겠다'란 뜻으로 '거절은 거절한다' 느낌의 표현입니다. 단순히 싫다고 하지 말라는 뉘앙스의 Don't say no.보다 상대에게 꼭 호의를 베풀고 싶은 강한 의지가 담긴 표현입니다.

> **A** **Come join us for dinner. It's on me.**
> 우리와 같이 저녁 먹으러 가자. 내가 쏠게.
>
> - 네이티브들은 마치 그 가격의 짐을 내가 얹고(on) 가듯 지인에게 맛있는 걸 사 줄 때 It's on me.(그건 내가 쏠게.)를 자주 씁니다. 연관 표현으로 It's my treat.(그건 제가 대접할게요.)도 있어요.
>
> **B** **Well, I hate to impose.**   음. 정말 폐 끼치고 싶지 않은데.
>
> - 호의를 베푸는 상대에게 미안한 마음에 I hate to impose.(정말 폐 끼치고 싶지 않은걸요.)를 자주 쓰는데요. 상대가 이렇게 예의상 튕길 때 진심으로 호의를 베풀고 싶다면 It's no imposition at all.(전혀 폐 끼치는 거 아니야.)로 답변해 주세요.
>
> **A** **It's no imposition at all. Come on, I won't take no for an answer.** 전혀 폐 끼치는 거 아니야. 어서, 거절은 받아들이지 않을 거야.

2   I won't take no for an answer.도 자주 쓰이지만 won't [워운티] 발음도 쉽지 않고 길어서 외우기 어렵다면, 일단 I insist.(꼭 그러고 싶어서 그래./거절하지 마.)부터 써 주세요. 강하게 주장할 때 쓰는 insist(~해야 한다고 고집하다)를 써서 내 호의나 마음을 거절하지 말라는 뉘앙스를 전달합니다.

> **Coffee is on me. I insist.**   커피는 내가 쏠게. (꼭 그렇게 하고 싶으니) 거절하지 마.

3   그런데 이 표현이 비즈니스상에선 단순히 내 마음, 호의를 거절하지 말라고 할 때 외에도 '안 살래요, 안 할래요' 같은 고객의 부정적인 답변에 포기하지 않고 어떻게든 거래를 성사시키겠다는 강한 의지를 표현할 때도 자주 쓰입니다. 예를 들어 회사의 앞날이 달려 있는 중요한 미팅에 가기 전에 I won't take no for an answer.(거절은 받아들이지 않을 거예요.)라며 우리 쪽 요청이나 제안을 상대가 거절하더라도 포기하지 않고 설득하려 노력하겠다는 뉘앙스로도 자주 쓰여요.

> **I won't take no for an answer. I'm going to keep trying until they say yes.** 난 거절은 받아들이지 않을 거야. 받아들일 때까지 계속 노력해 볼 거야.

MP3 010

이해되지 않는 부분을 명확히 설명해 달라고 할 때는

(지금까지는)	explain
(오늘부터는) **+**	**clarify**

1 '설명하다'로 가장 많이 쓰이는 건 당연히 explain이지만, 네이티브는 평소 다양한 표현들도 섞어 써요. 똑같은 단어를 반복해서 쓰지 않으려는 경향 때문입니다. 추가 설명을 요청할 때 explain 못지 않게 자주 쓰는 표현으로 clarify(명확하게 말하다, 분명히 하다)가 있는데요. Clarify의 어원은 clear(분명한, 확실한)예요. 마치 잘 이해되지 않아 모든 게 흐릿하게 보이는 상황에 돋보기 안경을 싹 씌어 주듯 확 와닿게 확실히, 분명히 설명해 달라는 뉘앙스로 쓰입니다. 특히 애매한 부분이나 잘 이해되지 않는 부분이 있을 때 쓰세요.

I don't quite understand what you mean. Could you clarify that?
(상대가 애매모호하게 말할 때) 말씀하신 게 잘 이해되지 않는데 좀 더 명확하게 설명해 주실 수 있나요?

Could you clarify your strategy?
정확히 어떤 전략을 세웠는지 명확히 말씀해 주실래요?

상대가 오해의 여지없이 분명히 설명해 줬다면 Thank you for clarifying that.(그 부분 명확히 설명해 줘서 고마워.)라고 할 수 있어요.

2 또 반대로 상대에게 확실히 설명하고 싶은 부분이 있을 때도 응용해 쓸 수 있습니다. 오해의 소지가 있는 애매한 부분을 명확히 말하고 더 쉽게, 확실히 와닿도록 설명할 때 clarify를 쓰세요.

Let me clarify that. (상대가 고개를 갸우뚱할 때) 제가 그 부분을 좀 더 명확하게 설명해 드릴게요.

Allow me to clarify that. 제가 그 부분을 좀 더 명확하게 설명해 드릴게요.

● Allow me to ~는 Let me ~보다 격식을 차린 느낌으로 쓰입니다. 예를 들어 '제가 도와드릴게요'라고 할 때 Let me help you.라고 해도 되지만, 더 정중히 도움을 제의하고 싶은 상황에선 Allow me to help you.라고 할 수 있어요.

Let me clarify the areas that I want us to focus on.
저희가 집중했으면 하는 부분들을 좀 더 명확히 말씀드릴게요.

UNIT 11

덧붙여 부가 설명을 해 달라고 할 때는

(지금까지는) tell me more

(오늘부터는) + **elaborate**

MP3 **011**

1 형용사 elaborate은 '정교한, 정성을 들인'의 뜻으로, 많은 공을 들여 고심해서 만들어 냈을 때 자주 씁니다.

I love the design. It's very elaborate. 디자인이 마음에 쏙 드네요. 정말 정교해요.

It's an elaborate plan. I don't see any problem with it.
정교한 계획이네. 아무 문제 없어 보여.

2 형용사의 뜻을 그대로 받아 동사 elaborate은 더 정교하게 다듬고 정성을 들여 설명하듯 '덧붙여/자세히 설명하다'란 의미로 쓰입니다. 마치 뭉툭뭉툭하게 말한 걸 한층 더 정교하게 만들 듯 상세히 부연 설명하는 느낌이죠. 사실 전 학창 시절에 선생님께 elaborate이란 단어를 처음 들었는데요. 예를 들어, 필수 도서를 읽지 않고 줄거리 요약본을 검색해 독후감으로 제출했을 때, 그 책을 읽고 왜 그렇게 생각하게 되었는지 좀 더 상세히 예를 들어 말해 달라며 Please elaborate.(좀 더 자세히 부연 설명해 주세요.)이라고 하셨어요.

Could you elaborate? 좀 더 자세히, 부연 설명해 줄 수 있어?

Would you care to elaborate on that?
(정중하게) 그것에 대해 더 자세히 부연 설명해 주실 수 있으신가요?

- Would you care to ~?는 Would you like to ~?의 격식을 차린 느낌이에요. 구어체에선 Would you를 생략하고 Care to ~만 쓸 때가 많아요. 예를 들어, Care to elaborate?은 '좀 더 자세히 부연 설명해 줄래?'의 뜻이 됩니다.

3 반대로 내가 앞서 말한 내용을 보완해 더 자세히 설명하고 싶을 땐 Let me elaborate on ~ 을 활용해 이렇게 쓰세요.

I think I need to clarify what I meant by 'ideal.' Let me elaborate on that.
제가 '이상적인'이라고 한 게 정확히 무슨 뜻으로 말한 건지 명확히 말씀드려야 할 것 같아요. 그 부분 좀 더 자세히 설명해 드릴게요.

I briefly mentioned the challenges we had, but let me elaborate on how we overcame them.
저희가 겪은 어려움에 대해 간략히 언급했는데, 우리가 그걸 어떻게 극복했는지 자세히 설명해 드릴게요.

이미 한 말을 강조하기 위해 다시 말할 때는

(지금까지는)	repeat
(오늘부터는) +	**reiterate**

MP3 **012**

---

1 Repeat과 reiterate 둘 다 어떤 내용을 다시 말한다는 의미가 있지만, repeat은 단순히 이전에 한 말을 다시 말하는 걸 의미해요. 단순히 반복한다는 거지 강조한다는 뉘앙스는 없어요.

> **Could you repeat the last part?**
> (잘 못 들었을 때) 마지막 부분을 다시 말씀해 주시겠어요?
>
> A **Could you repeat the number so I can write it down?**
> 제가 적어 놓게 번호를 다시 말씀해 주시겠어요?
> B **I'd be happy to.** 그럼요./기꺼이요.

2 반면, reiterate(반복하다/되풀이하다)은 어떤 주장이나 의견을 강조하거나 분명히 하기 위해 다시 말할 때 씁니다. Iterate 단어 자체도 '반복하다'란 뜻인데 그 앞에 re-(다시, 재-)까지 붙였으니, 그만큼 중요하기에 다시 반복하고 재차 강조한다는 뉘앙스가 되는 거죠.
정말 중요한 말이기에 다시 한 번 강조하고 싶을 때, 상대가 확실히 이해하거나 잊지 않도록 한 번 더 말해 두고 싶을 때 reiterate을 쓰세요.

> **I'd like to reiterate the importance of meeting the deadline.**
> 마감 기한 준수의 중요성을 다시 한 번 강조하고 싶습니다.
>
> **I'd like to reiterate that safety is our top priority.**
> 안전이 우리에게 최우선순위라는 걸 다시 한 번 강조하고 싶습니다.

3 Reiterate은 평소 정말 고맙거나 미안할 때, 자신의 마음을 다시 한 번 강조해 표현할 때도 자주 쓰여요.

> **I want to reiterate how sorry I am.**
> 얼마나 죄송한지 다시 한 번 말씀드리고 싶어요.
>
> **I want to reiterate how grateful I am.**
> 얼마나 감사한지 다시 한 번 말씀드리고 싶어요.

UNIT 13

무언가 중요하다는 것을 강조하여 표현하고 싶을 때는

(지금까지는) important

(오늘부터는) + **pivotal**

MP3 **013**

1   Pivotal은 '중심/축이 되는, 중요한'의 뜻이에요. 뭔가의 중심이 되는 회전축에 따라 잘 돌아갈 수도 있고 무너질 수도 있잖아요. 그만큼 어떤 일의 전체적인 방향성을 결정하는 데 중요한 역할을 한다는 걸 강조할 때 pivotal을 씁니다.

　　Pivotal이 가장 좋아하는 짝꿍 단어는 moment예요. 뭔가의 중심이나 축이 되는 '중요한/결정적인 순간, 전환점'을 pivotal moment라고 합니다. 그 순간 어떻게 행동하는가에 따라 상황이 드라마틱하게 변할 정도로 큰 영향력을 미치는 중요한 시점을 의미합니다. 주로 '인생의 전환점, 성공이나 실패의 기로', 또는 '중요한 업적의 시작점'을 나타내요.

> **This is a pivotal moment in my career.**
> 내 커리어에 있어 이건 정말 결정적인 순간이야.

> **This is a pivotal moment for our company. We can't afford any mistakes.**
> 우리 회사에게 정말 결정적인 순간이야. (실수를 받아 줄 여유가 없음) 어떤 실수도 용납할 수 없어.

2   특히 성공에 크게 영향을 미치거나 많은 사람들이 의존해서 '중요한/중추적인 역할'을 하는 사람에게는 pivotal role을 쓸 수 있습니다.

> **She played a pivotal role in the growth of the company.**
> 그녀는 회사 성장에서 정말 중요한 역할을 했어.

> **He played a pivotal role in successfully launching the product.**
> 그는 제품을 성공적으로 출시하는 데 정말 중요한 역할을 했어.

3   이 외에도 앞으로의 성장과 방향성을 크게 바꿀 수 있는 결정은 pivotal decision(중요한/전환점이 되는 결정), 인생에 있어 전환점이나 다름 없는 결정적인 해는 pivotal year(중요한/결정적인 해) 등 중요성을 강조할 때 자주 쓰입니다.

> **Expanding a product line was a pivotal decision for our business.** 제품 라인을 확장하는 건 우리 사업에서 정말 중요한 결정이었어.

> **This is going to be a pivotal year for me.**
> 올해는 나한테 인생의 전환점이나 다름없는 결정적인 해가 될 거야.

어떤 임무든 잘 해내는 다재다능한 인재를 설명할 때는

(지금까지는)   He can do everything.

(오늘부터는) **+**   **He's very versatile.**

MP3 **014**

1 Versatile은 '다재다능한, 다목적의, 다용도의'란 뜻이에요. 정말 다양한 상황에서 쓰이기에 versatile이란 단어 자체가 versatile한 것 같아요.

먼저, 어떤 사람이 versatile하다고 묘사할 때는 어디에도 잘 어울리고 어떤 임무든 잘 해낸다는 뜻입니다. 예를 들어 연기면 연기, 노래면 노래, 뭐든 잘 해내는 사람에게 versatile하다고 할 수 있죠.

> **She's very versatile.** 그녀는 정말 뭐든 잘 해내.
>
> **You've had a very versatile career.**
> (다양한 경험과 능력을 가진 걸 칭찬할 때) 정말 다양한 분야에서 활동하셨네요.

2 어떤 대상의 활용도가 다양할 때도 versatile을 쓸 수 있어요. 예를 들어 작업화로 신어도 되지만 일상에서 신어도 완벽하게 어울리는 신발에 versatile이라고 할 수 있겠죠. 또 음식 재료면에서 김치는 김치 자체만으로도 맛있지만 김치전, 김치찌개, 김치말이 국수 등 정말 다양하게 활용할 수 있잖아요. 이처럼 여러 용도나 목적으로 여기저기 두루두루 활용할 수 있을 때 versatile을 씁니다.

> **We should get one. It's very versatile.**
> 우리 하나 사는 게 좋겠어. 활용도가 정말 다양하잖아.
>
> **I love my iPad. It's such a versatile device.**
> 난 내 iPad가 정말 마음에 들어. (회사 업무, 그림 그리기 같은 취미 생활, 공부할 때 노트 필기 등) 정말 다양하게 쓸 수 기구거든.
>
> **It's a versatile technology.**
> (인공지능, 빅데이터 등) 다양한 분야에서 활용되는 기술입니다.

UNIT 15

어떻게 생각하는지 의중을 물어볼 때는

(지금까지는)   ask

(오늘부터는) **+**   **run by**

MP3 **015**

1   '묻다'를 생각하면 ask가 가장 먼저 생각나지만, 누군가에게 어떻게 생각하는지 의중을 물을 때 네이티브는 'run 대상 by 사람' 형태를 자주 써요. Ask와 run by는 뉘앙스 차이가 있는데요. 먼저, Let's ask him.이라고 하면 질문 후 대답을 받고자 하는 느낌으로, 단순히 뭔가를 물어보는 것에 초점을 맞춘 것이 ask입니다.

> **Can I ask you a quick question?**
> 간단한 질문 하나만 여쭤봐도 될까요?

> **If you don't mind me asking, how old are you?**
> 이런 질문을 여쭤봐도 될지 모르겠지만, 나이가 어떻게 되세요?

2   Run by는 누군가에게 뭔가를 보여 주거나 말해 주고 나서 어떻게 생각하는지 의견을 물어볼 때 써요. 그래서 Let's run that by him.이라고 하면 어떤 아이디어나 계획을 그에게 말하고 그가 어떻게 생각하는지 피드백이나 조언을 받고 싶다는 뜻이 됩니다. 뭔가를 보여 주거나 말하고 궁극적으로 괜찮다는 허락 또는 '~하는 게 좋겠다' 식의 조언까지 받는 게 run by입니다.

> **I need to run that by my wife first.**
> (최종 결정을 하기 전) 먼저 아내에게 괜찮은지 물어봐야 해요.

> **Let's run that by accounting and make sure it's within our budget.**   회계팀에게 물어보고 우리 예산 내에 들어오는지 확인해 보자.

> **Make sure to run that by me before you send it to your client.**
> 고객에게 그것 보내기 전에 꼭 나한테 보여 줘.

3   단순히 물어보는 ask, 보여 주는 show, 말하는 tell과 달리 run by는 상대가 어떻게 생각하는지, 상대의 의견에 더 힘을 실어 주는 느낌을 줘요. 누군가의 의중을 묻고 싶을 때 이렇게 말하세요.

> **I wanted to run something by you.**
> 네 의중을 묻고 싶은 게 있었어.

> **I'd like to run something by you.**
> 의중을 여쭙고 싶은 게 있는데요.

그 힘든 걸 어떻게 해냈는지 물어볼 때는

(지금까지는) How did you do that?

(오늘부터는) + **How did you pull that off?**

MP3 **016**

1 Pull off는 '(특히 힘든 걸) 해내다, 성사시키다'의 뜻이에요. 힘들거나 무리라고 생각한 걸 해냈을 때, 성공적으로 잘 준비했을 때 'Wow, you pulled it off!(우와, 진짜 잘 해냈구나.)'라고 할 수 있지요. 그런데 상대에게 그 힘든 일을 어떻게 해냈냐고 물어볼 때 네이티브는 pull off를 정말 자주 쓰는데, 우린 뜻을 외워도 막상 실전에서는 How did you do that?이 먼저 생각나는 것 같아요. 일단 do와 pull off를 쓸 때의 뉘앙스 차이가 있습니다.

How did you do that?은 꽤 중립적인 질문으로 단순히 상대가 어떻게 해냈는지를 물을 때 써요. 이 표현 자체에는 상대가 성취한 일이 어렵다는 뉘앙스가 없어요. 무엇이든 성취했을 때 단순히 어떻게 해냈는지를 묻는 거니까요.

> A **I fixed it.** 내가 그거 고쳤어.
> B **Oh, really? How did you do that?** 아, 정말? 어떻게 한 거야?

반면, How did you pull that off?는 좀 더 상대를 인정해 주고 치켜 세우는 느낌을 주어요. 상대가 성취한 게 분명 어려웠을 텐데 어떻게 성공적으로 해냈는지를 묻는 뉘앙스지요. Pull off란 표현 자체가 상대를 으쓱하게 만들 수 있습니다.

> **I can't believe you pulled this off so quickly.**
> 이 힘든 걸 이렇게나 빨리 해내다니 믿기지가 않네요.

> **I don't know how you did it, but you really pulled it off.**
> 네가 어떻게 해냈는진 모르겠지만 진짜 성공적으로 잘 해냈네.

2 또 힘든 일을 앞두고 이걸 해낼 수 있을지 반신반의할 때도 쓸 수 있습니다.

> A **Do you think I can pull this off?** 네 생각에 내가 이걸 해낼 수 있을 것 같아?
> B **No doubt.** (의심할 여지없이) 당연하지.

> **I honestly don't think he can pull off this deal.**
> 난 솔직히 그가 이 거래를 성사시킬 수 있을 거라 생각하지 않아.

UNIT 17

간절히 바라고 열망할 때는

(지금까지는) want to V

(오늘부터는) **+ be eager to V**

MP3 **017**

1   뭔가를 하고 싶은 마음을 표현할 때는 want to가 가장 많이 쓰이지만, 이 표현 자체는 뭔가를 하고 싶다는 일상적인 욕구를 나타내지 강한 의지와 열정을 담고 있진 않아요. 예를 들어, I want to go to the movies tonight.(오늘 밤에 영화 보러 가고 싶어.)는 단순히 영화를 보고 싶다는 걸 나타내요.

뭔가를 하고 싶어 안달이 날 정도로 강한 의지와 욕망을 표현하고 싶을 땐 be eager to(~를 간절히 바라다, 열망하다)를 쓰세요. 특히 면접에서 자신이 배움의 열의에 차 있다는 걸 강조하려고 I'm eager to learn.을 자주 씁니다. I want to learn.이 단순히 배우고 싶다는 걸 나타낸다면, I'm eager to learn.은 새로운 도전을 받을 준비가 돼 있고, 회사나 직무에서 필요로 하는 것들을 적극적으로 빠른 시일 내에 배우려고 한다는 강한 의지를 나타냅니다.

> **She's eager to talk to you.** 그녀는 정말 너와 얘기하고 싶어 해.
>
> **I'm eager to start as soon as possible.** 정말 가능한 한 빨리 시작하고 싶어요.
>
> **I know how eager you are to return to work.**
> 네가 얼마나 복직하고 싶어 하는지 알아.

2   이 표현은 새로운 사람을 소개해 줄 때도 자주 쓰여요. 예를 들어, 제가 부모님께 결혼하고 싶은 남자 친구를 인사시켜 드린다면 '드디어 우리 딸이 결혼을 하는구나, 어떤 사람일까' 하고 정말 궁금하고 하루 빨리 만나고 싶어 하시겠죠? 그때 We're very eager to meet him.(정말 간절히 그 사람을 만나 보고 싶구나.)라고 할 수 있습니다.

> **Everyone's eager to meet you.** (초면) 다들 널 정말 만나고 싶어 해.
>
> **Everyone's eager to see you.** (구면) 다들 널 정말 (다시) 보고 싶어 해.

3   또 상대가 왜 이리 뭔가를 간절히 바라는지 긍정적이든 부정적이든 그 이유가 궁금할 때도 자주 쓰입니다.

> **Why are you so eager to get promoted?**
> 왜 그렇게 승진하길 바라는 거야?
>
> **Why are you so eager to please everyone?**
> 왜 그렇게 남의 기분을 맞춰 주려 애쓰는 거야?

POP Quiz!

Initiative ☐

It's all yours. ☐

A productive day ☐

Before you know it ☐

I won't take no for an answer. ☐

Reiterate ☐

Pivotal ☐

How did you pull that off? ☐

Be eager to V ☐

Elaborate ☐

Clarify

I'm reluctant to ~

You have the floor.

HINT

무언가가 중요하다는 것을 강조하여 표현 | 편히 쓰세요. | 이미 한 말을 강조하기 위해 다시 말하다 | 명확히 설명하다 | 여러모로 많은 걸 이룬 생산적인 날 | 정말 금방이라고 강조 | 내 호의나 마음을 거절하지 말아 줘. | 그 힘든 걸 어떻게 해냈어? | (발언권을 넘기며) 말씀하셔도 됩니다. | 간절히 바라고 열망하다 | 덧붙여 부가 설명을 하다 | 딱히 내키지가 않다 | 변화를 일으키겠다는 의지가 담긴 계획

CHAPTER 2

UNIT 1

지금 이대로도 정말 만족스러울 때는

I couldn't ask for more.

MP3 **018**

1   정말 좋다고 강조하고 싶을 때 very, so, really에서 나아가 'couldn't 동사원형 + 비교급(이 보다 더 ~할 순 없다)'을 쓸 수 있어요. Things couldn't be better.는 이보다 더 좋을 순 없을 정도 로 정말 좋다는 걸 강조할 때 자주 쓰는 표현입니다. 제가 열심히 집필한 책이 어떤지 물 어봤을 때 Very good.도 좋지만 Couldn't be better.를 들으면 더 으쓱하고 행복할 것 같아 요. 강조해서 말할 때 네이티브가 평소에 자주 쓰는 'couldn't 동사원형 + 비교급'의 활용 표현 3개를 정리합니다.

❶ **I couldn't ask for more.** 더 이상 바랄 게 없어.

더 요청할 게 없을 정도로 지금 이대로도 정말 만족스럽고 행복할 때.

I couldn't ask for a better team. (더 나은 팀을 요청할 수 없을 정도로) 정말 최고의 팀이야.

I couldn't ask for a better job. (더 나은 직업을 요청할 수 없을 정도로) 정말 최고의 직업이야.

❷ **I couldn't agree more.** 나도 전적으로 같은 생각이야.

더 이상 동의할 수 없을 정도로 상대방의 말에 적극적으로 동의할 때.

A **Matt is the best engineer I know.**   Matt은 내가 아는 최고의 엔지니어야.
- 정말 훌륭하다고 칭찬할 때 'the best 대상 I know(내가 아는 최고의 ~)'를 쓰세요. The best engineer in the world처럼 이 세상 최고라고 하는 것보다 더 현실감 있고 동시에 상대도 으쓱하게 하는 좋은 표현입니다.

B **I couldn't agree more.**   나도 그 말에 완전 동의해.

❸ **Things couldn't be worse.** 상황이 정말 안 좋아

더 이상 나빠질 수 없을 정도로 상황이 정말 안 좋다는 걸 강조할 때.

Sadly, the timing couldn't be worse.   슬프게도 타이밍이 정말 안 좋아.

I feel like the timing couldn't be worse for this conversation.
이런 대화를 나누기엔 정말 최악의 타이밍인 것 같아.

'Couldn't 동사원형 + 비교급'은 네이티브가 평소 강조할 때 정말 자주 쓰기에 듣자마자 이해할 수 있도록 확실히 정 붙여 주세요.

바쁜 일정에 시간 내 줘서 고맙다고 할 때는

Thank you for fitting me in.

MP3 019

1 미팅 시작하기 전에 '바쁘실 텐데 시간 내 주셔서 감사해요.'란 인사말을 자주 합니다. 이때 Thank you for fitting me in.을 쓰세요. 'Fit 사람 in'은 '시간을 내어 ~를 만나다/~을 하다' 란 뜻인데요. 마치 바쁜 일정표에 내가 들어갈 공간을 만들어 주듯 날 일정에 끼워 줘서 고맙다는 뉘앙스로 자주 씁니다.

> **A** **Thank you for fitting me in.** 바쁜데 시간 내 줘서 고마워.
>
> **B** **Of course. I can always make time for you.**
> 당연히 그래야지. 너에 관한 일이면 언제든 시간 낼 수 있어.
>
> - 아무리 바빠도 정말 중요한 사람 일이라면 어떻게든 없는 시간도 만들어 내는 것처럼, I can always make/find time for you.는 특히 친분이 있는 관계에서 자주 쓰이는 기분 좋은 표현입니다. '널 위해 이 정도 시간도 못 내겠어? 네 일인데 당연히 시간 내야' 느낌으로 능청스레 쓰세요.

2 비슷한 맥락으로 Thank you for squeezing me in.(정말 바쁘실 텐데 시간 내 주셔서 감사해요.)도 자주 쓰여요. Squeeze(쥐어짜다)의 느낌을 살려 이미 꽉 찬 일정임에도 불구하고 중요한 일정을 어떻게든 추가로 넣기 위해 없는 시간도 쥐어짜 시간을 낸 느낌이죠.

> **Is there any way you can squeeze me in tomorrow? I really need a haircut for the interview.**
> (어렵다는 거 알지만) 어떻게, 내일 일정에 저 좀 끼워 주실 수 있을까요? 면접 때문에 진짜 머리를 좀 잘라야 해서요.
>
> - 무리한 부탁을 할 때, 어렵다는 거 알지만 어떻게 방법이 있는지 물어보는 Is there any way ~?(어떻게 ~할 방법이 있을까요?)를 자주 씁니다.
> **Is there any way we can finish it today?**
> (무리한 부탁이라는 거 알지만) 어떻게, 오늘 중으로 끝낼 수 있는 방법이 있을까?

> **Can we squeeze in a quick tour of the city before our flight? I hate to just go straight home.**
> (출장 갔을 때) 비행기 타기 전에 잠깐이라도 시티 투어를 할 수 있을까? 그냥 바로 집에 가고 싶진 않아서 말이야.

참고로 squeeze in은 공간적인 여유가 많지 않을 때도 쓰입니다.

> **Okay, everyone, squeeze in!**
> (사진 찍을 때 모두가 사진에 나오도록) 자, 다들 옆으로 가깝게 붙으세요.

> **Can I just squeeze in here?**
> (좁은 자리에 비집고 들어가며) 그냥 여기 같이 앉아도 돼?

UNIT 3

갑자기 잡힌 미팅인데도 응해 줘서 고맙다고 할 때는

Thank you for meeting me on such short notice.

MP3 020

1   우리에게 '공지, 알림'으로 익숙한 명사 notice가 평소 가장 많이 쓰이는 상황은 on such short notice(그렇게 짧은 공지에, 그렇게 갑작스러운 요청에)인 것 같아요. 상대에게 충분한 시간을 주지 않고 갑자기 뭔가를 해 달라고 요청할 때 자주 쓰입니다.

> **Thank you for meeting me on such short notice.**
> 갑자기 연락 드렸는데 만나 주셔서 감사해요.

> **I'm sorry this is on such short notice.**
> (충분한 시간을 주지 않고) 갑자기 요청해서 미안해.

> **This is the best we can do on such short notice.**
> (충분한 시간을 준 게 아니라서) 갑자기 요청 주신 거라 이게 저희가 할 수 있는 최선이에요.

2   또 회사에서 notice는 until further notice(추가 공지가 있을 때까지)로도 자주 쓰입니다. 추가적인 안내나 공지가 있을 때까지 어떤 상태를 계속 유지해 달라는 거죠.

> **Please keep this information to yourself until further notice.**
> 추가 공지가 있을 때까지 이 정보는 너 혼자만 알고 있어.

3   흥미롭게도 '공지, 알림'으로 notice가 익숙해서 그런지 많은 분들이 '공지하다'의 동사로 응용해 Thank you for noticing.(공지해 줘서 고마워.)으로도 쓰시더라고요. 그런데요, 동사 notice는 '공지하다'가 아닌 '알아채다, 인지하다'의 뜻입니다. Britannica 사전에 동사 notice를 찾아보면 to become aware of something or someone by seeing, hearing, etc. 뜻만 나오지 '공지하다'의 뜻은 나오지 않아요. Macmillan 사전도 그렇고요. 이처럼 명사 notice와 달리 동사로 쓰일 땐 다른 뉘앙스로 쓰인다는 점을 꼭 기억해 주세요.

그럼 Thank you for noticing.이 틀린 문장이냐, 아뇨. Thank you for noticing.을 공지해 줘서 고맙다라는 뉘앙스로 쓰면 어색하지만, '알아봐 줘서 고마워.'란 뜻으로는 쓸 수 있어요. 특히 상대가 날 칭찬했을 때 고마움의 표현과 동시에 관심을 갖고 차이점이나 특별함을 인지한 상대의 눈썰미도 칭찬해 주는 느낌으로 자주 쓰입니다.

> A **Did you get a new haircut?** 머리 잘랐니?
> B **Yes, I did. Thank you for noticing.** 응. 잘랐어. 알아봐 줘서 고마워.

먼저 자리에서 일어나야 할 때는

If you'll excuse me,

MP3 021

1   Excuse me.(실례합니다.)는 정말 다양한 상황에서 쓰입니다. 길 가다 모르는 사람에게 길을 물어볼 때, 지나가게 좀 비켜 달라고 할 때, 상대의 무례한 발언이 믿기지 않아 화난 말투로 '뭐라고요?'라고 하며 따질 때 등 쓸 수 있는 상황이 정말 많은데요. 예의 바른 영어를 할 때 빠질 수 없는 excuse의 연관 표현으로 excuse me의 두 가지 활용을 소개합니다. 둘 다 일상 매너 표현처럼 자주 쓰이니 확실히 기억해 주세요.

❶ **If you'll excuse me, 실례를 무릅쓰고, 실례가 안 된다면 가 보겠습니다.**

Excuse는 먼저 자리를 뜨는 것에 대한 '양해를 구하다/양해하다'란 뜻이 있어요. 위의 표현은 대화를 마무리하고 가 봐야 할 때 자주 덧붙여 씁니다.

If you'll excuse me, I'm expecting a call.
전화 올 데가 있어서 실례를 무릅쓰고 가 볼게요.

If you'll excuse me, I have a meeting in 15 minutes.
15분 후에 미팅이 있어서 실례를 무릅쓰고 먼저 가 볼게요.

❷ **Could you excuse me for a moment? 잠시 실례해도 될까요?**

잠시 양해를 구하고 다른 일을 해야 할 땐 위의 표현을 쓰세요.

Could you excuse me for a moment? It's my daughter.
(대화 중 전화가 와서 받아야 할 때 덜컥 받지 말고) 잠시 실례해도 될까? 딸아이가 전화해서 말이야.

Could you excuse me for a moment? I need to wash my hands.
(대화 중에 화장실에 가야 할 때 갑자기 벌떡 일어나지 말고) 잠시 실례해도 될까? 손 좀 씻어야 해서.

Could you excuse us for a moment? I want to have a word with Leon in private.
(잠시 자리 좀 비켜 달라고 할 때 나가라고 직설적으로 말하지 말고) 잠시 실례해도 될까? Leon과 따로 하고 싶은 말이 있어서 말이야.

UNIT 5

대화로 풀자고 할 때는

Let's talk it out.

MP3 022

1 문제나 마찰이 있을 때 '대화로 해결해 보자, 얘기해서 풀어 보자'란 말을 하죠. 이때 'talk 대상 out(~을 철저히 논의하다)'을 쓰세요. Let's talk it out.을 직역하면 '(결정, 문제 해결 등을 위해) 철저히 논의하자/제대로 얘기해 보자.'란 뜻이지만, talk out은 그냥 대화를 나누는 게 아닌 해결책이나 합의점을 찾는 데 초점이 맞춰져 있기에 '(마음에 걸리는 부분을) 얘기해서 풀어 보자'로 주로 의역됩니다.

마치 매듭처럼 엉켜 있어 문제 해결이 절실한 상황을 대화로(talk) 빠져 나오는(out) 것처럼, 합의해야 할 부분이 있거나 문제 해결이 필요할 때 자주 쓰여요.

Why don't you talk it out with him over coffee?
그와 커피 마시면서 제대로 얘기해 보는 게 어때?

A **Have you talked to Elaine?** Elaine과 얘기해 봤어?
B **Well, I wanted to meet and talk things out, but she ignored my text.** 음, 만나서 이것저것 얘기해 풀려고 했는데 내 문자를 무시하더라고.

2 이미 대화로 문제를 해결했을 때도 쓸 수 있습니다.

A **How did the dinner go?** 같이 저녁 먹은 건 어떻게 됐어?
B **It went fine. We talked it out. I feel much better now.**
좋았어. (마음에 걸리는 걸) 제대로 얘기했더니 지금은 훨씬 더 기분이 나아졌어.

3 하지만 아무리 해결책이나 합의점을 찾기 위해 오랜 시간 철저히 논의해도 결국 잘 안 풀릴 수도 있잖아요. 이때도 응용해 쓸 수 있어요.

I'm exhausted. We've been talking this out for hours!
정말 지친다. 진짜 몇 시간째 이 얘기를 하고 있잖아.

We talked it out for hours but couldn't come to an agreement.
몇 시간 얘기했는데 합의에 이르진 못 했어.

그렇다고 세상이 끝난 것도 아니니 너무 낙담하지 말라고 할 때는

It's not the end of the world.

MP3 **023**

1 안 좋은 상황에서 우울해하고 낙담하는 지인을 It's not the end of the world.(그렇다고 세상이 끝난 건 아니잖아.)로 위로해 주세요. 지금은 상황이 안 좋지만, 또 어떻게 보면 세상이 멸망할 정도로 최악의 상황까진 아니니 너무 속상해하지 말고 힘내란 뉘앙스로 쓰입니다.

> **A** I can't believe I got a C in the midterms. I mean, I studied day and night.
> 중간고사에서 C를 받은 게 믿기지 않아. 아니, 진짜 밤낮으로 열심히 공부했는데 말이야.
>
> **B** Well, it's not the end of the world. You can make it up in the finals. 음. 세상이 끝난 것도 아니니 너무 낙담하지 마. 기말고사 때 잘 보면 되지.

> I know you're disappointed, but it's not the end of the world. There are other opportunities out there for you. (면접에 떨어져서 낙담하는 지인에게)
> 네가 실망한 것 알지만, 그렇다고 해서 세상이 끝난 것도 아니야. 세상엔 널 위한 다른 기회들이 또 있잖아.

2 어쩔 수 없는 상황이 아니라 내 잘못이나 부족함으로 인해 일이 잘못되면 자책하기 쉽잖아요. 자책하며 낙담하는 지인에게 다음과 같이 위로해 주세요.

> We all make mistakes. It's not the end of the world. You can learn from your mistakes and move on.
> 우린 (인간이라서) 누구나 다 실수해. 그렇다고 세상이 끝난 건 아니잖아. 실수로부터 교훈을 얻고 계속 나아가야지.

> ● 우린 인간이니 누구나 실수하기 마련이라는 We all make mistakes., Everyone makes mistakes.는 간단한 표현 이지만 조금 실수해도 괜찮다며 토닥토닥해 주는, 힐링이 되는 표현이니 꼭 기억해 주세요.

그게 꼭 그런 것만은 아니라며 위로할 때는

Not necessarily

MP3 **024**

1 Necessarily(필연적으로, 반드시)보다 not necessarily(반드시/꼭 ~는 아닌)가 대화에서 훨씬 더 자주 쓰입니다. 항상, 모든 상황에서 그런 건 아니라는 뜻인 이 표현은 It's not necessarily a bad thing.(그게 꼭 나쁜 것만은 아니야.)처럼 위로할 때 빛을 발합니다.

Getting old isn't necessarily a bad thing. 나이 드는 게 꼭 나쁜 것만은 아니야.

A **It's going to be terrible.** 정말 최악일 거야.
B **Not necessarily.** 꼭 그런 건 아니야.

I wouldn't necessarily say it's easy, but it's possible.
꼭 쉽다고 하진 않겠지만 가능하긴 해요.

틀린 건 아닌데 네이티브가 잘 쓰지 않는 표현들이 있어요. 제 수강생들이 그런 표현을 말할 때, 전 It's not necessarily wrong. It's just a less common way of saying it.(그게 꼭 틀린 건 아닌데 그냥 보편적으로 덜 쓰이는 표현이에요.)이라고 말해요.

2 Not necessarily는 does not necessarily mean(~가 반드시/꼭 …를 의미하는 건 아니야)으로도 자주 쓰입니다.

A **She gave me a lollipop. That means she likes me, right?**
그녀가 나한테 막대 사탕을 줬는데, 그럼 날 좋아한다는 뜻인 거잖아, 맞지?
B **Well, that doesn't necessarily mean anything. It's Christmas. She could have given candies to everyone.**
음, 그게 뭐 반드시 무슨 의미가 있는 행동인 건 아니야. 크리스마스잖아. 그냥 모두에게 사탕을 준 것일 수도 있잖아.

Just because she's older doesn't necessarily mean she's more mature.
그녀가 더 나이가 많다고 해서 꼭 더 성숙한 건 아니야.

Just because everyone else is doing something doesn't necessarily mean that's the right thing to do.
다른 사람들이 한다고 그게 꼭 옳은 건 아니죠.

다른 성향이나 의견을 좀 더 부드럽게 표현할 때는

more of

MP3 025

1 와인을 좋아하는 지인이 제게 'Do you like wine?(와인 좋아하세요?)'라고 물었을 때 제가 딱 잘라 'No, I don't like wine.(아니요. 전 와인 안 좋아합니다.)'라고 하면 분위기가 어색해질 수 있겠죠. 이때 'I'm more of a beer person.(전 맥주를 더 좋아하는 편이에요.)'라고 more of(오히려 ~에 더 가까운)을 쓰면 더 부드럽게 상대와 다른 성향을 표현할 수 있습니다.

A **Do you like cats?** 고양이 좋아하세요?

- 고양이나 강아지를 좋아한다고 할 땐 한 마리가 아닌 고양이나 강아지란 동물 자체를 좋아한다는 뉘앙스로 꼭 복수형을 써야 합니다. I like cat, I like dog은 자주 실수하는 어색한 표현이니 꼭 기억해 두세요.

B **I'm more of a dog person.** 전 강아지를 더 좋아하는 편이에요.

A **Are you a morning person?** 아침형 인간이세요?
B **I'm more of a night person.** 전 저녁형 인간인 편이에요.

2 이처럼 more of는 뭔가를 더 잘, 그리고 정확히 묘사하면서 동시에 상대와 다른 의견을 부드럽게 표현할 때 자주 쓰입니다. 또, 꼭 다른 의견이 아니어도 확정 지어 딱 잘라 말하기 조심스러울 때도 more of를 쓸 수 있어요.

$200 isn't necessarily a good deal for this. It's more of an average price.
이걸 200달러 주고 산 건 꼭 저렴하게 잘 샀다기보단 보통 판매되는 가격에 더 가까워요.

A **I didn't know you were a YouTuber.**
유튜브 하시는지 몰랐어요.

B **It's more of a hobby. I mean, I barely have 100 subscribers.**
(진지하게 유튜브를 직업으로 삼기보단) 그냥 취미로 하는 것에 가깝죠. 뭐, 구독자가 거의 100명도 안 되는걸요.

UNIT 9

실수 후에 다시 한 번 기회를 줄 때는

second chance

MP3 026

1   네이티브는 누군가의 실수나 실패 후 다시 한 번 잘해 볼 수 있게 기회를 줄 때 second chance(실패 후 두 번째/다시 한 번의 기회) 표현을 자주 써요. 이번엔 성공하길 바라는 마음에서 리셋 버튼을 누르듯 다시 한 번 기회를 줄 때 second chance를 씁니다.
참고로 second chance는 감옥에서 풀려난 범죄자에게 다시 시작할 수 있는 기회를 줄 때도 쓰입니다. 자신의 범죄 행위에 대한 책임을 온전히 인식하고 행동을 변화시키려는 강한 의지를 가진 범죄자가 사회에서 다시 시작할 수 있게, 여러 제도나 프로그램을 통해 이번엔 더 나은 길로 나아갈 수 있도록 도와줄 때도 쓰이죠.

> **I made a mistake, but I hope you can give me a second chance.**
> 실수했지만 제게 다시 한 번 기회를 주실 수 있길 바랍니다.

> A **I'm so grateful that you gave me a second chance to prove myself.**   다시 한 번 제 능력을 증명할 기회를 주셔서 정말 감사해요.
> B **I knew you would make it right this time.**
> 이번엔 네가 제대로 잘 해낼 줄 알았거든.

2   또 두 번째 기회 같은 건 없으니 실수 없이 잘해야 한다고 할 때도 응용해 쓰입니다.

> A **We don't get a second chance on this one, so don't mess it up.**
> 또 다른 기회는 없으니 망치면 안 돼.
> B **I'll try my best.**   (망치지 않게) 최선을 다해 노력할게.

> **You don't get a second chance at a first impression.**
> 첫인상은 한 번 망치면 끝이야.

3   우리 모두 살면서 실수하기도 하잖아요. 누군가 실수했을 때 실수를 만회하고 다시 시작할 수 있게 다시 한 번 기회를 주자고 할 때는, Everyone deserves a second chance.(모든 사람은 두 번째 기회를 받을 자격이 있어.)를 쓰세요. 실수나 실패를 했더라도 변화하고 성장할 수 있는 기회를 부여해야 한다는 의미로, 자비로운 태도를 나타내는 좋은 표현입니다. 같은 맥락으로 We all deserve a second chance.(우리 모두 두 번째 기회를 받을 자격이 있어.)도 자주 쓰입니다.

정중한 말투로 만들어 주는

If I may

1 상대에게 특정 행동을 해도 되는지 허락을 받을 때 may가 쓰여요. 그래서 if I may는 '~해도 괜찮다면, ~해도 된다면, 실례가 되지 않는다면'의 뜻으로 상대의 허락을 받는 느낌으로 자주 쓰입니다. 격식을 차린 if that's okay with you,(괜찮으시다면,)라고 생각하면 쉽게 쓸 수 있어요.

> **A** **If I may, I have one more question.** 괜찮으시다면 궁금한 게 하나 더 있는데요.
> **B** **Sure, go ahead.** 그럼요. 말씀하세요.

> **If I may, I'd like to reschedule our meeting to next week. I have a family emergency.**
> 괜찮으시다면 저희 미팅 일정을 다음 주로 조정하고 싶어요. 가족에게 급한 일이 생겨서요.

> **A** **If I may, I'd like another day to finish up the project.**
> 괜찮으시다면 프로젝트를 마무리 짓는 데 하루 더 주시면 좋겠어요.
> **B** **No, you may not.** 아니, 그렇게는 안 돼.

2 If I may는 특히 프레젠테이션 때 자주 듣는 표현이에요. 사실 발표자가 청중 한 명, 한 명에게 허락을 받을 수 있는 상황은 아니기에 이땐 예의상 덧붙이는 느낌으로 씁니다. 따지고 보면 진짜 반대하는 상황에선 허락하지 않는다고 손을 들고 얘기할 수도 있으니깐요.

> **If I may, I'd like to share two stories with you.**
> 괜찮으시다면 여러분과 이야기 두 개를 공유하고자 합니다.

> **If I may, I'd like to move on to the next topic.**
> 괜찮으시다면 다음 주제로 넘어가고자 합니다.

3 이렇게 맥락상 if I may만 덧붙여도 되지만 구체적인 행동을 얘기할 때 'if I may + 동사원형'으로 쓰는데요. 특히 대화 중에 상대방 말에 끼어들어 추가하고 싶은 의견이 있을 때, interject(말참견하다, 끼어들다)를 넣어 if I may interject,(제가 한마디해도 괜찮다면,)로 자주 쓰여요.

> **If I may interject, I'd like to add to what you just said.**
> 제가 한마디해도 괜찮다면, 방금 하신 말씀에 덧붙이고 싶은 부분이 있어요.

> **If I may interject, I think it's too early to think that.** 제가 한마디해도 괜찮다면, 그렇게 생각하긴 너무 이른 것 같아요.

UNIT 11

해 봐서 나쁠 건 없을 거라고 말할 때는

It wouldn't hurt to V

MP3 028

1 '한 번 해 봐서 나쁠 건 없을 거야.'란 말 자주 하죠? 그때 It wouldn't hurt to try.를 쓰세요. It wouldn't hurt to ~(~해서 나쁠 건 없을 거야)는 특정 행동을 해서 손해 볼 건 없을 것 같을 때, 나아가 오히려 도움이 될지도 모른다는 뉘앙스로 자주 씁니다.

> **Well, it wouldn't hurt to have a chat. Let's call him and set up a meeting.**
> 뭐, 얘기해 봐서 나쁠 건 없겠지. 그에게 전화해서 미팅 잡자.

> **I'll reach out to him. It wouldn't hurt to get an estimate.**
> 내가 그에게 연락해 볼게. 가격이 얼마 정도 되는지 예상가를 받아서 나쁠 건 없을 테니깐.

> **You should send out an e-mail. It wouldn't hurt to remind them.**
> (깜빡할 수 있으니) 이메일을 보내는 게 좋겠어. 그 사람들한테 상기시켜 줘서 나쁠 건 없을 거니깐.

2 이처럼 뭔가를 해 볼 만한 가치가 있을 것 같을 때 It wouldn't hurt to ~를 쓸 수 있는데요. 특히 주저하는 상대에게 어차피 손해 볼 건 없을 것 같으니 자신감을 갖고 도전해 보는 게 좋겠다며 격려하거나 권장할 때도 자주 쓰입니다.

> **It wouldn't hurt to give it a shot.**
> 한 번 해 봐서 나쁠 건 없을 거야.

> ● Give it a shot.은 과녁을 맞히기 위해 한 번 총을 쏴 보는 것처럼, 어떤 일을 시도해 보기 전에 용기를 불어넣거나 격려할 때 자주 쓰입니다. Give it a try와 같은 뜻이라고 생각하면 쉽게 쓸 수 있어요.

> **It wouldn't hurt to try something new.**
> 새로운 걸 시도해 봐서 손해 볼 건 없을 거야.

상황을 염두에 두고 행동하자고 할 때는

mindful

MP3 029

1 중학생 때 제 책상에는 '잠은 죽어서 자는 것이다', '지금 이 순간에도 적들의 책장은 넘어가고 있다' 같은 포스트잇이 붙어 있었어요. 이처럼 성공하기 위해선 앞만 보고 달려가는 게 당연하다고 생각하는 우리 사회에 요즘 mindfulness(마음 챙김)의 중요성이 각광받고 있죠. 잠시 멈춰 온전히 지금 이 순간 내 몸과 마음에 집중하는 것, 현재 일어나는 내 생각이나 감정을 있는 그대로 비판적이지 않은 태도로 받아들이는 걸 mindfulness라고 합니다.

명사 mindfulness가 마음 챙김의 개념이라면, 형용사 mindful은 마음 챙김의 태도를 나타내요. Mindful은 '~을 염두에 두는, 의식하는, 잊지 않는'의 뜻으로, 어떤 행동을 할 때 중요한 뭔가를 계속 의식하고 챙기고 생각할 때 씁니다. 쉽게 정 붙일 수 있는 표현으로, 뭔가를 계속 염두에 두고 행동하는 게 중요하다는 It's important to be mindful of ~로 연습해 보세요.

It's important to be mindful of our budget.
우리 예산을 염두에 두고 행동하는 게 중요해.

It's important to be mindful of the timeline.
일정을 계속 염두에 두고 행동하는 게 중요해.

It's important to be mindful of what you say.
(생각해서 말하라며) 한 마디 한 마디 할 때마다 생각해서 말하는 게 중요해.

2 이 외에도 어떤 상황이나 대상에 주의를 기울이고 신중하게 생각하고 있다고 할 때도 응용해 쓸 수 있습니다.

I'm mindful of the environment, so I always carry a reusable straw with me. 난 환경을 생각해서 항상 재사용 가능한 빨대를 가지고 다녀.

A She's going through a rough patch. 그녀는 지금 힘든 시기를 겪고 있어.

- rough patch는 원래 경제학에서 쓰이는 용어예요. 경기 회복기에 나타나는 일시적인 회복 둔화 기간이 soft patch인데, 그보다 경제 상황이 더 나쁜 걸 rough patch라 하죠. Go through와 함께 쓰인 go through a rough patch는 '인생에서 어려운 시기를 겪다'의 뜻입니다.

B I know. I'm very mindful of her situation, but I can't keep cutting her slack. 저도 알기에 계속 그녀의 상황을 생각해 주고 있는데 그렇다고 계속 봐줄 순 없어요.

- Cut somebody slack은 '~을 더 몰아붙이다, 기회를 주다'의 뜻이에요. Slack은 '밧줄 등의 느슨한 부분'을 나타내는데, 느슨한 부분을 잘라 주어 기회를 더 주고 봐준다는 의미가 됩니다.

UNIT 13

상대가 잘못 알고 있어서 부드럽게 알려 줄 때는

I think you're mistaken.

MP3 030

1 길 가다 누군가가 나를 다른 사람으로 착각했다고 그 사람에게 You're wrong.(틀렸어요.)이 라고 하면 '착각할 수도 있는데 그렇게까지 말해야 하나?' 황당해할 거예요. 상대가 뭔가 를 잘못 알고 있을 때 You're wrong.(너 틀렸어.)을 쓰는 건 너무 직설적으로 느껴질 수 있어 요. 또 wrong은 도덕상 옳지 못한 행동을 할 때도 쓰이기에 부정적인 느낌이 강합니다.

> **You're wrong to lie to her face like that.**
> (잘못된 행동) 그녀의 면전에 대고 그렇게 거짓말하는 건 아니지.

> **You're wrong to behave that way.** 그렇게 행동하는 건 너 잘못된 거야.

이때는, You're mistaken.(잘못 보셨습니다.)을 쓰세요. Mistaken(잘못 알고 있는, 잘못 판단하는)도 결국 상대가 틀렸다는 거지만, right or wrong처럼 옳고 그름을 평가하기보다 실수로 착각하거 나 잘못 생각하고 있는 것 같다는 느낌을 줍니다.

> **If you think this is okay, you're mistaken.**
> 이게 괜찮다고 생각한다면 네가 잘못 생각하고 있는 거야.

> **If you think she's going to let this slide, you're mistaken.**
> 그녀가 이걸 그냥 넘어가 줄 거라 생각한다면 네가 착각하는 거야.

> ● Let it slide는 '봐주다, 넘어가 주다'의 뜻입니다. 문제가 있는 걸 붙잡고 고치려 하지 않고 옆으로 slide(미끄러져 넘어가게) 내버려 두는 느낌이죠.

2 You're mistaken.도 상대가 잘못 알고 있다고 확정 지어 말하는 것이라서 좀 더 부드럽게 하고 싶다면 이렇게 말하세요.

> **I think you're mistaken.** 네가 착각한 것 같아.
> **I'm afraid you're mistaken.** 미안한데 네가 잘못 알고 있는 것 같아.
> **I think you may be mistaken.** 내 생각엔 네가 잘못 알고 있는 것일지도 몰라.

3 응용해서 내가 착각하거나 오해한 것일지도 모른다며 확실치 않은 정보나 생각을 공유할 때 I may be mistaken.(내가 잘못 알고 있는 것일지도/잘못 판단한 것일지도 몰라.)를 덧붙일 수 있어요.

> **I think she's on board, but I may be mistaken.**
> 그녀도 동참할 것 같은데 내가 잘못 판단한 것일지도 몰라.

무리하지 말고 네 속도대로, 천천히 해도 괜찮다고 할 때는

Do it at your own pace.

MP3 031

1 무리하지 말고, 다른 사람과 비교하지 말고 '네 페이스대로 해.'란 말을 들으면 정말 마음이 편안해지죠. 영어로는 Do it at your own pace.(너에게 맞는 속도로 해.)라고 할 수 있는데요. 이때 명사 pace는 '(일의) 속도'란 뜻입니다. 상대에게 맞는 걸음이나 속도로 나아가라는 느낌이죠.

> **You can do it at your own pace. No pressure.**
> 네 속도대로 해도 돼. 부담 갖지 말고.

> ● No pressure.(부담 갖지 마.)는 압박감 같은 건 없으니 불필요한 스트레스를 받지 말고 마음 편히 해도 된다는 뜻으로 쓰입니다.

2 At your own pace 외에도 명사 pace는 다양하게 응용돼 쓰여요.

> **If we stay on this pace, I think we'll finish on time.**
> 우리가 이 속도를 유지하면/이대로만 하면 제시간에 끝낼 수 있을 것 같아.

> **We'll never make it at this pace.**   이 속도로 하면 절대 해내지 못 할 거야.

> **Is this your normal pace?**   이게 평소 네 속도야?

3 또 마치 아래로 처지고 있는 속도를 집어올리듯 좀 더 빨리 진행해야 한다고 할 때 pick up the pace(속도를 내다)로 자주 쓰여요. 예를 들어, 발표나 미팅이 더디게 진행될 때 시간 안에 중요한 내용을 다 다루려면 속도를 내야 한다며 'We're going to have to pick up the pace here.(지금 좀 더 빨리 진행해야 할 것 같아요.)'라고 재촉할 수 있어요. 이때 going to have to는 '~해야만 할 것 같아요.'란 뜻으로 조심스럽게 확고한 의지를 표현합니다.

Pace는 명사로도, 동사로도 일상에서 자주 쓰여요. 특히 지인이 급히 서두를 때 Pace yourself.(네게 맞는 속도를/리듬을 찾아.)란 조언조로 응용돼 자주 쓰이니 기억해 두세요.

> **Pace yourself.**
> (상대가 음식을 허겁지겁 먹을 때) 천천히 먹어/천천히 마셔.

> **Pace yourself.**
> (앞만 보고 정신없이 나아가듯 무리하는 것 같을 때) 천천히 해/조절해 가며 해.

UNIT 15

결과보단 노력에 초점을 맞춰 고마움을 표현하고 싶을 때는

Thank you for your effort.

MP3 032

1 Thank you for your effort.(노력해 주셔서/애써 주셔서 고맙습니다.)는 결과보단 노력에 초점이 맞춰져 있는데요. 이 표현이 전하는 뉘앙스와 자주 쓰이는 상황은 크게 두 가지입니다.

❶ 상대가 노력해 준 덕분에 잘 되었다는 뉘앙스

접촉 사고가 났는데 보험회사 담당자가 정말 잘 처리해 주었어요. 그때 Everything worked out. Thank you for your effort.(다 잘 풀렸네요. 애써 주셔서 감사해요.)라며 상대의 노력에 고마움을 표현할 수 있겠죠. 또, 중요한 목적을 이루는 과정에서 정말 애써 줘서 고맙다고 할 때도 쓸 수 있어요.

Thank you for your continued effort in helping us to develop.
저희가 계속 발전할 수 있게 지속적으로 노력해 주셔서 고맙습니다.

❷ 뭔가 잘 안 됐을 때 그래도 노력해 줘서 고맙다는 뉘앙스

Thank you for your effort.는 잘 안 됐지만 노력해 준 점은 고맙다는 뉘앙스로 정말 자주 쓰입니다. 생각해 보면 일이 잘 안 풀렸을 때 '그래도 열심히 노력했잖아. 그럼 된 거야' 식으로 결과가 아닌 노력에 초점을 맞춰 위로하잖아요.

A **I thought I could fix it, but I'm sorry.**
내가 고칠 수 있을 거라고 생각했는데 미안해.

B **It's okay. I'll just call the mechanic. Thank you for your effort.**
괜찮아. 그냥 수리하는 사람 부를게. 노력해 줘서 고마워.

Thank you for your effort, though. 그래도 애써 줘서 고마워.

2 Thank you for your effort.는 이처럼 일이 잘 풀리지 않았을 때 정말 자주 쓰이는 표현이라서, 결과까지 정말 좋은 상황에선 Thank you for your effort.만 단독으로 쓰기보단 결과까지 칭찬하거나 아니면 아예 긍정적인 뉘앙스만 있는 표현을 쓰는 걸 추천 드려요.

Thank you for everything. 여러모로 다 감사드려요.

I couldn't have done this without you.
다 덕분에 잘 됐어요.

I don't know how to thank you.
(너무 고마워서) 고마운 마음을 어떻게 표현해야 할지 모르겠네요.

주로 상사가 부하 직원의 노고를 칭찬하며 쓸 때는

Thank you for your hard work.

MP3 033

1 상대의 노고를 고맙게 생각한다는 Thank you for your hard work.(열심히 일해 주셔서 고맙습니다.)를 인사말처럼 편히 쓰시는 분들이 많더라고요. 사실 이 표현을 윗사람에게 쓰면 상사의 노고를 부하 직원이 평가하는 느낌을 줄 수 있어서 무례하게 느껴질 수 있습니다. 보통 상사가 부하 직원이 열심히 일하는 걸 평가하지 부하 직원이 상사를 평가하진 않으니까요.

이 Thank you for your hard work.은 상사가 부하 직원에게, 또는 내가 서비스를 맡긴 사람에게 편히 쓸 수 있는 말입니다.

> **I'm glad to have you on my team. Thank you for your hard work.**
> 자네가 우리 팀에 있어 정말 다행이야. 열심히 일해 줘서 고마워.

> **Thank you for all your hard work this week.**
> 다들 이번 한 주 열심히 일하느라 고생 많았어.

2 부하 직원이 상사에게 평소 편히 쓸 수 있는 몇 가지 표현을 알려 드립니다.

> **Thank you for your guidance.**
> 저희를 이끌어 주셔서 고맙습니다.

> **Thank you for your support.**
> 저희를 지지해 주셔서 고맙습니다.

> **Thank you for everything you do for us.**
> 저희를 위해 해 주시는 것 모두 다 고맙습니다.

> **I'm learning so much from you.**
> 정말 많은 걸 배웁니다.

참고로 계속 열심히, 지금처럼 잘 일해 달라는 Keep up the good work.와 Keep it up.은 정말 상사에게 쓰면 안 되는 표현이니 꼭 기억해 주세요.

61

UNIT 17

문제없이 잘 이해하고, 따라오는지 확인차 물어볼 때는

Are we on the same page?

MP3 034

1 Be on the same page(~에 대해 이해하는 내용/의견이 같다)는 마치 생각의 장이 같다는 뉘앙스로 자주 쓰는 이디엄이에요. 네이티브는 정말 자주 쓰기에 우리도 평소 쉽게 쓸 수 있는 상황들을 정리해 볼게요.

뭔가를 설명하면서 문제없이 잘 이해하고, 따라오는지 확인차 물어볼 때 Are we on the same page?(잘 이해하신 것 맞죠?)를 쓰세요. 예를 들어, 78 페이지를 설명하고 다음 페이지로 넘어가기 전에 상대도 나와 같은 페이지를 바라보며 같은 이해의 속도로 따라오는 건지, 혹 이해가 안 되는 부분이 있는지 확인차 물어보는 거죠. 이처럼 이해의 장이 같거나 같지 않을 때 응용해 쓸 수 있습니다.

> **We're on the same page.** 무슨 말씀인지 이해했어요.
>
> **I'm not on the same page yet.** 아직 이해가 잘 안 돼요.
>
> **Let me make sure we're on the same page.**
> (내가 이해한 내용을 정리해 말하며) 제가 잘 이해한 건지 확인차 말씀드려요/여쭤봐요.

2 또 마치 생각의 장이 같듯 상대방 말에 동의할 때, 의견이 같다는 뉘앙스로도 자주 씁니다. 그래서 내 말이나 제안에 동의하는지 물어볼 때도 Are we on the same page?(우리 같은 생각/의견인 것 맞죠?)를 쓸 수 있는데요. 회사의 방향성처럼 동일한 목표나 계획에 대해 이해하고 동의하는 게 중요한 상황에서 자주 쓰입니다.

> **A** **Are we on the same page?** 우리 같은 생각인 것 맞죠?
> **B** **We're getting there. I just have one more question.**
> (아직은 아니지만 같은 생각이 되기 위해 노력하는 느낌) 거의요. 하나 더 궁금한 게 있는데요.
>
> **I don't think we're on the same page.**
> (상대방 말에 동의하지 않을 때) 우린 생각/의견이 다른 것 같아요.
>
> **We're 100% on the same page.**
> (강조하면서) 완전 같은 생각이에요.

상대방이 내가 원치 않는 가십을 유도할 때는

It's not my story to tell.

MP3 **035**

1 누군가 내가 원치 않는 가십을 유도할 때 얘기하고 싶지 않다고 할 때는 직설적으로 I don't want to tell you.(너한테 말해 주고 싶지 않아.)로 표현하는 대신 It's not my story to tell.(그건 내가 말해 줄 수 있는 내용이/얘기가 아니야.)이라고 하세요. 다른 사람의 이야기나 비밀 등을 내가 함부로 얘기하거나 공유할 수 없다는 걸 부드럽게 말하는 느낌을 줍니다.

> A **Did you hear about what happened to Jennifer?**
> Jennifer에게 무슨 일이 있었는지 들었어?
>
> B **I did, but it's not my story to tell. I think it should come directly from her.**
> 듣긴 했는데 내가 함부로 얘기해 줄 수 있는 내용이 아니라서. Jennifer한테 직접 들어야 할 것 같아.

2 이 외에도 어떤 상황에 대한 설명을 뜻하는 story는 함부로 뭔가를 판단하지 말자고 할 때도 자주 쓰여요. 한쪽 얘기만 듣고 선불리 판단하지 말자는 뉘앙스로 There are two sides to every story.(뭐든 양쪽 얘기를 다 들어 봐야 하는 거잖아.)라고 할 수 있어요. 어떤 일에 서로 다른 시각이나 견해가 존재할 수 있기에 단순히 한쪽 입장에서만 판단하는 게 아니라, 다른 쪽 입장도 들어 봐야 한다는 뉘앙스로 자주 쓰입니다.

> A **Jennifer told me that Scott was rude to her face. I don't want him to come to my party.**
> Jennifer가 Scott이 그녀의 면전에 대고 무례하게 굴었다고 하더라. Scott이 내 파티에 안 오면 좋겠어.
>
> B **Well, there are two sides to every story. Let's talk to Scott and hear his side of the story before we jump to conclusions.**
> 음, 뭐든 양쪽 얘기를 다 들어 봐야 하는 거잖아. 섣불리 단정 짓기 전에 Scott 얘기도 들어 보자.

> ● 마치 중간 과정은 다 생략하고 바로 conclusions(결론)로 점프해 넘어가듯 상황을 정확히 파악하지도 않고 섣불리 단정 짓거나 성급히 결론을 내릴 때 jump to conclusions(속단하다, 성급히 결론을 내리다)를 씁니다.
> **Let's not jump to conclusions.** (전후 사정을 알아보지도 않고) 서둘러 단정 짓지 말자.

UNIT 19

전혀 이상할 게 없다며 위로하듯 말할 때는

MP3 036

It's perfectly normal to V

1 중요한 면접을 앞두고 긴장돼서 초조해하는 건 전혀 이상할 게 없죠. 오히려 면접 전에 조금도 긴장하지 않는다면 '우황청심환을 먹었나? 별로 가고 싶은 회사가 아닌가?'란 생각이 들 정도로 지극히 정상적인 감정이란 걸 우리 다 머리로는 알아요. 하지만 그 상황이 내게 닥치면 이 세상에서 나만 긴장하는 것 같고 내 자신이 작게 느껴질 수도 있어요. 이 때 It's perfectly normal to be nervous before a job interview.(면접 전에 긴장하는 건 지극히 정상이야.)라고 힘을 실어 주세요.

It's perfectly normal to V(~하는 건 지극히 정상이야)는 이상한 게 아니라 다른 사람들도 일반적으로 그런 거라며 격려해 주는 거죠. 특히 불안, 부끄러움, 걱정 등의 감정을 덜고 위로해 주거나 자신감을 높여 줄 때 자주 쓰입니다.

It's perfectly normal to be upset.
속상해하는 게 지극히 정상이지.

- 구체적으로 사람을 넣어 It's perfectly normal for you to be upset.(네가 속상해하는 건 지극히 정상이야.) 또는 It's perfectly normal for them to be upset.(그들이 속상해하는 건 지극히 정상이야.)으로도 쓸 수 있습니다.

It's perfectly normal to be frustrated.
(원하는 대로 되지 않아) 짜증나고 답답해하는 건 지극히 정상이야.

It's perfectly normal for you to feel that way.
네가 그렇게 느끼는 건 지극히 정상이야/네가 그렇게 느끼는 게 당연해.

2 감정 외에도 어떤 행동, 생각, 특성 등이 일반적으로 사람들 사이에서 자연스러운 걸로 여겨진다고 할 때도 자주 씁니다.

It's perfectly normal for you to need some alone time.
네가 혼자 있는 시간을 필요로 하는 건 지극히 정상이야.

It's perfectly normal to take some time off to recharge.
재충전하기 위해 쉬어 가는 건 지극히 정상이야.

3 이 표현은 내 자신의 감정, 생각, 행동 등을 대변할 때도 응용해 쓸 수 있습니다. 내가 이렇게 느끼고 생각하는 건 전혀 이상할 게 없는 지극히 정상적인 거란 거죠.

You never once spoke to me. It's perfectly normal for me to think that you didn't like me.

네가 한 번도 내게 말 건 적이 없잖아. 내가 네가 날 좋아하지 않았다고 생각하는 게 당연하지.

진심이라고 할 때는

I mean it

MP3 037

1 농담이나 빈말로 하는 말이 아닌 정말 진심이라는 걸 강조하고 싶을 땐 I mean it.(진심이야.)을 덧붙이세요. 화려한 말로 길게 표현하지 않고도 상대에게 진심을 전할 수 있는 정말 좋은 표현입니다. 특히 상대를 칭찬하거나 정말 진심으로 고맙다며 감사 표현을 할 때 쉽게 쓸 수 있어요.

You're the best English teacher I know. I mean it.
선생님은 제가 아는 최고의 영어 선생님이세요. 진심으로요.

A **I couldn't have done this without you.**
(너 없이는 못 해냈다며) 잘 된 건 다 네 덕분이야.

B **Do you really mean that?** 정말 진심으로 하는 말이야?

A **I mean it.** 진심이야.

2 이렇게 긍정적인 상황에서 그냥 듣기 좋으라고 하는 말이 아니라고 할 때 I mean it.을 자주 쓰지만, 정말 진지한 상황에서 자신의 말이 진심임을 상대에게 보증하고자 할 때도 씁니다. 내가 하는 말에 무게를 실어 상대에게 내 뜻을 확실히 전달하고 싶을 때 쓰세요.

I'm sorry for what I did. I mean it. 내가 한 행동 사과할게. 진심이야.

You really need to get yourself together. I mean it.
너 진짜 정신 차려야 해. 진심으로 하는 말이야.

3 응용해서 진심이 아니었다고 할 땐 I didn't mean it.(진심이 아니었어.)이라고 할 수 있는데요. 특히 실수로 누군가를 상처 주거나 혹은 오해를 일으켰을 때, 그 상황을 바로잡거나 사과할 때 자주 쓰입니다. 또 You don't mean that.(너 그거 진심 아니잖아.)은 상대방이 본 마음과는 다르게 말하고 있다고 할 때 쓸 수 있습니다.

I didn't mean it when I said you're a bad friend. I'm sorry.
네가 나쁜 친구라고 말한 건 내 진심이 아니었어. 미안해.

A **You don't mean that. You're just saying that out of frustration.**
너 그거 진심으로 하는 말 아니잖아. 그냥 답답해서 하는 말인 거잖아.

B **You're right. I'm sorry, I'm just having a bad day.**
네 말이 맞아. 미안해. 그냥 오늘 기분이 안 좋아.

UNIT 21

안 그래도 계속 전화하려고 생각했다고 말할 때는

I've been meaning to call you.

MP3 038

1   네이티브는 뭔가의 지속성을 강조할 때 현재완료 진행형(have been 동사ing)을 자주 써요. 예를 들어 단순 과거를 쓴 I meant to call you.(네게 전화하려 했는데 못했어.)가 단순히 과거에 전화를 걸 의도가 있었다는 뉘앙스라면, 현재완료 진행형을 쓴 I've been meaning to call you.(안 그래도 네게 전화하려고 했는데.)는 전화를 걸려고 계속 생각하고 있었다는 느낌이에요.

이처럼 특정 행동을 할 의도가 계속 있었다는 걸 강조할 때 'I've been meaning to + 동사 원형(전부터 계속/쭉 ~하려 했어)'를 쓰세요. 결과적으로 어떤 이유로 인해 하진 못했지만 계속 머릿속에 생각하고 있었다는 걸 강조하는 느낌입니다.

I've been meaning to text you to see how you're doing.
(문자 보내려 계속 생각하고 있었지만 못 함) 안 그래도 너 어떻게 지내는지 네게 안부 문자 보내려고 했는데.

There's something I've been meaning to ask you.
(꺼내기 어려운 말을 조심스레 꺼내며) 전부터 물어보고 싶던 게 있었는데 말이야.

2   이 외에도 전부터 머리나 마음속으로 계속 계획하곤 있었지만 아직 실행하지 못한 일을 나타낼 때도 I've been meaning to ~를 자주 씁니다.

I've been meaning to read that book.
(결국 아직까지 읽진 못 했지만) 전부터 그 책 읽으려 했는데 말이야.

A **Do you want to go to Little Italy for dinner?**   Little Italy에 가서 저녁 먹을까?
B **Sure! I've been meaning to go there. I've heard great things about that place.**
좋지! 안 그래도 거기 계속 가 봐야지 생각했는데. 거기 진짜 괜찮다고 들었거든.

67

UNIT 22

아직은 미완성이지만 나아가고 있을 때는

work in progress

MP3 039

1   Work in progress는 아직은 미완성이지만 나아가고 있음을 암시해 '현재 진행 중인/작업 중인'의 뜻인데요. 아직 완성되지 않았기에 완벽하진 않다는 뉘앙스로, 특히 누군가에게 아직 미완성인 프로젝트나 작업물을 보여 줄 때 자주 쓰여요.

> **It's a work in progress. It's not ready yet.**
> 지금 작업 중이에요. 아직 준비되진 않았어요.
>
> A **Did you paint this?**   이거 네가 그린 거야?
> B **It's still a work in progress.**   아직 작업 중이라 완벽하진 않아.
> A **I think it looks great already!**   내가 보기엔 이미 정말 근사한걸!

2   Work in progress는 아직 완성되지 않아 완벽하지 않은 작업물뿐만 아니라 사람에게 쓰일 수도 있는데요. 예를 들어 I'm a work in progress.(더 나아지려/더 나은 사람이 되려 노력 중이에요.)라고 하면 '여전히 발전 중이거나 성장하는 상태'라는 걸 나타내요. 아직 완벽하진 않고 분명 room for improvement(개선의 여지)가 있지만, 그래도 노력하고 있다는 거죠. 여러모로 더 나은 사람이 되기 위해 노력할 때나 새로운 일을 배우고 있을 때 씁니다.

> **Sorry I yelled at you earlier. I'm still learning to control my anger, but I'm a work in progress.**
> 아까 소리 질러서 미안해. 나 지금도 화를 조절하는 법을 배우고 있는데, 그래도 점점 나아지고 있어.
>
> A **I thought you quit smoking.**
> 네가 담배 끊은 줄 알았어.
> B **Well, I've been trying to cut down on smoking, but I am a work in progress.**
> 그게, 담배를 줄이려고 계속 노력하고는 있는데 가끔 삐끗할 때도 있어. (그래도 나아지고 있어.)

질문에 답변 후 궁금증이 조금이라도 해소됐는지 물어볼 때는

Does it help at all?

MP3 040

1 Not at all의 뜻이 뭔지 물으면 '전혀 ~하지 않는'이라고 바로 말하지만, at all의 뜻이 뭔지 물으면 주저하시더라고요. 의문문이나 조건문에서 강조할 때 쓰이는 at all(조금이라도)은 평소 일상에서 정말 자주 쓰이기에 보자마자 뜻을 자신 있게 말할 수 있을 정도로 확실히 기억해 두셔야 해요.

일단 의문문에서 자주 쓰이는 at all의 활용법부터 정리합니다. 어떤 조치나 행동이 조금이라도 효과가 있는지 물을 때 Does it help at all?이라고 할 수 있는데요. 예를 들어 지인이 허리가 아파 약을 복용하고 있을 때 약을 먹는 게 조금이라도 도움이 되는지 Does it help at all?(그거 먹으면 조금이라도 나아져?)이라고 할 수 있어요. 또 상대의 질문에 답변하고서 내 답변이 조금이라도 궁금증 해소나 이해에 도움이 되는지 확인차 물을 때도 Does it help at all?(제 답변이 조금이라도 도움이 되나요?)이라고 할 수 있습니다.

A **Does it help at all?** (질문에 답변하고서) 제 답변이 조금이라도 도움이 되나요?
B **It really does. Thank you.** 정말 도움돼요. 감사합니다.

2 이 외에도 다양한 의문문에서 '조금이라도'란 뜻으로 쓰입니다.

Did you sleep at all? 조금이라도 잠 좀 잤어?

A **Did you study at all?** 조금이라도 공부했어?
B **No, not at all.** 아니, 전혀.

3 조건문에서도 강조할 때 at all이 자주 쓰이는데요. 특히 '조금이라도 필요한 게 있다면(if you need anything at all)', '조금이라도 궁금한 점이 있다면(if you have any questions at all)' 연락 달라는 뉘앙스로 회사에서 자주 쓰입니다. 상대가 정말 조금이라도 필요하고 궁금한 게 있으면 내가 도와주겠다는 느낌을 줘요.

If you need anything at all, please let me know.
조금이라도 뭔든 필요한 게 있으면 말씀해 주세요.

If you have any questions at all, just give us a call.
조금이라도 뭔든 궁금한 게 있으면 저희에게 전화해 주세요.

UNIT 24

어쩔 수 없이 그럴 수밖에 없다고 할 때는

I can't help but V

MP3 041

1 동사 help는 누군가에게 도움을 주고 거들 때 가장 많이 쓰이지만 '~을 삼가다, 그만두다, 피하다'란 뜻도 있어요. 이 뜻은 I can't help but 동사원형(~하지 않을 수 없어/~할 수밖에 없어)로 가장 많이 응용됩니다. 예를 들어 I can't help but like her.라고 하면 그녀를 좋아하는 걸 삼가거나 피할 수 없다는 뉘앙스로 그녀를 좋아할 수밖에 없다는 뜻이 돼요.

She's so sweet. I can't help but like her.
그녀는 정말 다정해서 내가 좋아할 수밖에 없다니까.

2 뜻만 알고 넘어가면 평소 쉽게 쓰긴 힘들기에 자주 쓰이는 동사 두 개로 정 붙여 보세요.

❶ I can't help but notice ~ : ~를 알아챌 수밖에 없어

먼저 동사 notice(알아채다, 인식하다)를 응용해서 자주 쓰입니다. 어떤 사실을 굳이 알아채지 않으려고 해도 눈치챌 수밖에 없을 정도로 눈에 확 띈다는 거죠.

Wow, I can't help but notice this view.
(상대의 사무실이나 집의 뷰가 정말 좋을 때) 우와, 이 경치가 눈에 안 띌 수가 없네요.

I can't help but notice the tension in here. What's going on between you two? (딱 봐도 분위기가 안 좋아 긴장감을 눈치챌 수밖에 없음) 지금 여기 긴장감이 딱 느껴지는데. 너희 둘 사이에 무슨 일이 있는 거야?

I can't help but notice how great you look today. What's the occasion? 오늘 정말 딱 봐도 멋져 보이는데 무슨 특별한 날이야?

❷ I can't help but wonder ~ : ~를 궁금해할 수밖에 없어

어떤 대상에 대해 정말 궁금하거나 의문점이 들 때 이 표현을 자주 씁니다.

I can't help but wonder what happened.
어떻게 된 건지 궁금해할 수밖에 없네.

It was a perfect plan. I can't help but wonder where it all went wrong. 완벽한 계획이었는데 어디서부터 잘못된 건지/흐트러진 건지 궁금해할 수밖에 없어.

I can't help but wonder if it has to be this hard.
그게 이렇게나 힘들어야만 하는 건지 의문점을 가질 수밖에 없네.

● 부사 this는 '이 정도로, 이렇게'란 뜻입니다.

POP Quiz!

Not necessarily ☐

Let's talk it out. ☐

I couldn't ask for more. ☐

It wouldn't hurt to V ☐

Are we on the same page? ☐

Thank you for fitting me in. ☐

I think you're mistaken. ☐

Do it at your own pace. ☐

If you'll excuse me, ☐

Second chance ☐

다음 표현의 뜻을 써 보세요.
생각이 안 나면
상자 안 힌트를 확인하세요.

Thank you for your hard work. ☐

It's not my story to tell. ☐

I've been meaning to call you. ☐

I mean it. ☐

Does it help at all? ☐

HINT

무리하지 말고 천천히 해. | 실례가 안 된다면, | 조금이라도 도움이 되나요? | 안 그래도 계속 전화하려고 생각했어요. | 대화로 풉시다. | 열심히 해 줘서 고맙네. | 해 봐서 나쁠 건 없을 거예요. | 잘못 아신 것 같아요. | 잘 이해하신 것 맞죠? | 다시 한번의 기회 | 제가 할 수 있는 얘기가 아닙니다. | 진심이에요. | 지금 이대로도 정말 만족스러워요. | 꼭 그런 것만은 아닌데 | 바쁜 일정에 시간 내 줘서 고마워.

73

PART 2

늘 쓰던 단어도
더 새롭게 더 예의 바르게

UNIT 1

Appreciate '고마워하다'로만 알고 있나요?

(지금까지는)	고마워하다
(오늘부터는) ✛	**진가를 알아보다, (제대로) 인식하다**

MP3 **042**

1 Oxford 사전에 appreciate을 찾아보면 recognize the full worth of란 뜻이 가장 먼저 나와요. 그래서 appreciate은 기본적으로 뭔가의 가치를 온전히 알아보는 느낌으로 쓰입니다. 우리에게 익숙한 '고마워하다'란 뜻도 상대의 사려 깊은 행동의 가치를 아는 것에서 확장돼 쓰이는 것이죠.

> A **I appreciate it.**   고맙습니다.
>
> - 줄여서 Appreciate it.이라고도 하는데 특정 행동을 고맙게 생각한다는 뉘앙스로 뒤에 it이 꼭 들어가야 해요.
>
> B **Of course.**   당연히 도와드려야죠.

구체적으로 고맙게 생각하는 대상을 언급해도 돼요.

> **I appreciate you.**   (네 진가를 알아보듯) 네게 고맙게 생각하고 있어.
>
> **I appreciate the heads-up.**   (조심하거나 미리 대비하라고 귀띔) 미리 말해 줘서 고마워.
>
> **I appreciate your honesty.**   (거짓말하지 않고) 솔직히 말해 줘서 고마워.

2 나아가 appreciate은 특히 음식, 영화, 예술 작품 등의 진가를 알아볼 때도 자주 써요. 진가를 모르는 사람은 지나칠 수 있는 사소한 차이를 식별해서 맛있는 음식이나 훌륭한 작품의 가치를 알아주는 거죠. 특히 지인과 비싸지만 맛있는 음식을 먹을 때, 또는 맛집을 찾아 먼 곳을 왔을 때 다음 표현을 쓸 수 있어요.

> **It's nice to have someone who appreciates good food.**
> 좋은/맛있는 음식의 특별함을 알아주는 사람이 있으니 좋은걸.
>
> A **To me, coffee is coffee. I mean, they all taste the same.**
> 내겐 커피는 커피야. 다 똑같은 맛이잖아.
>
> B **It's a shame you don't appreciate good coffee.**
> (좋은 커피의 진가를 모름) 맛있는 커피가 뭔지 모른다니 아쉽네.
>
> - It's a shame은 '~라니 아쉬워/안타까워'란 뜻으로 특정 상황에 속상함이나 아쉬움을 표현할 때 자주 씁니다.

Room '방'으로만 알고 있나요?

(지금까지는)	방

(오늘부터는) **+** **여유 (공간), 여지**

MP3 043

1 Room은 restroom(화장실), classroom(교실)처럼 '방'이라는 공간을 뜻할 때 자주 쓰이죠.

Excuse me, where's the restroom? 저기, 화장실이 어디 있나요?

2 그런데 room을 '방'으로만 알고 있으면 카페에서 블랙커피를 주문한 후 카페 점원의 Do you need room for milk?란 질문에 당황할 수 있어요. 이때 room은 당연히 '우유를 위한 방'이 아닌 '우유를 넣을 여유 (공간)'이란 뜻이에요. 커피를 연하게 마실 사람에겐 우유를 부어 부드럽게 마실 수 있게 컵을 꽉 채우지 않고, 여유 공간을 조금 남기고 커피를 주려고 묻는 거예요.

A **Do you need room for milk?** 우유 넣을 공간 필요하세요?
B **I'm good.** (블랙커피 그대로 진하게 마시고 싶을 때) 전 괜찮아요.

There's no room for one more.
(자동차 트렁크가 꽉 차서 가방을 더 넣을 공간이 없을 때) 하나 더 들어갈 공간은 없어.

3 캘린더의 여유 공간처럼 일정에 있는 여유 시간을 room in one's schedule이라고 해요.

I'll make room in my schedule and go there with you.
시간 내서 너와 거기 같이 갈게.

A **Can we have a quick meeting tomorrow?**
내일 잠깐 미팅 좀 할 수 있을까?
B **Sure. I can make room in my schedule. How does 1:30 sound?**
(꽉 찬 일정을 조정해 여유 공간을 만드는 느낌) 그럼. 일정 조정해서 시간 낼 수 있어. 한 시 반 어때?

4 시간적, 심리적으로 받아들이고 소화할 수 있는 여유를 말할 때도 room을 쓸 수 있어요.

There's no room for mistakes.
(정확성이 중요하거나 실수가 큰 영향을 미칠 수 있는 상황에서) 실수할 여유가 없어.

5 가능성이나 기회를 나타낼 때도 room(여지)을 씁니다.

There's not much room for negotiation.
(가격이나 조건을 많이 조정하긴 힘든 상황) 협상의 여지가 많진 않아요.

There's always room for growth.
성장할 가능성은 항상 존재해.

79

UNIT 3

Follow '따라가다'로만 알고 있나요?

(지금까지는) 따라가다

(오늘부터는) + 진행 상황을 계속 지켜보다, 이해하다

MP3 044

1 Follow를 보면 '따라가다/따라오다'란 뜻이 가장 먼저 생각나죠. 날 따라오라며 길을 안내해 줄 때 Please follow me.(절 따라오세요.) 또는 안내 사항대로 잘 따라해 달라고 할 때 Please follow the instructions.(안내/지시 사항대로 따라해 주세요.)처럼 쓰이니까요. 하지만 SNS에서 관심 있는 사람을 팔로우하는 것처럼 무언가에 관심을 갖고 진행 상황을 계속 지켜볼 때도 follow가 자주 쓰입니다.

> A **Do you follow any sports?** 꾸준히 챙겨 보는 스포츠 있으세요?
> B **I'm a huge baseball fan.** 저 야구 광팬이에요.

> A **Do you follow any shows?** 꾸준히 챙겨 보는 쇼 있으세요?
> B **I watch _The Tonight Show_ religiously.**
> 저 〈The Tonight Show〉 빠짐없이 챙겨 봐요.

> - 마치 독실한 기독교인이 매주 교회에 빠짐없이 가듯 뭔가를 매번 꼬박꼬박 할 때 religiously를 씁니다.
>   **He reads the papers religiously.** 그는 매번 꼬박꼬박 신문을 봐.

2 Follow는 마치 얘기하는 내용이나 상황을 무리 없이 잘 따라가듯 이해할 때도 쓰입니다. 특히 이때의 follow는 정확한 뉘앙스를 모르면 오역하기 쉬우니 확실히 기억해 두세요.

> A **Do you follow?** (내 설명이나 상황이) 이해돼?

> - 내가 말하는 내용이 잘 이해되는지 묻는 Do you follow me? 또는 Do you follow what I'm saying?을 맥락상 줄여 Do you follow?라고 해도 돼요.

> B **Sorry, I don't follow. Can you walk me through what happened?**
> 미안한데 무슨 말을 하는 건지, 정확히 어떤 상황인지 이해가 안 돼. 어떻게 된 건지 차근차근 설명해 줄 수 있어?

> - 'walk 사람 through'는 마치 이해의 과정에서 손을 잡고 걸어가듯 절차나 과정을 하나하나, 차근차근 설명해 줄 때 씁니다.

Work '일하다'라고만 알고 있나요?

(지금까지는)	일하다

MP3 **045**

(오늘부터는) **+**	(작동이) **되다**, (계획 등이) **먹히다, 효과가 있다**

1 전 여러분이 동사 work를 보면 '일하다'에서 나아가 '되다'란 뜻까지 꼭 기억해 주시면 좋겠어요. '되다'라는 뜻의 work를 가장 쉽게 쓸 수 있는 상황은 두 가지가 있습니다.

❶ 뭔가 작동이 되거나 안 될 때

Does this still work? 이거 아직도 작동하나요?

I don't think the wi-fi is working. 와이파이가 안 되는 것 같아요.

- 뭔가 작동이 잘 안 될 때 The wi-fi isn't working.(와이파이가 안 돼요.)처럼 단정지어 말하는 것보다 내 생각엔 작동이 안 되는 것 같다는 I don't think ~를 넣어 말하는 게 더 부드러워요. 와이파이 전체에 문제가 있는 게 아니라 내 노트북에 문제가 있을 수도 있고, 실수로 와이파이 비밀번호를 잘못 입력했을 수도 있으니까요.

❷ 일정상 시간이 되거나 안 될 때

Does Tuesday work for you, or would Wednesday be better?
화요일에 시간 되시나요? 아니면 수요일이 더 나을까요?

My schedule's wide open after 2. What time works best for you?
전 2시 이후로 한가한데 몇 시가 가장 괜찮으세요?

- 마치 캘린더에 일정이 특정 시간 이후로 아무것도 없듯이 오픈돼 있어서 상대가 편할 때 아무 때나 괜찮다고 할 때는 I'm wide open after ~ 또는 My schedule's wide open after ~를 씁니다.

I have a prior engagement on Monday, so that won't work. How about Tuesday? 월요일에 선약이 있어서 그건 안 될 것 같아요. 화요일은 어떠세요?

2 좀 더 욕심을 내서 '되다'의 work 외에도 자주 쓰이는 뜻을 정리해 볼게요.

❶ '일하다'의 work

I need to work late tonight. 오늘 밤에 늦게까지 일해야 해.(야근해야 해.)

- overtime은 월급에 영향을 미치는 공식적인 표현이에요. 그래서 야근 수당을 받는 게 아니라 그냥 늦게까지 일할 땐 work late을 쓰세요.

She is working from home today. 그녀는 오늘 재택 근무 중이야.

❷ '먹히다, 효과가 있다'의 work

Our plan worked perfectly. 우리 계획이 완벽하게 먹혀들었어.

I don't think this idea would work.
전 이 아이디어가 먹혀들지(효과가 있지) 않을 것 같아요.

UNIT 5

Promise '약속'으로만 알고 있나요?

(지금까지는)	약속
(오늘부터는) +	(성공할) **가능성**, **장래성**, (특히 좋은 일이 있을) **징조**

MP3 046

1   Promise를 단순히 '약속, 약속하다'라고만 알면 He shows promise.처럼 간단한 문장도 오역할 수 있습니다. 마치 성공은 약속된 거나 다름없는 것처럼, 누군가 장래성이나 가능성을 보일 때 show promise 형태로 자주 씁니다.

Mark is a great employee. He shows promise.
Mark는 훌륭한 직원이야. (앞으로 잘 될 거라며) 유망하지.

We should invest in this stock. It shows great promise.
우린 이 주식에 투자하는 게 좋을 듯해. 잘 될 가능성/장래성이 정말 크거든.

- 엄청난 장래성을 보이거나 성공할 가능성이 높다는 걸 강조할 땐 great을 넣어 show great promise라고 씁니다.

I had to call off the project. It didn't show promise.
전 그 프로젝트를 중단해야 했어요. 장래성이 없었거든요.

- call off: ~를 취소/중단/철회하다

2   앞으로 잘 될 가능성, 장래성을 보일 때 show promise 외에 promising(유망한, 촉망되는, 조짐이 좋은)의 형태로도 자주 쓰입니다.

It's a very promising field.   정말 장래성 있는 유망한 분야야.

That sounds promising.   (상황을 들어 보니) 조짐이 좋은 걸. 잘 될 것 같은데.

- 상대가 얘기한 걸 들어 보고 잘 될 것 같다며 기분 좋게 덧붙일 수 있는 표현이니 꼭 기억해 주세요.

This looks very promising.   (상황을 보니) 조짐이 좋은 것처럼 보이는걸. 잘 될 것 같은데.

3   Promise가 '약속, 약속하다'의 뜻으로 쓰이는 것도 정리해 볼게요.

I'll try to convince her, but I can't make any promises.
그녀를 설득하게 노력은 해 보겠지만 그렇게 될 거라 약속/보증할 순 없어. (명사로 쓰인 promise)

Don't worry. I'll fix this. I promise.
내가 해결할 테니 걱정하지 마. (상황을 바로잡을 거라) 약속해. (동사로 쓰인 promise)

Share '공유하다'로만 알고 있나요?

MP3 047

(지금까지는)	공유하다
(오늘부터는) ✛	공감하다, 이해하다, (감정, 생각을 공유하며) 말하다

1   전 share야말로 공감의 대표 표현이라고 생각해요. 뭔가를 함께 쓰고 공유하는 뜻에서 나아가 나도 상대와 같은 생각이나 감정이라고 위로하고 공감할 때 자주 쓰이거든요. 속상한 마음을 토닥토닥해 주는 느낌으로 활용하세요.

I share your concern about the project.
프로젝트에 관해 우려하시는 부분은 저도 이해해요.

I share your frustration about how it's being handled.
처리 방식에 대해 답답하신 마음, 저도 이해합니다.

2   Share는 내 감정이나 생각, 경험을 다른 사람과 함께 나눌 때도 쓰이는데요. 이땐 '말하다'로 해석되지만, tell처럼 그냥 말하는 게 아닌 감정이나 생각 등을 공유하는 느낌을 줍니다. 그래서 누군가 힘들게 속마음을 터놓고 말했을 때 Thank you for sharing.(얘기해 줘서 고마워.)이라고 해요.

Can you share what happened at the meeting?
미팅에서 어떻게 된 건지 말해 줄 수 있어?

I'd like to share my opinion on this matter.
이 사안에 대한 제 의견을 말씀드리고 싶어요.

I don't like to share my problems with the others.
난 다른 사람들에게 내 문제를 말하는 게 싫어.

3   우리에게 익숙한 '공유하다'의 share는 이렇게 정리할 수 있어요.

What do you say we share a cheesecake?   우리 치즈케이크 나눠 먹는 게 어때?

- 내 제안에 뭐라고 말할 건지 상대의 의사를 물어볼 때 What do you say ~?(~는 어때?)를 자주 씁니다. 직역하면 어색할 수 있기에 정확한 뉘앙스를 확실히 기억해 주세요.

A **You seem to like Luke.**   너 Luke 좋아하는 것처럼 보이더라.
B **Well, we share the same tastes and interests.**
뭐, 취향과 관심사가 같잖아.

UNIT 7

Pick up '집어들다'로만 알고 있나요?

MP3 048

(지금까지는)	집어들다
(오늘부터는) +	이어서 계속하다, 사다, 익히다, 데리러 오다, 회복되다, 개선되다

1   네이티브는 정말 다양한 상황에서 pick up을 쓰는데요. 기본적으로 '집어들다'의 뉘앙스가 있기에 차근차근 같이 정리해 볼게요.

일단 전 pick up을 보면 고등학교 때 수업이 끝날 때마다 선생님이 'Let's pick this up tomorrow.(여기서부터 내일 이어서 계속하자.)'라고 하신 게 기억 나요. 또 한동안 넷플릭스에 로그인을 안 하면 제가 즐겨 보는 드라마 제목과 함께 Pick up where you left off.(저번에 봤던 부분부터 이어서 계속 시청하세요.)란 알림이 휴대폰으로 오더라고요. 이렇게 pick up은 중단된 상황으로 돌아가 '이어서 계속하다'란 뜻으로 자주 쓰입니다.

Let's pick this up after lunch.   점심 먹고 계속하도록 하죠.

- 점심을 먹고 다시 모인 후 Let's pick up where we left off.(아까 했던 부분부터 이어서 계속하죠.)라고 할 수 있어요.

I think we lost Tom. I'll try to pick up where Tom left off.
(화상 미팅 중 동료와 연결이 끊겼을 때) Tom과 연결이 끊긴 것 같아요. 제가 Tom이 설명하던 부분을 이어서 설명해 볼게요.

- 여기서 I'll pick up where Tom left off.(제가 Tom이 설명한 부분부터 이어서 계속 설명할게요.)라고 해도 괜찮아요. 하지만 try to를 넣음으로써 Tom이 열심히 준비하고 도맡아 한 프로젝트이기에 Tom처럼 잘 설명하지 못해도 이어서 계속 진행하게 노력해 보겠다는 느낌을 줍니다. 연결이 끊긴 동료나 상사의 체면도 세우고 내 자신을 겸손하게 보이게 하는 좋은 표현이죠.

2   또 일상에서 pick up은 뭔가를 '사다'란 뜻으로도 자주 쓰여요. 특히 커피나 간식 같은 걸 사 왔을 때 상대가 부담 갖지 않도록 '오다 주웠어' 느낌으로 쓸 수 있습니다.

I picked you up some sandwich.   너 주려고 샌드위치 사 왔어.

Do you want me to pick you up some coffee?   커피 좀 사다 줄까?

Can you pick up some milk on your way home?
집에 오는 길에 우유 좀 사 올 수 있어?

3 Pick up은 어떤 습관을 들이거나 기술을 익힐 때도 쓰이는데요. 딱히 노력하거나 의도하진 않았지만 자연스레 익숙해질 때, 어깨 너머로 배울 때 자주 씁니다.

> **I picked up a few tips from the book.**
> (유용한 팁을 건진 느낌) 책에서 팁 몇 가지를 익혔어.

> **A I didn't know you speak French.**
> 네가 불어할 수 있는지 몰랐는데 말이야.

> **B I used to go to Paris a lot for work. I just picked up a few phrases back then.** 예전에 일 때문에 파리에 자주 갔거든. (우리말로 '주워 들었어' 느낌) 그때 그냥 여기저기서 몇 문장 배웠지.

4 '데리러 오다'의 pick up은 '아이를 픽업해야 해'처럼 우리가 평소 자주 쓰는 표현이기에 익숙할 거예요. 특히 상대가 날 데리러 와 줬을 때 기본 매너 표현이나 다름없는 Thank you for picking me up.(데리러 와 줘서 고마워.)만큼은 꼭 기억해 주세요.

> **A Thank you for picking me up.** 데리러 와 줘서 고마워.
> **B Of course. How was your flight?** 당연히 데리러 와야지. 비행은 어땠어?

> **What time should I pick you up?** 몇 시에 데리러 가면 될까?

5 마지막으로 '회복하다, 개선되다'의 pick up도 정리해 볼게요. 이때도 pick up이 기본적으로 가지고 있는 '집어들다'의 느낌은 그대로 있어요. 안 좋게 떨어지는 상황을 확 집어들어 다시 낫게 만드는 거죠.

> **Things are finally picking up.** 드디어 상황이 나아지고 있어.

> **Last year was a tough year for us, but I'm glad sales have finally started to pick up.**
> 작년은 우리에게 힘든 한 해였는데 그래도 드디어 매출이 회복되기 시작해서 다행이야.

Pick up은 이렇게 다양한 상황에서 응용해 쓸 수 있으니 확실히 기억해 주세요.

UNIT 8

Work out '운동하다'로만 알고 있나요?

(지금까지는)	운동하다
(오늘부터는) +	잘 풀리다, 좋게 진행되다, 계획을 세우다, 방법을 생각해 내다, 답을 알아내다

MP3 049

1 동사 work out은 내가 생각한 방향으로 만족스럽게 일이 잘 풀리고 해결될 때 자주 쓰이는데요. 우리가 흔히 '다 잘 되길 바라'란 말을 자주 하는 것처럼 네이티브도 I hope everything works out.을 자주 씁니다.

Did everything work out with Sarah?   Sarah와는 잘 풀렸어?

It'll all work itself out.   다 잘 알아서 해결될 거야.

- work itself out은 특별히 뭔가를 하지 않아도 상황이 알아서 저절로 잘 풀린다는 뜻으로, 지나치게 걱정하는 지인에게 안도감을 줄 때 써요.

A **What if it doesn't work out?**   만약 일이 잘 안 풀리면 어쩌지?
B **Don't worry. I know everything is going to work out.**
걱정하지 마. 다 잘 풀릴 거니깐.

2 이 외에도 work out은 어떤 문제나 상황이 잘 풀리도록 계획하고 해결책을 마련할 때도 쓰여요. 이때는 '계획을 세우다, 방법을 생각해 내다, 답을 알아내다'란 뜻으로 해석됩니다.

We need to work out a budget for the project.
프로젝트에 필요한 예산 계획을 잡아야 해.

A **How are we going to get him to say yes?**
그를 어떻게 설득해서 하게끔 할 생각이야?
B **We'll work out the details later. Let's set up a meeting first.**
우리 구체적인 건 나중에 생각해 내고 일단 미팅부터 잡자.

3 우리에게 익숙한 '운동하다'의 work out은 다음과 같이 씁니다.

I try to work out at least twice a week.
난 최소한 일주일에 두 번은 운동하려고 해.

Sorry I missed your call. I was in the middle of working out.
전화 못 받아서 미안해. 한창 운동 중이었어.

- be in the middle of ~(한창 ~중이다)는 busy처럼 직접적으로 바쁘다는 말을 쓰지 않고도 특정 행동을 하느라 바쁘다는 걸 돌려 말할 때 자주 쓰여요. 미팅 때문에 전화를 못 받았을 때 I was in the middle of a meeting(한창 미팅 중이라 바빴어), 또는 뭐 좀 하느라 정신이 없을 때 I'm in the middle of something. Can I call you back later?(지금 뭐 좀 하느라 바빠서 이따 전화해도 될까?)처럼 be in the middle of를 적극 활용해 주세요.

Honor '영광'으로만 알고 있나요?

(지금까지는)	영광
(오늘부터는) +	그 요구를 받아주다, (약속 등을) 지키다, 이행하다

MP3 050

1 연말 시상식에서 배우가 상을 받으며 It's an honor.(영광입니다.)로 수상 소감을 시작하는 걸 자주 볼 수 있는데요. 이처럼 명예롭고 영광스러울 때, 특히 격식을 차린 상황에서 honor 를 씁니다.

We're honored to have you here with us today.
(세미나나 강연에서 발표자에게) 오늘 저희와 함께해 주셔서 정말 영광입니다.

I'm honored to be here today.
(초대해 줘서 고맙다며) 오늘 함께할 수 있어 영광입니다.

2 우리에게 익숙한 '영광'이란 뜻 외에, honor에는 '(유효로 인정하여) 그 요구를 받아주다'란 뜻 이 있어요. 이건 특히 쿠폰이나 행사가를 적용해 줄 때 자주 씁니다.

This coupon's expired, but we'll honor it as a one-time courtesy.
이 쿠폰은 유효 기간이 지났지만 이번 한 번만 딱 예의상 적용해 드릴게요.

That was a promotional price, but we'll honor it just this once.
그건 행사가였는데 이번 딱 한 번만 적용해 드릴게요.

A **I thought it was $50.** 50달러인 줄 알았는데.
B **Well, they wouldn't honor my coupon. They said the coupons are not good for the items on sale.**
아니, 쿠폰 안 받아준대. 세일 상품은 쿠폰 사용이 안 된다고 하더라고.

3 합의한 내용이나 약속을 지키고 이행할 때도 honor를 씁니다.

You made a deal. You have to honor it.
그렇게 하기로 합의한 거니 네가 약속한 걸 지켜야지.

Don't worry. I have every intention of honoring our agreement.
걱정하지 마. 난 우리가 동의한 바를 정말 지킬 의사가 있으니까.

87

UNIT 10

Approve '승인하다'로만 알고 있나요?

(지금까지는)	승인하다
(오늘부터는) +	괜찮다고 생각하다, 찬성하다

MP3 051

1   계획이나 아이디어를 공식적으로 승인할 때 approve를 자주 씁니다. 그런데 뭔가를 승인한다는 건 그게 좋다고 생각하기에 진행할 수 있도록 긍정적인 의사를 표현하는 거잖아요. 그래서 구체적으로 내가 우호적인 마음을 갖고 있는 대상을 뒤에 넣어 approve of(~을 괜찮다고 생각하다, 마음에 들어하다)로도 자주 쓰입니다.

> A **So, Dad, do you approve of him?**
> (남자 친구를 부모님께 소개시킨 후) 그래서 아빠, 괜찮은 사람인 것 같아요?
>
> B **He's a good guy.** 좋은 남자애네.
>
> A **He's too detail-oriented. It's frustrating at times.**
> 그가 너무 세세한 것까지 꼼꼼히 신경 써서 때로는 답답해.
>
> B **Well, I approve of his style. You can never be too thorough.**
> 음, 난 그 사람 그런 스타일이 괜찮아. 꼼꼼해서 나쁠 건 없잖아.

이렇게 우호적인 내 마음을 표현할 때도 approve를 쓸 수 있다는 점, 그리고 이땐 꼭 뒤에 of를 붙여 approve of로 써야 하는 점까지 확실히 기억해 주세요.

> **She didn't approve my friends. (x)**
>
> **She didn't approve of my friends. (o)**
> 그녀는 내 친구들을 마음에 들어하지 않았어.

2   어떤 대상을 마음에 들어할 때 외에도 특정 방식이나 선택을 찬성하고 동의할 때도 approve를 쓸 수 있습니다.

> **I don't approve of how it was handled.** 난 그 처리 방식에 동의하지 않아.
>
> **I honestly don't approve of your choice.** 난 솔직히 네 선택에 찬성하지 않아.

Material '자료'라고만 알고 있나요?

(지금까지는)	자료
(오늘부터는) **+**	자질, 감

MP3 **052**

1 영화 〈데드풀〉에서 주인공 웨이드는 자신은 지극히 평범한 사람에 불과하고 슈퍼히어로
처럼 특별한 힘을 가진 엑스맨이 되긴 어렵다며, I'm not X-Man material.(전 엑스맨감이 아니
에요.)이라고 하는 장면이 나옵니다. 이처럼 material은 '어떤 일이나 임무를 해낼 수 있는
자질이나 능력'을 얘기할 때 자주 씁니다.

❶ 회사에서 많이 쓰는 자질, 감의 material

회사에선 특히 management material(경영진이 될 자질을 갖춘), leadership material(리더
십 자질을 갖춘)로 자주 쓰여요. 마치 신이 그 사람을 만든다고 하면 경영진, 리더십
을 구성하는 재료를 가득 쓰는 느낌이죠.

Sarah is a good employee, but she's not management material.
Sarah는 좋은 직원이긴 한데 경영진감은 아니야.

I'm beginning to think he is leadership material.
난 점점 그가 지도자감이란 생각이 들어.

❷ 결혼 상대자로 많이 쓰는 자질, 감의 material

결혼 상대를 얘기할 때도 이 material을 덧붙여서 marriage material로 활용하기
도 합니다.

**Leon is absolutely marriage material, and I hope he feels the same
way about me.** Leon은 정말 배우자감으로 완벽한데 그 사람도 내가 그렇다고 생각하면 좋겠어.

2 마케팅 자료, 프레젠테이션 자료 등 '자료'의 material도 회사에서 자주 쓰이기에 정리합
니다.

We need to put together new marketing materials for the campaign.
캠페인에 쓸 새로운 마케팅 자료들을 준비해야 해.

**Did you get a chance to look over the materials
I sent you?** 혹시 내가 보낸 자료들 훑어볼 시간 있었어?

- 'Did you get a chance to + 동사원형 ~?'은 '혹시 ~할 시간 있었어?'란 뜻으로
Did you ~?(~했어?)라고 물어보는 것보다 상대의 시간을 더 배려하는 조심스러운
느낌을 줍니다.

UNIT 12

Wise '현명한'으로만 알고 있나요?

(지금까지는) 현명한

(오늘부터는) + ~한 방향으로, ~한 방식으로, ~ 면에서, ~에 관하여

MP3 053

1 접미사 wise는 알고 보면 정말 활용이 끝이 없는 단어예요. Clockwise(시계 방향으로), sidewise (옆으로)처럼 단어 뒤에 붙어 새로운 단어를 만들어 냅니다. 우리가 학창 시절에 외운 otherwise(달리, 다른 점에서, 만약 그렇지 않으면)도 알고 보면 접미사 wise가 other 뒤에 붙은 경우 입니다. 상대방의 의견과 똑같다며 동감할 때의 likewise(마찬가지야)도 그렇고요.

❶ '~한 방향으로/~한 방식으로'의 -wise

Please cut it lengthwise. 세로로 잘라 주세요.

You need to turn it counterclockwise to loosen it.
(느슨하게) 그걸 풀려면 시계 반대 방향으로 돌려야 해.

❷ '~ 면에서/~에 관하여'의 -wise

일상에서는 위의 뜻으로 더 자주 쓰입니다.

How are things going for you, business-wise?
사업에 있어서는 뭐, 어떻게 잘 돼 가?

- business-wise 외에도 career-wise(커리어 면에서), health-wise(건강 면에서) 등 다양하게 응용해 스몰 톡으로 쓸 수 있어요.

We still have a few more things to go over. How are we doing time-wise?
다루고 넘어갈 게 아직 몇 가지 더 있는데. (일정을 넘지 않게 확인차 물어보며) 우리 시간에 있어선 괜찮아?

How are we doing number-wise? Are we getting close to that goal? 수치상으론 어때? 목표에 근접해지고 있어?

이 외에도 money-wise(금전적인 면에서), price-wise(가격 면에서), color-wise(색상 면에서) 등 정말 다양하게 응용할 수 있어요.

❸ '현명한, 지혜로운'의 형용사 wise

I don't think that was a wise decision.
그건 현명한 결정이 아니었던 것 같아.

She is only 20, but she is wise beyond her years.
그녀는 20살밖에 안 됐지만 나이에 비해 지혜로워.

Dive in '다이빙하다'로만 알고 있나요?

(지금까지는)	다이빙하다
(오늘부터는) ✚	본격적으로 착수하다, 몰두하다

MP3 054

1   Dive in the water처럼 물속으로 다이빙할 때도 dive in을 쓸 수 있지만, '본격적으로 착수하다, 몰두하다'란 뜻으로 훨씬 더 자주 쓰여요. 마치 주저하지 않고 신나게 뛰어가 물속으로 다이빙하는 것처럼 지체없이/주저하지 않고 열정적으로 시작하는 느낌이죠.

I know you're busy, so I'll dive right in.   바쁘신 것 아니까 바로 시작할 게요.

We have a lot to cover, so without further ado, let's dive right in.
다뤄야 할 내용이 많으니 더 이상 지체 없이 바로 시작하죠.

● ado는 '소란, 소동'의 뜻으로, 특히 프레젠테이션이나 미팅에서 인사말이나 간단한 공지 사항을 전달하고 본론으로 들어갈 때 자주 덧붙이는 연결고리 표현입니다.

2   본격적으로 시작하기에 앞서 공지하고 싶은 내용이 있을 때도 쓸 수 있습니다. 이때는 주로, Before we dive in,이라고 말합니다.

Before we dive in, I'd like to thank everyone for being here today.   본격적으로 시작하기에 앞서 오늘 와 주신 모든 분들께 감사 인사를 전하고 싶습니다.

Before we dive in, there are a few things I want to share with you.   본격적으로 시작하기 전에 앞서 공유하고 싶은 게 몇 가지 있는데요.

3   배고프거나 맛있는 음식을 먹을 때도 dive in을 쓸 수 있습니다. 마치 음식 속에 폭 파묻히는 것처럼 열정적으로 먹는 느낌으로요.

It smells amazing. Let's dive in.   냄새 진짜 좋다. 빨리 먹자.

A **Can we just dive in, or should we wait for him to get here?**
그냥 먼저 먹어도 돼? 아니면 그 사람 여기 올 때까지 기다려야 할까?

B **Well, I don't want the food to get cold, so let's just dive in.**
음, 음식이 차가워지면 안 되니 그냥 먼저 먹자.

UNIT 14

Humor '유머'로만 알고 있나요?

(지금까지는)	유머
(오늘부터는) +	비위를 맞추다

MP3 055

1 Humor를 '유머'로만 알면 Humor me. 표현을 듣고 자길 웃겨 보라는 건가 오해할 수 있어요. 동사 humor는 '비위를 맞추다'란 뜻인데요, 생각해 보면 유머러스하다는 것도 사람들이 좋아할 만한 개그 코드에 맞춰 모두를 기분 좋게 만드는 거잖아요. 그래서 Humor me.는 '내 기분 좀 맞춰 줘., 장단 좀 맞춰 줘.'란 뜻으로 쓰여요. 내키지 않더라도 내가 하자는 대로 따라 달라는 거죠.

Humor me.는 세미나나 강연에서 사람들에게 좀 의아하거나 내키지 않을 행동을 제안할 때 자주 쓰여요. 예를 들어, 강연자가 얘기하다 사람들에게 갑자기 일어나 달라고 요청할 때 'I'd like you all to humor me for a second and stand up.(모두 잠시만 일어나 주시면 좋겠습니다.)'이라고 할 수 있어요. 이때 humor me를 쓴 건 관객 입장에선 '갑자기 왜 일어나라고 하지?' '일어나기 싫으니까 난 안 일어날래'처럼 선뜻 내키지 않을 수도 있잖아요. 그래도 이유가 있으니 장단 좀 맞춰 달라고 부탁하는 거예요. Humor me 뒤에 for a second/minute/moment(잠시 동안)을 붙이면 상대가 부담을 덜 느끼게 조심스레 말하는 느낌을 줍니다.

Please humor me for a moment and read this out loud.
(내키지 않으시더라도) 잠깐 이걸 큰소리로 읽어 주세요.

I'm not good at drawing, so please humor me and pretend this is a picture of a brain.
제가 그림을 잘 못 그려서 좀 이상하지만 그냥 '이건 뇌를 그린 거다'라고 생각해 주세요.

2 지인에게 '다 이유가 있으니 딱 한 번만 ~해 봐'라며 제안할 때도 Humor me.를 자주 써요.

Just humor me for a minute and try it on. I really think it'd look good on you.
그냥 진짜 딱 한 번만 입어 봐. 진짜 너한테 잘 어울릴 것 같아서 그래.

Just humor me for a minute and have a bite. I really think you're going to like it.
그냥 진짜 딱 한 입만 먹어 봐. 네가 좋아할 것 같아서 그래.

3 우리에게 익숙한 '유머'의 humor는 다음과 같이 씁니다.

I love your sense of humor.
난 네 유머 감각이 정말 좋아.

He's got a great sense of humor.
그는 정말 유머 감각이 뛰어나/얘기하면 정말 재밌어.

Reservation '예약'으로만 알고 있나요?

(지금까지는)	예약
(오늘부터는) **+**	(계획, 생각에 대한) **의구심, 거리낌**

MP3 056

1   Reservation의 뿌리인 동사 reserve의 어원을 찾아보면 keep back이라고 나와요. 생각해 보면 예약을 한다는 게 레스토랑에서 내 자리를 따로 뒤에서(back) 맡아 주는(keep) 거잖아요.

   A **Do you have a reservation?**   예약하셨어요?
   B **Yes, it should be under Hoyoun.**   네, 호연으로 되어 있을 거예요.

2   그런데 reservation은 이런 '예약'의 뜻 외에도 '의구심, 거리낌'의 뜻이 있는데, 이때 복수형을 써서 have reservations(의구심/거리낌이 들다)의 형태로 자주 표현됩니다. 이때도 keep back의 뉘앙스는 남아 있어요. 어떤 계획이나 생각에 확신이 서면 주저 없이 밀고 나아갈 텐데, 잘하는 건지 확신이 안 서니 의구심, 거리낌이 들고 뒤에 남아 망설이게 되는 거죠.

I don't have reservations about this.
(좋다고 확신) 난 이것에 의구심이 없어.

I still have reservations about this plan.
(계획에 대한 의구심) 이 계획대로 하는 게 잘하는 건지 아직도 확신이 안 서.

   A **I'm not prepared to do this.**   나 이걸 할 준비가 안 됐어.
   B **I understand you have reservations.**   망설여지는 것 이해해.

3   사실 전 reserve를 보면 reserved(속마음을 드러내지 않는, 점잖은)가 생각나요. 처음 미국에 갔을 때 영어가 능숙하지 않아 입을 꾹 닫고 있으니까, 'Seul is very reserved'란 말을 많이 들었거든요. 이때도 내 감정이나 생각을 보여 주기보단 안에 가지고 있는 keep back의 뉘앙스가 남아 있죠.

   A **Emma is very reserved.**   Emma는 말이 별로 없어.
   B **Well, I think she just doesn't like to talk about her personal life at work.**
음, 내 생각엔 그냥 회사에서는 사생활 얘기하는 걸 안 좋아하는 것 같아.

He's reserved and classy. I like that about him.
그는 점잖고 교양 있어. 난 그 사람 그런 점이 마음에 들어.

UNIT 16

Find '찾다'로만 알고 있나요?

(지금까지는)   찾다, 발견하다

(오늘부터는) + (~라고) 여기다, 생각하다

MP3 **057**

1   일단 '찾다'를 생각하면 우리 머릿속에 find와 look for, 두 가지가 생각나는 것 같아요. 그
러데 이 두 표현은 의미상 확연한 차이가 있죠. Find는 뭔가를 이미 찾고 발견했을 때 쓰
고, look for는 아직 못 찾고 있을 때 쓰거든요. 예를 들어, 가게에서 물건을 사고 계산할 때
점원이 'Did you find everything you were looking for?'라고 물어봐요. 찾고 있던(look for)
물건, 필요한 건 다 찾았는지(find) 확인차 물어보는 거죠. 또 취업 준비생은 I'm looking for
a job.이라고 하지 find를 쓰진 않아요. 일자리를 찾은 게 아닌(find) 아직 찾는 중(look for)이
니깐요.

그런데 '찾다/발견하다'란 뜻 못지 않게 find는 '~라고 여기다/생각하다'란 뜻으로도 정말
자주 쓰여요. 그러니 find를 보자마자 '~라고 여기다/생각하다'란 뜻이 생각날 정도로 확
실히 기억해 주세요.

> **I find it doable.**   난 그거 할 만하다고 생각해.
>
> **We find it hard to believe.**   우린 그게 믿기 힘들다고 생각해.
>
> **I hope you find this helpful.**   이 정보/내용/자료가 유용하다고 생각해 주시면 좋겠어요.

2   이렇게 find가 '~라고 생각하다'란 뜻으로 해석되니 많은 분들이 '생각하다' 하면 떠오르
는 think와 같다고 여기시더라고요. 비슷해 보이지만 뉘앙스 차이가 있어요. Think가 머
리로 생각하는 거라면, find는 경험을 바탕으로 어떻다고 생각하는 거예요.

예를 들어 I think it's doable.(난 그게 할 만하다고 생각해.)은 단순히 머리로 생각하는 내 의견을
말하는 긍정적인 느낌은 있지만, 그게 진짜 할 만할지 아닐지는 확실하지 않아요. 생각했
던 것과 현실은 다를 수 있으니깐요. 반면 I find it doable.(난 그게 할 만하다고 생각해.)은 내 경험
을 바탕으로 그게 할 만하다고 여기고 생각하는 거예요. 단순히 머리로 생각하는 게 아닌
내 경험을 바탕으로 얘기하는 것이라 더 확실하죠.

Buy '사다'로만 알고 있나요?

(지금까지는)	사다
(오늘부터는) +	(~가 사실이라고) **믿다**

MP3 058

1 Buy를 '사다'라고만 알면 대화 중에 네이티브가 I don't buy it.이라고 할 때 '도대체 뭘 안 사다는 거지?' 하고 갸우뚱할 수 있어요. Buy는 '(어떤 말/의견이 사실이라고) 믿다'란 뜻으로 자주 쓰이는데요. 생각해 보면 우리가 돈을 주고 뭔가를 살 때는 그게 그만한 가치가 있다고 믿기에 지갑을 여는 거잖아요. 또 수상한 상황에서 우리가 '어디서 수작을 부려. 안 사요. 안 사!'라고 하는 것처럼 I don't buy it.이라고 하면 '난 그 말 안 믿어.'란 뜻이 돼요.
Buy를 '믿다'라고만 외워서 상대를 안 믿는다는 뉘앙스로 I don't buy you.라고 쓰는 분들이 계시더라고요. Buy는 말이나 의견이 사실이라고 믿을 때 쓰는 걸 꼭 기억하세요.

> **Do you buy that?** 넌 저 말 믿어?
>
> **I don't buy that for a second.** 난 그 말 조금도 안 믿어.
>
> **She bought it.** 그녀가 그 말을 믿더라.

2 그런데 살 마음이 없어서 안 산다고 할 때도 I don't buy it.(난 그거 안 사.)이라고 하진 않아요. 이때 가장 많이 쓰는 표현이 I'm not interested.(관심 없어요.)인데, 다음 표현들을 쓰기도 합니다.

> **I don't want to buy that.** 전 그거 사고 싶지 않아요.
>
> **I'm not in a position to make that purchase.**
> (특히 비싼 물건일 때) 그걸 구매할 상황이 아니에요.
>
> **I'll think about it.** 생각 좀 해 볼게요.
>
> **I'll talk to my wife. She's the one that makes the call.**
> 아내와 얘기해 볼게요. 결정자가 아내라서요.

3 I don't buy it.(난 그거 안 사.)이 쓰일 때는 다음과 같은 상황입니다.

> A **Isn't that cream really expensive?** 그 크림 진짜 비싸지 않아?
> B **Well, I don't buy it on a regular basis. Besides, one jar of cream lasts for a long time.** 뭐, 정기적으로 구매하는 게 아니기도 하고, 한 통 사면 진짜 오래 써.
>
> **I don't buy it. I just get it from my mom.**
> 내가 사는 건 아니고 그냥 엄마한테 얻어 와.

UNIT 18

Sell '팔다'로만 알고 있나요?

(지금까지는)	팔다
(오늘부터는) **+**	(~를 받아들이도록) **납득시키다**

MP3 059

1 사람들에게 뭔가를 판다는 건 결국 그게 가치 있는 거라고 납득시키는 거죠. 그래서 어떤 계획이나 아이디어를 받아들이도록 설득하고 납득시킬 때 sell을 씁니다. 가장 많이 쓰이는 형태가 I'm sold.(그렇게 하자.)인데요. 상대방 말에 넘어가 설득됐을 때, 마치 마음이 '팔리듯' 상대의 제안을 좋게 생각할 때 자주 씁니다. 알아두면 정말 활용하기 좋은 표현이죠.

> **A** So, what do you say to an upgrade? 그래서, 업그레이드하시는 게 어때요?
> **B** Okay. I'm sold. 좋아요. 그렇게 하죠.
>
> **Okay, I'm sold. Where should I sign?**
> (세일즈맨의 말에 설득돼서 계약할 때) 좋아요. 그렇게 하죠. 어디에 서명하면 되나요?

2 이렇게 상대의 말에 납득돼 실제 돈을 써야 하는 상황 외에, 일상에서 상대의 제안이나 생각을 받아들일 때도 I'm sold를 자주 씁니다.

> **A** What do you say we go out and blow off some steam?
> 우리 나가서 화 좀 식히는 게 어때?
> **B** Okay, I'm sold. 좋아. 그렇게 하자.
>
> **I'm sold on everything you've said.** 네가 한 말 전부 다 마음에 들어.

3 반대로 상대의 제안을 받아들이기 어려울 때는 부정어와 함께 응용해 쓸 수 있어요.

> **I'm not sold on this.** (계획, 생각, 제안이 좋다고 납득이 안 됨) 나, 이건 받아들이기 어려워.
>
> **A** It seems like you still have reservations about this.
> 이게 잘하는 건지 네가 아직도 의구심을 갖는 것 같은데.
> **B** Yeah, I'm just not sold on the whole idea.
> 응. 난 그냥 전체적인 아이디어에 확신이 안 서.

Afford '뭔가를 살 여유가 있다'로만 알고 있나요?

(지금까지는)	(~를 할 경제적인) 여유가 있다
(오늘부터는) **+**	(~를 할 시간적인/심적인) 여유가 있다

MP3 060

1 Afford는 뭔가를 살 경제적인 여유나 형편을 말할 때 자주 씁니다.

Can we really afford this house?
(경제적으로 감당할 수 있는지) 우리 진짜 이 집 사도 괜찮은 거야?

Honestly, I can't afford it. 솔직히 말해서 나 그것 살 형편이 아니야.

I can't afford to live in Manhattan. 난 맨해튼에서 살 형편이 안 돼.

2 그런데 afford를 이렇게만 알고 있으면 쓸 수 있는 상황이 한정돼요. 경제적인 여유 외에도 시간적인 여유, 심적인 여유 등 다양한 상황에서 쓸 수 있는데 말이죠. 예를 들어, 중요한 일에 집중해도 모자랄 판에 다른 데 정신이 팔려 있는 동료를 보면서 We can't afford any distractions.(다른 데 신경 쓸 여유 없어.)라고 다그칠 수도 있어요. 이때는 경제적인 여유가 아니라, 온전히 집중해서 일을 잘 처리해야 하기에 '시간적인, 심적인 또는 복합적인 여유가 있다'의 의미로 쓰인 거예요.

Afford는 정말 다양한 상황에 쓰이기에 여러 예문들로 확실히 정을 붙여 보세요.

We can't afford to fall behind. (열심히 해서 계속 나아가야지) 뒤처질 여유가 없어.

We can't afford to wait any longer. 더 이상 기다릴 여유가 없어.

We should give her a raise. We can't afford to lose her.
그녀의 월급을 올려 주는 게 좋겠어. (꼭 필요한 직원이라서) 그녀가 없는 걸 감당할 수 있는 상황이 아니잖아.

What's the rush? We can afford to take a 10-minute break.
무엇 때문에 이렇게 서두르는 거야? 10분 정도는 쉬어도 되잖아.

이렇게 뭔가를 감당할 수 있는 여유, 여력을 얘기할 때는 afford를 써 주세요.

UNIT 20

Count '(숫자를) 세다'로만 알고 있나요?

(지금까지는)	(숫자를) 세다
(오늘부터는) ✚	(유효하다고) **인정되다, 중요하다**

MP3 061

---

1 미국의 전 영부인 Michelle Obama가 한 유명한 말이 있어요. "Success doesn't count unless you earn it fair and square.(정정당당하게 올라간 자리가 아니면 성공이라 할 수 없다.)" 정당하게 얻지 않은 성공은 성공으로 인정되지 않는다는 뉘앙스로 count(인정되다)를 썼어요. 이처럼 뭔가가 인정될 때 count를 씁니다. 마치 숫자를 세어 포함시키는 것처럼 그 존재를 인정해 주는 거죠.

> **You have to get his signature here. Otherwise, it doesn't count.**
> 여기에 그 사람 서명 받아와야 해. 아니면 인정이 안 돼.

> A **I already apologized!** 난 이미 사과했다고!
> B **You have to apologize in person. Texting 'I'm sorry' doesn't count.** 직접 만나서 사과해야지. 미안하다고 문자하는 건 (사과로 인정되지 않음) 아니지.

2 나아가 count as로 '(~로 인정해) 간주하다/여기다'의 뜻으로도 자주 쓰입니다.

> **That doesn't count as a valid excuse for being late.**
> 그건 지각의 타당한 이유로 여겨지지 않아.

> **You don't have to go to the gym. Even walking up the stairs counts as exercise.** 꼭 헬스장에 가지 않아도 돼. 계단으로 걸어 올라오는 것도 운동으로 여겨지거든.

3 count는 '중요하다'의 뜻으로도 자주 쓰이는데요. 마치 계산에 넣어야 할 만큼 영향을 미치고 중요하다는 거죠. 예를 들어 Every second counts.(1분 1초가 다 중요해.)라고 하면 매 순간 어떻게 행동하는가에 따라 결과가 달라질 수 있기에 시간을 의미 있게 보내야 한다는 뜻이 됩니다.

> **Every penny counts.**
> (가장 작은 돈 단위인 1센트까지도 하나하나 다 소중하다며) 티끌 모아 태산이야.

> A **I wanted to bake him a birthday cake, but it's slightly burnt.**
> 그에게 생일 케이크를 구워 주고 싶었는데 살짝 탔어.
> B **I think it looks great, and it's the thought that counts.**
> 내가 보기엔 근사한 것 같은데. 그리고 생각해서 만들어 줬다는 게 중요한 거지.

Fill in '채우다'로만 알고 있나요?

(지금까지는) 채우다

(오늘부터는) + (모르는/빠진 부분을) 알려 주다, 최신 정보를 주다

MP3 062

1 Fill in은 Fill in the blanks.(빈칸을 채우세요.)처럼 공백을 채울 때 쓴다고 알고 있죠. 사실, 일상에서는 모르는 부분을 알려 줄 때 더 자주 써요. 예를 들어, 상대가 미팅에 참석 못했거나 프로젝트에 늦게 합류하면, 어떤 내용인지 대충은 알아도 100% 다 아는 건 아니잖아요. 그래서 듬성듬성 알고 있는 상대의 공백을 채워 주듯, 모르는 부분을 알려 주거나 최신 정보를 줄 때 fill in을 씁니다.

What's going on? Fill me in. 무슨 상황이야? 나한테도 말해 줘.

I can fill you in over lunch. 점심 먹으면서 내가 어떤 상황인지 알려 줄게.

Ted has already filled me in. Ted가 이미 어떤 상황인지 나한테 알려 줬어.

2 알려 주고 싶은 부분을 구체적으로 언급할 땐 'fill in on 대상'을 쓰면 돼요

I'd like to fill you in on a few details.
(업데이트된 사항이 있을 때) 몇 가지 세부 사항을 알려 드리고 싶어요.

Can you fill me in on the last meeting?
(사정상 불참) 지난 회의에서 다룬 내용 좀 알려 줄래?

3 'Fill in for 사람(~ 대신 일을 봐 주다/~를 대신하다)'도 자주 쓰이는데요. 누군가 자리를 비운 상황이거나, 회사를 관둬서 다른 사람이 올 때까지 일을 봐 줄 때 그 자리를 채워 주는 느낌으로 fill in이 쓰여요.

Can you fill in for me tomorrow? I have a family emergency.
(갑자기 휴가를 써야 할 때) 내일 나 대신 일 좀 봐 줄 수 있어? 가족에게 갑자기 일이 생겨서 말이야.

Thank you for filling in for Brett. (Brett이 없는 동안) Brett 대신 일을 봐 줘서 고마워.

I'm filling in for Kristin. 제가 Kristin 대신 일을 맡고 있어요.

앞서 설명한 두 표현 모두 맥락상 생략하고 fill in만 쓸 수도 있어요. 그렇지만 fill in on(~에 대해 모르는 부분을 알려 주다)과 fill in for(~ 대신 일을 봐 주다)의 활용법 차이는 확실히 기억해 주세요.

UNIT 22

Miss '그리워하다'로만 알고 있나요?

(지금까지는)	그리워하다
(오늘부터는) +	아쉬워하다, 놓치다, 빠뜨리다

MP3 063

1 I miss you.(보고 싶어.)처럼 '그리워하다'의 뜻으로도 miss를 쓰지만, 함께하지 않아 아쉬운 마음을 표현할 때도 씁니다. 꼭 연인이나 가족처럼 애틋한 사이에서만 쓰는 게 아니라, 아침 회의에 참석하지 않은 동료에게 We missed you at the meeting this morning.(오늘 아침 회의에 안 보이던데.)처럼 스몰 톡으로도 쓸 수 있는 거죠. 특히 상대가 참석하지 않아 미팅 분위기가 평소와 달랐을 때나 불참한 이유를 간접적으로 물어보고 싶을 때 자주 씁니다.

> A **Jake, we missed you last Friday.** (안 온 것에 대한 아쉬움) Jake, 지난 금요일에 안 보이던데.
> B **Yeah, I wasn't feeling well, so I couldn't go out. Did you guys have fun, though?** 응, 컨디션이 안 좋아서 놀러 못 갔어. 그래도 재밌게 놀았어?

> **I enjoyed working with you. You'll be missed.**
> (회사를 그만두는 동료에게) 같이 일할 수 있어 좋았어. 네가 그리울 거야.

2 이 외에 miss는 '놓치다'란 뜻으로도 자주 쓰입니다.

> **We're going to miss the bus unless we leave now.**
> 지금 안 가면 우리 버스 놓칠 거야.

> **Don't miss this opportunity.** 이 기회를 놓치지 마.

> **You're missing the point here.**
> (핵심을 잘 파악하지 못하거나 잘못 이해했을 때) 지금 요점을 놓치고 있잖아./그게 중요한 게 아니잖아.

3 평소 '놓치다'의 뜻으로 가장 쉽게 쓸 수 있는 문장은 Did I miss anything?(내가 놓친 거 있어?)인 것 같아요. 잠시 자리를 비웠다 다시 돌아온 상황에서 내가 알아야 할 중요한, 혹은 흥미로운 대화나 일이 있었는지 확인차 물어보는 거죠. 또 Did I miss anything?(내가 빠뜨린 거 있어?)은 내가 실수로 언급하지 않은 내용이 있는지 확인차 물어볼 때도 자주 씁니다. 예를 들어 신제품의 장점을 설명한 후 내가 빠뜨린 내용이 있는지, 상대가 덧붙이고 싶은 중요한 내용이 있는지 물어보는 거죠.

> A **Did I miss anything?** (지인들과 식사 중 화장실에 다녀오며) 내가 놓친 거 있어?
> B **Yes, Christian got me this sweater for my birthday.**
> 응, 내 생일 선물로 Christian이 이 스웨터 줬어.

> **Did I miss anything?** (다 설명하고 난 후에 뭐 빠뜨린 게 있나 싶어서) 내가 뭐 빼 먹은 것 있어?

Explore '탐구하다'로만 알고 있나요?

(지금까지는)	탐구하다
(오늘부터는) ✚	자세히 조사하다, 잘 알아보다

MP3 064

1 Explore를 보면 '탐구하다'의 뜻이 생각나요. 하지만 단순히 '탐구하다'라고만 외우고 넘어가면 왠지 돋보기를 들고 곤충 탐구 같은 걸 할 때만 쓰인다고 생각할 수 있어요. Explore를 '탐구하다'라는 말보다 평소 더 쉽게 쓸 수 있는 '자세히 조사하다, 잘 알아보다'로도 외워 주세요.

새로운 도시나 장소에 처음 도착하면 여기저기 돌아다니며 맛집, 명소, 주변 환경 등을 알아보잖아요. 그래서 'explore + 도시 및 장소(~를 여기저기 돌아다니며 잘 알아보다)'로 자주 쓰입니다.

So, did you get to explore the city?
(서울을 방문 중인 외국인에게) 도시 투어는 여기저기 잘했어?

Hop-on hop-off bus is a great way to explore the city.
(원하는 장소에서 승하차가 가능한) 시티투어 버스는 시내 여기저기 다니며 관광하기 정말 좋아.

2 내게 주어진 선택권을 잘 조사하고 알아볼 때, explore options처럼 options와도 짝꿍 단어로 자주 쓰입니다.

A **Is there a reason you took a year off in college?**
대학교 때 일 년 휴학한 이유가 있나요?

B **I wanted to explore my options and see what was out there.**
(내가 알고 있는 세상 외에 다른 게 있는지 여러 경험을 통해 알아보고 싶었음) 제게 어떤 옵션들이 있는지 알아보고 어떤 다른 세상이 있는지 보고 싶었어요.

We should explore all our options before rushing into a decision.
서둘러 결정하기 전에 우리에게 어떤 옵션들이 있는지 잘 알아봐야 해.

3 마지막으로 어떤 아이디어를 더 자세히 알아보고 조사/검토/분석할 때 explore an idea로도 자주 활용됩니다.

I haven't decided yet. I'm still exploring some ideas.
아직 결정 못했어요. 이것저것, 여러 아이디어를 검토하는 중이에요.

Have you explored the idea of working in New York? 뉴욕에서 근무하는 게 어떨지 여러모로 잘 알아봤어?

UNIT 24

Quote '명언'으로만 알고 있나요?

(지금까지는)	명언
(오늘부터는) ✛	(명사) 견적가 (동사) 인용하다

MP3 065

1   전 quote을 보면 '명언'의 뜻보다 '견적가/거래가'란 뜻이 먼저 생각나요. 그만큼 자주 쓰이니까요. 견적을 생각하면 많은 분들이 estimate을 떠올리시는데요. Estimate과 quote은 달라요. Estimate이 대략 얼마 정도 될 거라는 '예상가'라면, quote은 얼마가 들 거라는 정확한 '견적가'예요. 예를 들어, 인테리어 업체에 견적을 요청해 estimate을 받았다면 계약해서 진행할 땐 최종 지불 가격이 estimate과 다를 수 있어요. 단순히 '이 정도 될 거예요'란 예상가니까요. 그래서 guesstimate(어림짐작, 추정)이란 표현도 있어요. 반면, quote을 받았다면 그 가격이 내가 최종적으로 지불하는 가격이 돼요. 더 확실하죠. 참고로 quote 대신 quotation을 써도 됩니다.

> A **How much would it cost to fix it?**   그걸 고치려면 얼마나 들까요?
> B **Well, it's hard to say.**   (진행해 봐야 알기에) 음, 얼마 정도 들 거라 말씀드리긴 어렵네요.
> A **Could you give me a rough estimate?**
> 대충이라도 얼마 정도 드는지 말씀해 주시겠어요?

> **Could you give me a quote on this?**   이거 견적 좀 내 주실래요?

2   Quote은 동사로 '인용하다'란 의미로도 쓰입니다. 전 여러분이 다른 건 몰라도 Don't quote me on that.(나도 확실치는 않아, 내가 틀릴 수도 있어.)만큼은 꼭 기억해 주시면 좋겠어요. 직역하면 '그 부분에 있어 내가 한 말을 인용하지 말라'는 거예요. 예를 들어, 제가 지인에게 뿌링클 치킨은 노란색 가루가 sprinkle(뿌리다)돼서 뿌링클이 아닐까란 생각이 든다며 제 개인적인 생각을 얘기했는데, 지인이 여기저기 다니면서 '구슬이 그러던데 ~'라며 제 말을 인용하면 안 되잖아요. 틀린 정보일지도 모르니까요. 그래서 Don't quote me on that.은 확실치 않으니 내가 한 말을 곧이곧대로 믿지 말라고 덧붙여 말할 때 자주 씁니다.

> **I think it's about $300, but don't quote me on that.**
> 한 300달러쯤 되는 것 같은데 나도 확실치는 않아.

> **I think it's a city in France, but don't quote me on that.**
> **I'm rusty on my geography.**
> 프랑스에 있는 도시 같은데 제가 틀릴 수도 있어요. 지리학은 많이 까먹어서요.

> ● rusty는 '녹이 슨'의 의미인데, '예전 같지 않은'의 뜻으로도 쓰여요.
> 우리도 '실력이 녹슬었어/녹슬지 않았어' 이런 표현을 쓰듯이, 예전에 반짝반짝하던
> 것과 달리 많이 잊어버렸다는 의미로 rusty를 씁니다.

Mean '의미하다'로만 알고 있나요?

(지금까지는)	의미하다
(오늘부터는) +	(어떤 의도를 담아) ~ 뜻으로 말하다, 의도하다

MP3 066

1 Mean은 '~를 뜻하다, 의미하다'로 우리에게 익숙하죠.

> A **Claire, you've really done your research.** Claire, 정말 꼼꼼히 잘 알아봤구나.
>
> B **Thank you. That means a lot to me.** 감사해요. 그렇게 봐 주시니 정말 기쁜걸요.

- That means a lot to me.를 직역하면 '그건 제게 의미가 아주 커요.'지만 '정말 큰 힘이 되네요, 그렇게 봐 주시니/해 주시니 감사한걸요.'로 의역할 수 있습니다.

> **What do you mean by that?** 그거 무슨 뜻으로 한 말이야?

2 그런데 '의미하다' 외에 꼭 기억해 두어야 할 mean의 동사 뜻이 하나 더 있는데요. 바로 '(어떤 의도를 담아) ~ 뜻으로 말하다, 의도하다'란 뜻이예요. 특히 I didn't mean to ~(일부러 ~하려고 한 건 아니었어) 형태로 자주 쓰이죠. 안 좋은 일이 일어난 후 일부러 그런 건, 의도한 건 아니라고 할 때 다양하게 응용할 수 있는 변명의 끝판왕 표현이나 다름없으니 꼭 기억해 주세요.

> **I didn't mean to be late, but I was stuck in traffic.**
> (이미 늦었지만 의도한 건 아님) 일부러 늦으려고 한 건 아닌데 차가 엄청 막혔어.

> **Sorry, I didn't mean to upset you.**
> (이미 상대방을 속상하게 할 행동이나 발언을 하고 나서) 미안, 널 속상하게 하려던 건 아니었어.

> **Is that a picture of your daughter? Sorry, I didn't mean to pry.**
> 저거 따님 사진인가요? 죄송해요. 사생활을 캐물으려는 건 아니었어요.

- pry는 '(남의 사생활을) 캐다, 캐묻다'란 뜻입니다.

3 반대로 뭔가를 할 의도가 있었다고 할 때도 mean을 쓸 수 있습니다.

> **Sorry. I meant to email you.**
> (보낼 의도는 있었지만 결국 못 보냄) 이메일 보내려고 했는데 미안해.

> **I meant to call you, but I forgot.**
> (전화할 의도는 있었지만 결국 못 함) 전화드리려 했는데 깜박했어요.

UNIT 26

Credit '신용'으로만 알고 있나요?

(지금까지는)	신용
(오늘부터는) +	칭찬, 인정, 공로

MP3 067

1 　우리에게 신용카드(credit card)로 익숙한 credit엔 '칭찬, 인정, 공로'란 뜻도 있는데요. 사실 우린 이 뜻도 이미 알고 있어요. 영화가 끝난 직후 화면에 나오는 엔딩 크레딧(참고로 end credits이 더 자주 쓰입니다.)에 나온 credit이 바로 이 뜻이거든요. 영화가 잘 완성되도록 기여한 출연진, 제작진 등의 칭찬 리스트 느낌인 거죠. 이렇게 '칭찬, 인정, 공로'의 credit은 평소 누군가의 노고를 인정해 줄 때 자주 씁니다.

> **I can't take all the credit. Everyone helped out.**
> (팀 프로젝트가 잘 됐을 때 혼자 한 일이 아니라며) 저 혼자 칭찬받을 순 없어요. 다들 도와줬는걸요.

> **You deserve all the credit. It was your idea.**
> (상대가 칭찬/인정받아 마땅하다며) 잘된 건 다 네 덕분이야. 네 아이디어였잖아.

2 　또 자신감을 갖고 스스로를 자랑스러워하라고 할 때 Give yourself some credit.으로도 자주 쓰입니다. 특히 자신의 능력이나 성과가 별로 대단하다고 생각하지 않는 사람에게 '너도 충분히 인정받아 마땅한 멋진 사람인데 네가 가진 긍정적인 면들도 좀 칭찬해 주고 자신감을 가져'의 느낌으로 자주 써요.

> A **It wasn't a big deal.** (어려운 일을 성공적으로 잘 마무리했음에도) 별거 아니었어.
> B **Give yourself some credit! It was a big deal, and you did a great job.** 네 자신도 좀 칭찬해 줘라. 뭐가 별거 아니야. 정말 잘한 건데.

> A **What's the point of applying for the position? I'm not going to get it anyway.** 거기 지원해 봤자 무슨 의미가 있겠어? 어차피 안 될 텐데.
> B **You should give yourself some credit. You've been working around the clock. I really think you have a shot here.** 넌 자신감 좀 가져야 해. 그동안 주야장천 진짜 열심히 일했잖아. 난 정말 네게도 가능성이 있다고 봐.

- Around the clock은 '24시간 계속하여'란 뜻으로 특히 쉬지 않고 열심히 일할 때 자주 쓰입니다.
- Have a shot은 마치 성공적으로 과녁을 맞힐 수 있는 상황인 것처럼 '가능성/승산이 있다'의 뜻입니다.

Clear '맑은'으로만 알고 있나요?

(지금까지는)	맑은, 투명한
(오늘부터는) +	분명한, 확실한, 깨끗이 치우다

MP3 068

1 Clear는 모든 게 투명하게 다 보일 정도로 물이 맑을 때나 하늘이 구름 한 점 없이 맑을 때도 쓸 수 있지만, 일상에선 '분명한, 확실한'의 뜻으로 훨씬 더 많이 쓰여요. 오해하는 게 불가능할 정도로 아주 분명하고 명백히 뜻을 전달할 때 clear를 쓰세요.

> **It's clear that she's not interested.** 그녀가 관심 없어 하는 게 분명해.

> **Is this clear?** (새로 들어가는 부분을 설명해 주고서) 이 부분 확실히 이해했지?

2 이 clear의 영원한 짝꿍 단어는 crystal인 것 같아요. Crystal clear는 '정말 투명한, 정말 확실한'의 뜻으로 clear의 의미를 강조해 말할 때 씁니다.

> A **Did you tell him?** 네가 그에게 말했어?
> B **I did. I made it crystal clear that it's not the direction we want to go in.** 응, 우리가 가고 싶은 방향이 아니라고 분명히 말했어.

3 Clear는 동사로도 자주 쓰이는데요. 물이 맑고 투명하다는 건 결국 물에 떠 있는 게 하나도 없다는 거잖아요. 뭔가가 분명하고 확실하다는 것 또한 오해의 소지가 조금도 없다는 거고요. 이 뉘앙스를 그대로 받아 동사 clear는 '(장애물 하나 없이) 깨끗이 치우다'란 뜻으로도 자주 쓰입니다. 특히 중요하거나 긴급한 일을 위해 일정을 비워 놓을 때 'clear + 일정(일정을 비워 놓다)'으로 쉽게 쓸 수 있어요.

> **I've cleared my afternoon, and I'm here to help.**
> 도와주러 여기 오려고 나 오후 일정을 싹 비워 놨어.

> A **Do you think you can make it to my wedding?**
> 내 결혼식에 올 수 있을 것 같아?
> B **Of course. I'll clear my schedule. I wouldn't miss it for the world.** 당연하지. 일정 비워 놓을게. 네 결혼식인데 무슨 일이 있어도 꼭 가야지.

> ● I wouldn't miss it for the world.는 '세상이 두 쪽 나도, 무슨 일이 있어도 꼭 가겠다'는 강한 의지를 표현할 때 씁니다. 날 초대한 상대를 기분 좋게 하는 표현이니 친한 지인의 특별한 날을 함께해 줄 때 써 보세요.

4 또 머리에 있는 잡념을 비워 정신을 맑아지게 할 때도 쓸 수 있어요.

> **Let me go get some air. I need to clear my head.**
> 가서 바람 좀 쐬고 올게. 생각 좀 정리해야겠어.

UNIT 28

Gravity '중력'으로만 알고 있나요?

MP3 069

(지금까지는)	중력
(오늘부터는) ✚	(사건이나 상황의) **중대함, 심각성**

1   중력으로 우리에게 익숙한 gravity는 '(사건이나 상황의) 중대함, 심각성'의 뜻으로 평소 더 자주 쓰입니다. Cambridge 사전은 gravity를 seriousness란 딱 한 단어로 정의해요. 두 단어 다 '진지함'을 뜻하고, '진지함' 하면 우리 머릿속에 seriousness가 떠오르지만, gravity가 발음하기도 더 쉽고 정확한 뜻을 모르면 오역하기 쉬우니 확실히 기억해 주세요.
참고로 gravity of the situation(상황의 중대함, 심각성)으로 외우면 쉽게 정 붙일 수 있어요.

> **I don't think you realize the gravity of your situation.**
> 지금 네가 얼마나 심각한 상황에 처해 있는 건지 잘 모르는 것 같아.

> **I fully understand the gravity of this situation.**
> 이 상황의 심각성을 저도 충분히 잘 알고 있습니다.

2   마치 중력이 지구가 물체를 끌어당기는 힘이듯이, 어떤 상황이 정말 중요하고 심각하기에 누군가의 관심을 끌 때 활용하는, gravity의 동사형인 gravitate(~에 마음이 끌리다)도 연결 지어 외워 주세요. 나도 모르는 사이에 자석처럼 뭔가에 끌리듯 마음이 갈 때 gravitate을 쓰는데요. 뭔가를 향해 마음이 가는 대상을 밝힐 때 gravitate toward(자연스레 ~에 관심이 가다/마음이 끌리다)라고 씁니다. Toward(미국식), towards(영국식) 둘 중 편하신 걸 쓰면 돼요.

> **I gravitate toward darker colors because they suit me better.**
> (옷 색상을 고르면서 나도 모르게 어두운 색으로 시선이 갈 때)
> 나한테는 어두운 색이 더 잘 어울려서 그런 색 쪽으로 마음이 가.

> **I'm a health freak, I tend to gravitate toward healthy food.**
> (메뉴를 볼 때 나도 모르게 건강식으로 시선이 갈 때) 내가 평소에 건강을 엄청 챙겨서 건강식에 끌리는 편이야.

● Freak은 '괴짜'란 뜻도 있지만 '~에 광적으로 관심이 많은 사람'의 뜻도 있어요. Health freak은 '유난히 건강을 챙기는 사람'을 뜻합니다.

Weigh '(저울로) 무게를 재다'로만 알고 있나요?

(지금까지는) 무게를 재다

(오늘부터는) **+** (결정을 하기 전에) **따져 보다**

MP3 070

1　Weigh는 '무게를 재다' 외에 '따져 보다'란 뜻도 있어요. 마치 양팔 저울에 무게를 재려고 저울질하듯, 최선의 결정을 내리기 위해 비교하며 요모조모 따져 볼 때 씁니다.

Weigh the pros and cons. 장단점을 잘 따져 봐.

- Pros는 '뭔가를 찬성하는 이유, 장점', cons는 '뭔가를 반대하는 이유, 단점'의 뜻이어서 pros and cons는 '장단점, 이해득실'이란 뜻입니다.

A **Have you made your decision?** 결정했어?
B **No, I'm still weighing my options.** 아니, 아직 이것저것 따져 보며 고민하고 있어.

2　이렇게 장단점, 또는 여러 옵션들을 잘 따져 본 후 어떤 게 더 좋을지 판단할 때 outweigh (~보다 더 무겁다/크다/중요하다)도 자주 쓰는데요. Outweigh는 뉘앙스를 제대로 파악하지 않으면 어떤 쪽이 더 많고 중요하다는 건지 헷갈릴 수 있기에 확실히 정리해 볼게요.

The pros outweigh the cons.는 장점이 단점보다 더 많다는 거예요. 전 쉽게 그냥 'pros가 cons를 아웃(out)시켰으니 더 무겁고(weigh) 많은 거야. 장점이 단점보다 많네'라고 외웠어요. 수동태로 한 번 꼬아서 The cons were outweighed by the pros.라고 하면 'cons가 pros에 의해 아웃된 거니 더 가볍고 적은 거야. 단점보다 장점이 많네'라고 외웠고요. 물론 outweigh(~보다 더 무겁다/크다/중요하다)란 단어 자체를 외워 응용하는 것도 좋지만, 제겐 이 방식이 더 확 와닿더라고요. 네이티브와 대화 중에 반대로 이해하면 곤란할 수 있으니 둘 중 하나를 대충 찍지 말고 확실히 정리해 주세요.

I think the negatives outweigh the positives.
내 생각엔 단점이 장점보다 더 많은 것 같아.

We couldn't move forward because the benefits were outweighed by the costs. 이익보단 비용이 더 많아서 진행할 수가 없었어.

It was a tough period of my life, but looking back, the good times still outweighed the bad times.
내 인생에서 참 힘든 시기였는데, 되돌아보면 그래도 안 좋을 때보단 좋은 때가 더 많았어.

UNIT 30

Humble '겸손한'으로만 알고 있나요?

MP3 071

(지금까지는) 겸손한

(오늘부터는) ✚ (예의상 자신을 낮추며) **변변치 않은, 소박한**

1 Humble은 '겸손한'의 뜻으로 우리에게 익숙합니다.

A **She never brags about her accomplishments.**
그녀는 자기가 이룬 것들에 대해 절대 자랑하지 않아.

- Brag about은 '~에 대해 자랑하다'의 뜻입니다.

B **Yeah, she's so humble. I think that's why everyone likes her.**
맞아. 참 겸손해. 그래서 다들 그녀를 좋아하는 것 같아.

2 그런데 humble은 '(예의상 자신을 낮추며) 변변치 않은, 소박한'의 뜻도 있어요. 지인이 내 집이나 사무실에 처음 왔을 때 왠지 긴장되고 뻘쭘하잖아요. 그때 Welcome to my humble abode.(누추한 제 집에 오신 걸 환영합니다.)라고 농담처럼 자주 쓰여요. 실제 초라하지 않더라도 장난스레 내 자신을 낮춰 얘기하는 거죠. Cambridge 사전에 humorous한 표현이라고 나와 있을 만큼 자주 쓰이는 표현입니다. 이 외에도 개인적인 생각을 말하기 전, 예의상 자기 자신을 낮추며 in my humble opinion(제 짧은 소견으로는, 어디까지나 제 생각일 뿐이지만)도 자주 덧붙입니다.

In my humble opinion, Jenny would be a perfect fit for the job.
이건 어디까지나 제 생각일 뿐이지만, 그 직책엔 Jenny가 딱 맞을 것 같아요.

In my humble opinion, they were not that good.
어디까지나 제 생각일 뿐이지만, 그렇게 좋지는 않았어요.(별로였어요.)

- 부사 that은 '그렇게, 그 정도'란 뜻으로 not that(그리 ~하진 않은)으로 자주 응용됩니다.

3 조금 더 욕심 내서 동사 humble까지 가 보면 '~를 겸손하게 만들다, 기를 꺾다'란 뜻이에요. 전 humbling experience(누군가를 겸손하게/겸허하게 만드는 경험)란 표현을 참 좋아해요. 미국 요세미티 국립공원에 처음 갔을 때 말도 안 되게 큰 나무를 보니 대자연의 웅장함에 압도되더라고요. '아, 난 정말 한낱 작은 인간에 불과하구나'란 느낌이 순간 확 들었던 것 같아요. 또, 승승장구하다 삐끗하면 나도 이기기만 하는 무적이 아니란 걸 깨닫고 개선할 점들을 짚어 보며 재정비하는 계기가 되죠. 이런 게 바로 humbling experience입니다.

That failure was a truly humbling experience for us. It's good to realize that there's always room for improvement.
그 실패는 우리를 정말 겸손하게 만드는 경험이었어요. 늘 개선의 여지가 있다는 걸 깨닫는 건 좋은 거죠.

Concrete '콘크리트로 된'으로만 알고 있나요?

(지금까지는)	콘크리트로 된
(오늘부터는) +	구체적인, 실제적인, 확실한

MP3 072

1   콘크리트 벽, 콘크리트 바닥처럼 우리에게 concrete은 건축 자재로 더 익숙합니다. 하지만 일상에서 concrete은 '구체적인, 실제적인, 확실한'의 뜻으로 더 자주 쓰여요. 딱딱하게 굳은 콘크리트를 우리가 실제로 보고 만질 수 있는 것처럼, 단순히 추상적인 게 아닌 실제 존재하도록 구체화하는 게 concrete예요.

> **I need concrete proof.** 난 확실한 증거가 필요해.
>
> **I need something more concrete.** 난 더 확실한 뭔가가 필요해.

2   단순히 추상적인 계획이나 목표만 있는 게 아닌 '실제로 실행 가능한 계획'을 뜻하는 concrete plans(구체적인/확실한 계획)로도 자주 응용됩니다.

> **I haven't made any concrete plans yet.** 아직 구체적인 계획은 세우지 않았어.
>
> **They all sound great, but you don't have any concrete plans for achieving them.** 다 좋은데 어떻게 해낼 건가에 대한 구체적인 계획이 너한테 없잖아.

3   또 목표를 달성하기 위한 '구체적인 움직임이나 조치'를 뜻하는 concrete steps(구체적인/실질적인 조치)로도 응용할 수 있는데요. 이때는 어떤 조치를 취한다는 뉘앙스로 동사 take를 써서 take concrete steps로 자주 쓰입니다.

> **We can't just sit here and do nothing. We need to take concrete steps to improve the situation.**
> 그냥 여기 앉아서 아무것도 안 하고 있을 수는 없어. 상황이 나아지게 실질적인 어떤 조치를 취해야 해.
>
> **Have you taken any concrete steps?**
> (단순히 말이나 생각만 한 게 아닌) 구체적으로/실질적으로 어떤 조치를 취한 거야?

UNIT 32

Upside '위쪽'으로만 알고 있나요?

(지금까지는)	위쪽
(오늘부터는) +	**긍정적인 면, 좋은 점**

MP3 073

1   우리에게 '위쪽'으로 익숙한 upside는 '긍정적인 면, 좋은 점'이란 뜻으로 일상에서 더 자주 쓰여요. 마치 차트에서 뭔가의 가치가 위쪽으로 올라가면 좋은 것처럼 어떤 상황의 좋은 점을 얘기할 때 자주 활용합니다.

> **The upside of living in New York is that there are always plenty of things to do.** 뉴욕에 사는 것의 장점은 항상 할 게 많다는 거야.

> **There's no upside to doing this.** 이렇게 해서 좋을 건 없어.

2   반대로 차트에서 뭔가의 가치가 downside(아래쪽)로 내려가면 안 좋잖아요. 그래서 downside는 '불리하거나 덜 긍정적인 면', 즉 '문제'나 '위험 요소'를 말할 때 자주 쓰입니다.

> A **What's the downside?** 안 좋은 면/문제/위험 요소가 뭐야?
> B **The downside is that it's going to cost us a lot of money.**
> 문제는 정말 돈이 많이 들 거라는 거지.

> **There's really no downside.** 딱히 안 좋은 점은 없어요.

> **There are only upsides and absolutely no downsides.**
> 장점만 있지 안 좋은 건 하나도 없어요.

Takeaway '포장 음식'으로만 알고 있나요?

(지금까지는) 포장 음식

(오늘부터는) **+** **중요하다고 느낀 점**

MP3 074

---

1 영국에선 포장 음식을 takeaway라고 하지만 미국에선 takeout을 더 자주 씁니다.

I'm hungry. Do you want to get a Chinese takeaway?

배고프다. 중국 음식 포장해 올까?

- 미국식: Do you want to get Chinese takeout?

2 하지만 미국인들은 takeaway를 보면 포장 음식보다는 '가장 중요하다고 느낀 점'이 생각 나요. Oxford 사전에서 찾아보면 takeaway가 a key fact, point, or idea to be remembered, typically one emerging from a discussion or meeting이라고 나와요. 레스토랑이 아니라 가 져가서 먹는 게 포장 음식인 것처럼, 어떤 상황에서 내가 가져가고 싶을 정도로 중요한 사 실, 요점, 배운 점을 takeaway라고 한다는 겁니다. '얻어 가는 것, 챙겨갈 내용'인 거죠. 그게 단순히 어떤 사실이나 정보일 수도 있고 교훈일 수도 있어요.

So, what's your takeaway? 그래서 네가 중요하다고 느낀 점, 배운 점이 뭐야?

- 사실 이 질문은 미국에서 회사 생활할 때 세미나나 중요한 미팅이 끝날 때마다 상사가 제게 물어본 건데요. 그 정도로 자주 쓰이니 꼭 기억해 두세요.

3 중요성을 강조하여 key, main, the biggest를 써서 key takeaway, main takeaway, the biggest takeaway로도 자주 응용됩니다.

A ### So, what's your takeaway from the seminar?
세미나에서 네가 중요하다고 느낀 점이 뭐야?

B ### I have several, but my main takeaway is that communication is key. 몇 개 되는데 가장 중요한 교훈은 의사소통이 중요하다는 거예요.

UNIT 34

Contribute '기여하다'로만 알고 있나요?

(지금까지는) 기여하다, 기부하다

(오늘부터는) **+** (회의나 대화에서) **의견을 말하다, 조언/지식을 제공하다**

MP3 075

1   Contribute은 우리에게 '기여하다, 기부하다'로 익숙하지만, 회사에서는 어떤 상황에 기여하듯 '회의나 대화에서 의견을 말하다'란 뜻으로 더 자주 쓰여요. 금전적인 기부 외에 재능 기부를 할 수도 있는 것처럼, 도움이 되기 위해 조언, 의견, 지식 등을 제공할 때도 contribute을 씁니다. 특히 아이디어 회의 중 서로 의견을 나누고 새로운 아이디어를 제시하도록 유도할 때 자주 활용되죠.

> **Carrie, do you have anything to contribute?**
> Carrie님은 말씀하실 의견이나 아이디어가 있으신가요?

> **Would anyone else like to contribute?**
> 누구 다른 분, 의견이나 아이디어 말씀하실 분 계신가요?

> - Else는 '다른, 추가적인'이란 뜻입니다. 분명 자주 본 단어지만 막상 뜻이 뭔지 물어보면 당황하시는 분들이 많더라고요. 확실히 기억해 주세요.

2   내가 실질적으로 도움이 될 만한 의견 또는 상황에 기여할 만큼 특정 분야의 깊은 지식이 없을 때도 contribute을 쓸 수 있는데요. 특히 아이디어 회의 중 전문 분야가 아니라서 대화에 적극적으로 참여하기 어렵다며 변명할 때 아래처럼 자주 쓰입니다.

> **I don't understand well enough to contribute to this conversation.**
> 이 대화에 적극적으로 참여할 만큼 잘 아는 내용이 아니라서요.

> A **Scott, we haven't heard from you. Do you have anything to contribute?** Scott, 아직 아무 말씀도 안 하신 것 같은데 해 주시고 싶은 말씀이 있나요?
> B **I don't think I know enough to contribute to this conversation, but I'll try.**
> (실질적인 도움이 되는) 제가 여기 대화에 의견을 드릴 만큼 잘 아는 것 같지는 않지만 그래도 일단 제 생각을 말씀 드릴게요.

3   물론 정말 돈을 보탤 때 '기부하다'란 뜻으로도 쓰입니다.

> A **Would you like to contribute to the charity?**
> 자선 행사에 기부하실래요?
> B **Maybe another time.** 다음에 할게요.

Fortune '운'으로만 알고 있나요?

(지금까지는)	운
(오늘부터는) ✚	(큰) 재산, 부, 거금

MP3 076

1 Fortune은 '운' 외에도 '(큰) 재산, 부, 거금'의 뜻이 있어요. 우리에게 익숙한 포춘 기업(Fortune 500)과 연관 지어 외우면 기억하기 쉬운데요. 미국 포춘(Fortune)지에서 매년 매출액, 순이익, 자산액 등을 기준으로 가장 성공한 대표적인 상장회사 500개를 선정한 게 포춘 기업(Fortune 500)이거든요. 여기에 오를 정도면 자산이 어마어마해야겠죠? 그래서 일상에서도 정말 큰돈이라는 걸 강조할 때 fortune을 씁니다.

실제 회화에서 잘 쓸 수 있는 cost a fortune(큰 비용이 들다)으로 정 붙여 볼게요. 많은 돈, 비용은 사실 주관적인 거죠. 누군가에겐 천만 원이 fortune으로 느껴질 만큼 큰 금액이지만, 또 어떤 사람에겐 별로 크다고 느껴지지 않는 금액이 될 수 있는 것처럼요. 그러니 fortune을 쉽게 쓸 수 없는 단어라고 생각하지 마시고, 내 기준에서 큰 금액일 때는 쓸 수 있다 생각하고 편히 써 주세요.

It'll cost us a fortune. 정말 큰돈이 들 거야.

A **Wow, it's a nice car.** 우와, 차 멋지다.
B **Yes, it cost me a fortune.** 응, 진짜 거금 들였다.

Raising a child costs a fortune. 아이를 기르는 건 정말 돈이 많이 들어.

2 정말 돈을 많이 벌 때 make a fortune(떼돈을 벌다)도 자주 씁니다.

We could make a fortune. 우리가 정말 많은 돈을 벌 수도 있어.

I heard they're making a fortune. 듣기론 그들이 정말 떼돈을 벌고 있대.

3 평소 운이 좋다고 할 때 명사 fortune보다 형용사 fortunate(운이 좋은, 행운의)을 더 자주 씁니다. 특히 행운이 따라 행복한 상황, 운 좋게 좋은 기회가 주어진 상황에서 자주 쓰지요.

I feel fortunate to have you as my friend.
너처럼 좋은 사람을 친구로 둘 수 있어 난 정말 행운이라 생각해.

She's been very fortunate in her career.
그녀는 커리어적으로 정말 운이 좋았어.

UNIT 36

Company '회사'로만 알고 있나요?

(지금까지는)	회사
(오늘부터는) ➕	함께 있음, 함께 있는 사람들

MP3 077

1 미국인들은 평소 일상에서 회사나 직장을 얘기할 때는 work를, 공식적으로 회사나 조직을 얘기할 땐 company를 자주 씁니다.

I can't talk right now. I'm at work.
(회사에 있는데 사적인 전화가 왔을 때) 지금 통화하기 힘들어. 지금 근무 중이야.

I have to go to work. 나 회사 가야 해.

What time do you get off work? 몇 시에 퇴근해?

A **How do you know each other?** 서로 어떻게 아는 사이야?
B **We used to work for the same company.** 같은 회사에서 일했거든.

2 하지만 company를 '회사'라고만 알고 있으면 쓸 수 있는 상황이 한정돼요. Company의 '함께 있음, 함께 있는 사람들'이란 뜻도 같이 외워 주세요. 예를 들어 지인에게 전화를 걸었는데 전화기 너머로 누군가의 목소리가 들려요. 그때 'Do you have company?(누구랑 같이 있는 거야?)'라고 할 수 있어요. 이 일상적인 회화 표현에서 company를 '회사'라고만 알고 있으면 오역할 수 있겠죠.
'함께 있음, 함께 있는 사람들'의 뜻으로 평소 자주 쓰이는 예문들로 정 붙여 보세요.

A **Can I come in?** 들어가도 될까?
B **Sure. Sorry about the mess. I wasn't expecting company.**
(갑자기 찾아온 상황) 그럼. 정리가 좀 안 돼서 미안. 누가 올 거라고는 생각 안 해서.

It would be nice if you could come. I could use some company.
네가 올 수 있으면 좋겠어. 혼자 있고 싶지 않아서 말이야.

• 뭔가를 정말 원하고 필요로 할 때 I could use ~(~을 필요로 해/원해)를 씁니다.

You should invite her. I enjoy her company.
그녀도 초대해. 난 걔랑 같이 있으면 즐겁더라고.

Catch '잡다'로만 알고 있나요?

(지금까지는) 잡다

(오늘부터는) **+** (사람을 걸리게 하는 숨은) **함정, 책략**

MP3 078

1 Catch를 보면 동사로 '잡다'의 의미가 먼저 생각나지 명사 뜻이 쉽게 생각나진 않는 것 같아요. Catch가 명사로는 '숨은 문제, 함정'의 뜻으로 쓰이는데요, 걸려들 수밖에 없을 정도로 사람을 혹하게 하는 계획이나 제안의 숨은 문제, 함정을 catch라고 합니다.
평소 쉽게 쓸 수 있는 What's the catch?(조건/속셈/꿍꿍이가 뭐야?)로 정 붙여 주세요.

❶ 비싼 노트북을 무료로 나눠 준다고 할 때

A **Free laptops for everyone.** 모두에게 무료로 노트북을 드립니다.
B **What's the catch?**
(노트북을 아무 조건 없이 무료로 준다는 게 믿기 어렵기에 그 뒤에 숨은) 조건이 뭔가요?

❷ 지인이 갑자기 비싼 저녁을 사 준다고 할 때

A **What's the catch?** 속셈이 뭐야?
B **There's no catch.** (그냥 순수하게 저녁을 사 주고 싶은 거지) 의도나 속셈 같은 건 없어.

2 다음은 사실이라고 믿기 어려울 때, 의심이 될 때 What's the catch?와 자주 쓰이는 연관 표현입니다.

There's no free lunch. What's the catch? 세상에 공짜는 없잖아요. 조건이 뭔가요?

- There's no free lunch.를 직역하면 '공짜 점심은 없다'이지만, 흔히 말하는 '세상에 공짜는 없어'란 뉘앙스로 자주 쓰입니다. 뭔가를 얻기 위해선, 심지어 점심 한 끼도 남에게 얻어 먹으려면 어떤 대가나 노력이 필요하지 아무 대가 없이 그냥 무료로 뭔가를 얻는 건 불가능하다는 거죠.

I wasn't born yesterday. What's the catch?
내가 세상 물정을 모르는 것도 아니고, 조건이 뭐야?

- I wasn't born yesterday.는 직역하면 '난 어제 태어난 게 아니다'란 뜻이죠. 즉, 나도 살만큼 살았고 알건 다 알기에 이런 거에 속는 애송이가 아니란 뉘앙스로 자주 쓰입니다.

UNIT 38

All set '다 준비됐어'로만 알고 있나요?

(지금까지는)	다 준비됐어
(오늘부터는) +	다 됐어요, (필요한 게 없어서) 전 괜찮아요

MP3 079

1   All set은 단순히 '다 준비가 된'으로 외우고 넘기기엔 정말 다양한 상황에 쓰여요. All set 의 기본적인 뉘앙스는 완벽하게 다 세팅돼서 더 이상 건들거나 신경 쓸 게 없다는 거예요. I'm all set, You're all set처럼 주어, 동사까지 쓰는 게 문법상 맞지만, 일상 회화에선 생략하 고 all set만 쓸 때가 많으니 참고하세요. 평소 가장 많이 쓰이는 상황 3개를 정리합니다.

❶ All set. 다 준비됐어.

저녁이 준비됐을 때 식사 준비가 다 됐으니 어서 와서 먹자는 뉘앙스로 Dinner is all set.이라고 할 수 있어요. 이땐 Dinner is ready. 뉘앙스로 all set을 쓴 거죠. 이처럼 뭔가를 할 준비가 되었을 때 또는 완벽하게 대비했을 때 all set을 씁니다.

Is everything all set for the meeting tomorrow?   내일 미팅 준비 다 된 거지?

A **Are you ready to go?**   (채비를 마쳤는지 물어보며) 갈 준비됐어?
B **All set.**   준비됐어.

❷ You're all set. 다 됐어요. 다 완료됐어요.

서류 작업이나 계산이 다 끝나서 상대방에게 이제 가도 된다고 할 때 '다 됐어 요, 다 완료됐어요'의 뜻으로도 자주 쓰입니다. 더 신경 쓸 게 없으니 이제 가도 된다는 뉘앙스로 all set을 쓰는 거죠.

You're all set.   (호텔에서 체크인을 마치고 직원이) 다 됐습니다.

All set. You're good to go.   (창구에서 비용을 납부하고 직원이) 다 됐어요. 이제 가셔도 돼요.

❸ I'm all set. 전 괜찮아요.

더 필요한 것 없이 이대로 만족할 때 '전 괜찮아요'란 뜻으로도 자주 쓰입니다. 특히 레스토랑 같은 서비스 공간에서 더 필요한 게 없다고 할 때, 또 지인의 호 의를 괜찮다며 거절할 때 자주 쓰지요.

A **Can I help you with anything else?**
더 도와드릴 게 있을까요?
B **No, I'm all set. Thank you, though.**
아니요. 괜찮아요. 그래도 고맙습니다.

MP3 080

Outstanding '뛰어난'으로만 알고 있나요?

(지금까지는)	뛰어난
(오늘부터는) **+**	미지불의, 아직 처리되지 않은

1 여러 사람들 사이에서 미친 존재감을 자랑하며 우뚝 서 있을 정도로 눈에 띄고 두드러질 때 outstanding(뛰어난)을 씁니다.

You did an outstanding job! 정말 뛰어나게 잘했어!

Your sales numbers are outstanding! 매출/판매 실적이 정말 뛰어나군요!

2 평소 정말 실력이 뛰어나다며 칭찬의 outstanding만 들으면 참 좋겠지만, 전 outstanding 을 가장 많이 접한 게 신용카드 명세서예요. 명세서 맨 아랫줄에 눈에 띄게 굵은 글씨로 outstanding balance(미지불 잔액)를 하이라이트해 놓더라고요. 이때는 '뛰어난 잔액'이 아니 겠죠? 이처럼 outstanding은 '미지불의'란 뜻이 있습니다.

There is an outstanding balance on your account. Please make a payment as soon as possible.
고객님 계좌에 미지불 잔액이 있네요. 가능한 한 빨리 지불 부탁드립니다.

3 미지불 상태를 나타낼 때 외에, outstanding은 '미해결의, 아직 처리되지 않은'의 뜻으로도 자주 쓰여요. 예를 들어 outstanding issue라고 하면 '아직 해결되지 않은 사안이나 문제'를 의미하는 거죠.

I have a few outstanding issues. 아직 해결되지 않은 문제가 몇 개 있어요.

That proposal is still outstanding.
(검토, 결정이 이뤄지지 않은 상황) 그 제안서는 아직 처리되지 않았어요.

These items are still outstanding and need to be dealt with immediately. 이 사안들이 아직 해결되지 않아서 즉시 처리해야 해요.

Outstanding Bond Amount
The dollar amount of a bond outstanding as of the latest available balance sheet of a given corporation.

Mind '신경 쓰다'로만 알고 있나요?

(지금까지는)　신경 쓰다
(오늘부터는) +　**조심하다, 유의하다**

MP3 081

1　Mind는 동사로 '신경 쓰다, 언짢게 여기다, 싫어하다'의 뜻으로 평소에 자주 쓰입니다.

> **Never mind.**　신경 쓰지 마.

> **Do you mind if I open the window?**　창문 좀 열어도 될까요?

> ● 위의 질문은 직역하면 '내가 창문을 열면 신경 쓰여요?'입니다. 이 질문에 열어도 된다고 할 때는 신경 쓰이지 않는 다의 의미인 'No, go ahead.(아뇨, 편히 여세요.)', 상대가 창문을 여는 게 싫고 신경이 쓰이면 '신경 쓰인다'인 뜻의 'Actually, I do mind.(실은 전 창문 여는 거 싫어요.)'라고 할 수 있습니다.

2　또 사적인 질문이나 실례가 되는 질문을 하기 전에, If you don't mind me asking ~(~를 여쭤 봐도 될지 모르겠지만)을 써서 더 조심스레 물어보는 느낌을 줄 수 있어요.

> **If you don't mind me asking, are you married?**
> 이런 걸 여쭤봐도 될지 모르겠지만, 결혼하셨어요?

> **If you don't mind me asking, how much did you pay for this?**
> 이런 걸 여쭤봐도 될지 모르겠지만, 이거 얼마 주고 사셨어요?

3　하지만 이 외에 동사 mind는 '(특히 상대에게 주의를 주거나 경고할 때) 조심하다, 유의하다, 염두에 두다'란 뜻으로도 자주 쓰입니다. 상대의 매너가 안 좋을 때 'Mind your manners.(매너 좀 챙 겨.)'라고 주의를 주기도 하지요. 또 지하철 탈 때 안내 방송에서 'Mind the gap.'이라고 나 오는데, 이땐 열차와 승강장 사이의 틈을 조심하라는 뜻입니다.

> **Mind your head.**
> (부딪칠 수 있으니) 머리 조심해.

> **We should mind our own business.**
> (괜히 끼어들지 말고) 우리 일이나 신경 쓰는 게 좋겠어.

Bear '곰'으로만 알고 있나요?

(지금까지는)	곰
(오늘부터는) **+**	참다, 견디다, 지니다

MP3 **082**

1 우리가 살면서 곰을 봤다고 자랑할 일도, 네이티브에게 teddy bear(곰 인형)를 선물할 일도 딱히 없잖아요. 그래서 bear를 '곰'으로만 알고 있으면 lion(사자), tiger(호랑이), monkey(원숭이) 처럼 잠결에도 자신 있게 말할 만큼 누구나 다 알지만, 쓸 일은 없는 단어가 돼 버리는 것 같아요. 네이티브는 평소에 정말 자주 쓰는데 말이죠.

일단 동사 bear(참다, 견디다)부터 기억해 주세요. 이건 Please bear with me.로 가장 많이 쓰여 요. 직역하면 '(유쾌한 상황은 아니지만,) 나랑 같이 참고 기다려 달라'는 뜻으로 상대의 양해, 이 해를 구할 때 자주 씁니다.

Sorry. Please bear with me.
(설명에 필요한 자료를 찾는 동안 기다려 달라며) 죄송해요. 잠시만 기다려 주세요.

We seem to be having some technical difficulties. Please bear with me.
기술적인 문제가 있는 것 같은데 잠시 양해 부탁드려요.

- 문제를 해결하는 동안 잠시만 참고 기다려 달라는 뉘앙스.

I'm almost done. Please bear with me.
(설명이 길어져 상대가 지루해할 것 같을 때) 거의 다 끝나가니 조금만 더 집중해서 들어 주세요.

2 동사 bear는 '지니다'의 뜻으로도 쓰이는데, 그 뜻으로 가장 많이 쓰이는 표현입니다.

❶ Bear 대상 in mind: (마치 뭔가를 마음/생각 속에 지니고 있듯) ~를 명심/유념하다

Please bear that in mind.
(중요한 정보, 사실을 알려 주며) 그 점 명심해/유념해 주세요.

I'll bear that in mind.
그 점 명심/유념할게요.

❷ Bear gifts: (선물을 지닌 채로 오듯) 선물을 가져오다

I come bearing gifts.
선물 가져왔어.

- 화려한 선물이 아닌 간식이나 음료를 사 갈 때도 자주 씁니다.

A **I brought some wine.** 내가 와인 좀 가져왔어.

B **You shouldn't have. I mean, you always come bearing gifts.**
(우리 집에 올 때마다 뭔가를 가져올 때) 그러지 않아도 되는데. 내 말은, 넌 올 때마다 맛있는 거 가져오잖아.

119

UNIT 42

Spare '여분의'로만 알고 있나요?

(지금까지는)	여분의
(오늘부터는) +	~를 할애하다, ~를 내어 주다, ~를 면하게 하다

MP3 083

1 '스페어 타이어'처럼 spare는 우리에게 '여분의, 남는'이란 뜻으로 익숙합니다.

What do you like to do in your spare time?
(여가 시간) 시간 되실 때 뭐 하시는 거 좋아하세요?

이 뜻과 연관 지어 동사 spare는 '~을 할애하다, 내어 주다'의 뜻이 있습니다.

A **Can you spare a few minutes?** 잠시 시간 좀 내 줄 수 있어?
B **Yeah, of course.** 그럼, 당연하지.

2 여기까진 그리 어렵지 않은데 동사 spare엔 '(불쾌하거나 원치 않는 일을) 모면하게 하다, 겪지 않아도 되게 하다, 면하게 하다'란 뜻이 있어요. 예를 들어, Spare me the lecture.라고 하면 '잔소리는 됐어/듣고 싶지 않아.'란 뜻이죠. 잔소리는 원치 않으니 굳이 겪지 않게 해달라는 거예요. 참고로 저는 '잔소리는 넣어 둬 ~' 느낌으로 기억해 외웠어요.

A **You need to stop drinking.** 너 술 좀 그만 마셔야 해.
B **Spare me the lecture.** 잔소리는 됐어.

이런 뜻의 spare가 가장 좋아하는 짝꿍 단어가 details예요. Spare me the details.(자세한 건 말하지 않아도 돼/세세한 내용은 됐어.)는 너무도 자주 쓰여서 영영 사전에 이 표현 자체가 실려 있을 정도랍니다. Macmillan 사전엔 to not to tell someone every detail about something because it is too boring, personal, or unpleasant라고 나오는데요. 지루하거나 사적인, 유쾌하지 않은 내용이기에 자세한 세부 사항을 말하지 않을 때 자주 씁니다.

I know you're busy, so I'll spare you the details.
바쁜 거 아니까 자세한 세부 사항은 말하지 않을게/생략할게.

3 그럼, Spare no details는 무슨 뜻일까요? 이땐 그 어떤 세부 사항도 남김 없이 싹 다 말해 달라는 뜻이 돼요. 응용해서 Spare no expense.(비용은 아끼지 말고 써.), Spare no effort.(노력을 아끼지 마/최선을 다해.)도 자주 쓰입니다.

네이티브가 Spare me the details.라고 했을 때 '세부 사항을 나눠 달라는 건가? 그럼 더 자세히 말해 줘야지' 하며 주절주절 얘기하면 안 되겠죠? 그러니 spare의 뜻을 확실히 기억해 주세요.

Sacrifice '희생하다'로만 알고 있나요?

(지금까지는)	희생하다
(오늘부터는) ✚	포기하다, 단념하다

MP3 084

1 Sacrifice 하면 '희생하다'란 뜻이 생각나죠. 그래서인지 sacrifice를 보면 종교적인 희생, 또는 부모님의 희생이 떠올라요.

Those soldiers sacrificed their lives to protect our country.
그 군인들은 우리나라를 지키기 위해 자신의 목숨을 희생했다.

2 하지만 이런 위대한 희생에만 sacrifice를 쓴다고 생각하면 평소 일상에서 쉽게 쓰긴 힘들 것 같아요. Sacrifice는 더 중요하다고 여기는 대상을 위해 뭔가를 포기하고 단념할 때 씁니다.

I sacrificed my dream job to be closer to my family.
난 가족과 더 가까이 지내려고 내 꿈이었던 직장을 포기했어.

눈앞에 놓인 이익에 혹해 장기적으로 더 중요하고 의미 있는 걸 무시하거나 비교적 덜 중요하다고 생각하는 경우가 있어요. 예를 들어, 기업에서 더 많은 이익을 취하기 위해 품질이 좀 떨어지더라도 가격이 더 저렴한 거래처를 선택하는 거죠. 이때, 이에 반대하는 사람이 나서서 We can't sacrifice quality to lower the cost.(가격을 낮추기 위해 품질을 포기할 순 없어요.)라고 할 수 있는데요. 이처럼 뭔가를 포기하거나 단념할 수 없다는 걸 강조할 때도 sacrifice를 씁니다. 이땐 We can't sacrifice A for B(B를 위해 A를 포기할 수는 없어)로 응용하면 쉽게 쓸 수 있어요.

We can't sacrifice procedure for convenience.
편하자고 절차를 포기할 수는 없어.

- Procedure는 '어떤 일을 제대로 하는 절차나 방법'을 의미합니다. We can't sacrifice procedure for convenience.라고 하면 일을 쉽고 편하게 처리하고자 기존에 있는 절차를 대충 무시하고 진행할 순 없다는 뜻이 돼요. 뭐든 제대로 수순에 맞게 하는 게 중요하다는 거죠.

We can't sacrifice our health for our careers.
우리의 커리어를 위해 건강을 포기할 수는 없어.

We can't sacrifice the environment for economic growth.
경제 성장을 위해 환경을 포기할 수는 없어.

UNIT 44

Beat '때려 부수다'로만 알고 있나요?

(지금까지는)   때려 부수다, 패배시키다

(오늘부터는) + 비판하다, 피하다

MP3 085

---

1   Beat은 '때려 부수다, 패배시키다'로 우리에게 익숙합니다. 그런데 실제로는 누군가에게 신체적인 타격을 입힐 일이 정말 흔치 않기에, 이 뜻으로는 게임이나 시합에서 이길 때 혹은 심리적인 타격을 입힐 때 자주 쓰여요.

He's really good at chess. He beats me every time.
그는 체스를 정말 잘해. 매번 할 때마다 날 이긴다니깐.

Kim's team beat us this time. We really need to raise our game.
이번엔 Kim네 팀이 우리를 이겼어. 우리 진짜 더 분발해야 해.

- 게임에서 늘 같은 레벨에만 머물러 있지 않고 노력해 다음 레벨로 넘어가야 하듯이, 더 열심히 분발해야 한다고 할 때 raise one's game(상황을 개선시키기 위해 노력하다)을 씁니다.

2   Beat은 '비판하다'의 의미가 있는데요, 이 의미로 자주 쓰이는 표현에 Don't beat yourself up.(네 자신을 자책하지 마.)이 있어요. 실수하거나 일이 잘 풀리지 않았다고 지나치게 자신을 비판하거나 자책하는 사람에게 조언조로 자주 씁니다.

It's not your fault. Don't beat yourself up over this.
네 잘못이 아니니 이걸로 네 자신을 자책하지 마.

I know you're disappointed that you didn't get the job, but don't beat yourself up. You did your best.
그 일자리를 따내지 못해 실망한 건 알겠는데, 그렇다고 네 자신을 자책하진 마. 넌 최선을 다했잖아.

3   평소에 더 쉽게 쓸 수 있는 건 '피하다'란 의미의 beat이에요. 원치 않는 상황을 피할 때 자주 쓰죠. 예를 들어 차가 막히는 걸 피할 땐 beat the traffic, 러시아워를 피할 땐 beat the rush hour, 레스토랑에 사람들이 몰리는 점심 시간 대를 피할 땐 beat the lunch crowd처럼 다양하게 응용할 수 있습니다.

I left early to beat the holiday traffic.
연휴라 차 막힐까 봐 일찍 출발했어.

We should leave now to beat the lunch crowd.
(지금 가서 먹고 오자며) 점심 시간에 사람 많은 걸 피하려면 지금 출발하자.

Move '이동하다'로만 알고 있나요?

(지금까지는)	이동하다
(오늘부터는) +	행동, 조치

MP3 086

1 Move는 우리에게 익숙한 '이동하다, 옮기다'의 뜻으로 자주 쓰입니다.

My husband and I just moved to this area.
남편이랑 저는 이 지역으로 이사온 지 얼마 안 됐어요.

Can we move up the meeting to this Friday? I might have to go out of town next week.
이번 주 금요일로 회의 일정을 앞당길 수 있을까? 제가 다음 주에는 출장을 가야 할 수도 있어서요.

- 마치 캘린더 아래에 있던 일정을 움직여 위로 올리듯 앞당길 때 move up을 씁니다.

2 그런데 명사로는 move가 '행동, 조치'란 뜻으로도 자주 쓰여요. 마치 체스에서 말을 전략적으로 이동하듯 뭔가를 성취하기 위해 취하는 행동이나 조치를 말할 때 씁니다. Wrong move(잘못된 조치), next move(다음 행동), strategic move(전략적인 선택) 등 다양하게 응용돼 쓰입니다.

What's the right move here?
(지금 상황에서 어떻게 행동하는 게 옳을지 조언을 구할 때) 어떻게 하는 게 좋을까요?

Challenging Carl in the meeting was a bold move.
회의에서 Carl에게 이의를 제기한 건 정말 대담한 행동이었어.

- Bold move는 '대담한 행동, 과감한 조치'란 뜻으로 좋게 보면 대범해 보일 수도 있지만, 어떤 면에선 후폭풍이 걱정될 정도로 과감한 행동이나 결정에도 쓰입니다. 갑자기 사업을 하겠다고 회사를 그만두거나 악명 높은 상사의 불합리한 요구에 이의를 제기하는 것들을 bold move라고 할 수 있겠죠.

A It's a big decision. I think we should sleep on it.
중요한 결정이니 하룻밤 자며 생각해 보는 게 좋을 것 같아.

- 분명 어제까지는 고민거리였는데 하룻밤 자고 나면 생각이 정리되는 것처럼 고민거리(it) 위에서(on) 잠을 자며 (sleep) 곰곰이 생각해 볼 때 sleep on it(시간을 갖고 곰곰이 생각해 보다)을 씁니다.

B Yes, that would be a wise move.
응, 그게 현명한 행동일 것 같아.

UNIT 46

Civil '시민의'로만 알고 있나요?

(지금까지는)   시민의

(오늘부터는) +   **예의 바른, 정중한**

MP3 087

1   Civil을 '시민의'란 뜻으로만 알고 있으면 civil rights(시민의 평등권), civil war(내전)처럼 평소 일상에서 쉽게 쓰긴 힘든 표현이라고 생각할 수 있는데요. Civil의 또 다른 뜻인 '예의 바른, 정중한'도 기억해 주세요. 문화인이라면 누군가와 갈등이 있다고 갑자기 욕설을 내뱉진 않잖아요. 또 문화인이라면 마음에 안 든다고 누군가에게 대놓고 공격적인 말을 하지도 않고요. 이처럼 일반적으로 사회에서 적절하다고 여겨지는, 당연히 해야 하는 '예의 바른, 정중한' 행동을 묘사할 때 civil을 씁니다.

> **I know you don't like her, but at least try to be civil to her.**
> 네가 그녀를 마음에 안 들어 하는 건 아는데 그래도 최소한 (무례하지 않게) 정중히 대해 줘.

> **I know you're angry but try to be civil.**
> 네가 화난 건 아는데 그래도 예의를 갖춰 줘.

> A **How did the conversation go?**   대화는 어떻게 됐어?
> B **He was very civil. He disagreed, but he heard me out.**
> 그분이 정말 정중히 대해 주셨어. 나와 의견은 달랐지만 그래도 (중간에 끊거나 다른 행동을 하지 않고) 내가 하는 말을 끝까지 들어주셨어.

2   그런데 '예의 바른'을 보면 우리 머릿속엔 polite이 떠오르죠. 사실, polite과 civil은 달라요. Merriam-Webster 사전을 보면 Civil is used for showing only enough proper behavior to avoid being actually rude. Polite is used of good manners and thoughtfulness라고 나와요. Civil은 격식을 갖춰 예의 바르게 행동하는 거지만 친절함, 따뜻함 같은 건 없어요. 그냥 딱 무례하지 않은 정도, 중립적으로 행동하고 적극적으로 갈등을 피하는 데 초점이 맞춰진 게 civil이에요. Polite은 다른 사람을 존중해서 예의 바르게 대하는 거예요. 단순히 일반적으로 사회에서 적절하다고 여겨지는 행동이 아닌, 친절함과 배려가 담겨 있어요. 단순히 갈등을 피하기 위해 정중히 대하는 게 아닌 다른 사람의 관계에서 긍정적인 인상을 남기는 것까지 연결되는 게 polite입니다.

Add '더하다'로만 알고 있나요?

MP3 088

(지금까지는)   더하다

(오늘부터는) ✚   (말을) 덧붙이다, 부언하다

1   우리에게 '더하다'로 익숙한 add는 숫자를 더할 때 외에 말을 덧붙일 때도 자주 쓰여요. 특히 대화나 토론에서 상대가 부언하고 싶은 부분이 있는지 확인차 물어볼 때 자주 씁니다.

A   **Jake, do you have anything to add?**
(내가 설명한 것에 추가로 덧붙이고 싶은 부분이 있는지 확인차) Jake, 부언하고 싶으신 게 있나요?

B   **No, I think that was a great answer. I don't have anything to add to that.**
(상대가 이미 잘 설명했을 때) 아니요. 정말 좋은 답변인 것 같은걸요. 제가 추가로 말씀드릴 게 없네요.

● 반대로 상대의 답변에 덧붙이고 싶은 부분이 있을 땐 I just want to add one thing to that great answer. (정말 좋은 답변 주셨는데 딱 하나만 추가로 말씀드리고 싶어요.)라고 해 주세요. 부언 설명한다고 해서 상대의 답변이 부족하다는 게 아니라는 뉘앙스로 모두를 기분 좋게 하는 표현인 것 같아요.

Do you have anything else to add?
(이미 덧붙인 내용 외에 다른 추가 내용이 있는지 확인차) 그 외에 더 하실 말씀 있나요?

2   다른 사람이 이미 얘기한 내용에 내가 덧붙이고 싶은 부분이 있을 때, 추가적인 의견을 제시할 때도 자주 쓰입니다.

Can I add something to that?
(상대의 설명에 부언하고 싶은 게 있을 때) 제가 뭐 좀 덧붙여 설명드려도 될까요?

Can I add one more thing?
하나만 더 덧붙여 말씀드려도 될까요?

Can I add one thing, too?
(이미 다른 사람이 부언한 상황) 저도 하나 덧붙여 말씀드려도 될까요?

125

POP Quiz !

Outstanding ☐

Takeaway ☐

Work ☐

Reservation ☐

Honor ☐

Appreciate ☐

Wise ☐

Humor ☐

Share ☐

Buy ☐

Fill in ☐

Beat ☐

Material ☐

Quote ☐

Credit ☐

Gravity ☐

Sell ☐

Upside ☐

Catch ☐

HINT

(작동이) 되다, (계획 등이) 먹히다, 효과가 있다 | 공감하다, 이해하다, (감정, 생각을 공유하며) 말하다 | ~한 방향으로, ~한 방식으로, ~ 면에서, ~에 관하여 | 그 요구를 받아주다, (약속 등을) 지키다, 이행하다 | 자질, 감 | 중요하다고 느낀 점 | (계획, 생각에 대한) 의구심, 거리낌 | (~가 사실이라고) 믿다 | 진가를 알아보다, (제대로) 인식하다 | (모르는/빠진 부분을) 알려 주다, 최신 정보를 주다 | (명사) 견적가 (동사) 인용하다 | 칭찬, 인정, 공로 | 미지불의, 아직 처리되지 않은 | (~를 받아들이도록) 납득시키다 | (사건이나 상황의) 중대함, 심각성 | 비판하다, 피하다 | 긍정적인 면, 좋은 점 | (사람을 걸리게 하는 숨은) 함정, 책략 | 비위를 맞추다

PART 3

**원어민보다
더 예의 바르게**

CHAPTER 1

UNIT 1

중요성을 강조할 때는

It's all about ~

1 　영화 〈분노의 질주〉에서 주인공 도미닉이 It's all about family.(가족이 가장 중요해.)라며 가족의 중요성을 여러 번 반복해 말합니다. 이처럼 우리에게 '~에 대한/관한'으로 익숙한 about 은 중요성을 강조할 때도 자주 쓰여요. 마치 모든 상황이 어떤 대상 위주로 돌아가듯 가장 기본적으로 핵심이 되는 가치에 초점을 맞춰 얘기할 때 It's all about ~(~이 가장 중요해)를 자 주 씁니다.

It's all about teamwork.　팀워크가 가장 중요해.

  - 응용해서 Winning is all about teamwork.(이기기 위해서는 팀워크가 가장 중요해.)로도 쓸 수 있습니다.

It's all about confidence.　자신감이 가장 중요해.

Business is all about making connections.
비즈니스에선 인맥을 쌓는 게 가장 중요해.

2 　응용해서 뭔가가 중요하지 않다고 할 땐 It's not about ~(~가 중요한 게 아니야)라고 할 수 있어 요. 이때는 all이 빠지는 것에 주의하세요. 우리도 흔히 '돈이 중요한 게 아니야'라는 말, 자 주 하잖아요. 네이티브도 It's not about money.로 자주 씁니다.

It's not about the job title; it's all about doing what you love.
직함이 중요한 게 아니라 네가 정말 좋아하는 일을 하는 게 가장 중요한 거야.

It's not about being perfect; it's all about doing your best.
완벽한 게 중요한 게 아니라 최선을 다하는 게 가장 중요한 거야.

3 　무엇이 가장 중요하다고 중요성을 강조할 땐 It's all about ~, 뭔가 중요한 게 아니라고 할 땐 It's not about ~, 그저 단순히 중요하다고 할 땐 It's about ~(~가 중요해)를 자주 씁니다.

It's not about looks; it's about compatibility.
외모가 중요한 게 아니라 성향이 비슷하고 잘 맞는지가 중요한 거야.

이처럼 뭔가가 중요하거나 중요하지 않다고 할 때, 나아가 가장 중요 하다고 강조할 때 be about이 자주 쓰이니 정확한 뉘앙스를 확실히 정리해 두세요.

특히 힘든 시기를 겪고 있는 지인에게 안부를 물을 때는

How are you holding up?

MP3 **090**

1 평소 안부를 물을 때 가장 많이 쓰이는 건 How are you?(어떻게 지내?)이지만, 특히 힘든 시기를 겪고 있는 지인에게 안부를 물을 땐 How are you holding up?(어떻게 지내?/어떻게 버티고 있어?/괜찮아?)도 자주 써요. Hold up은 '견디다, (쓰러지지 않도록) ~을 떠받치다'란 뜻인데요. 최대한 무너지지 않고 딱 잡고 일어나 버티려고 노력하는 느낌이죠. 특히 어려운 상황에 있는 지인에게 위로의 말을 건네거나 더 깊은 대화를 시작하려는 의도로 자주 쓰입니다. How are you holding up?은 안부를 물을 때 쓰는 기본 인사말이기에 꼭 기억해 주세요.

> **A How are you holding up?** 요즘 좀 어때?
>
> **B I'm doing okay. I'm just taking it day by day.**
> 난 그냥 지내고 있어. (힘들지만) 그냥 하루하루 나아가려 노력 중이야.
>
> > ● I'm just taking it day by day.는 어려움이나 스트레스를 겪고 있지만 하루하루 버티며 상황을 극복하려 노력한다는 걸 나타내요. 미래에 대한 걱정보다는 현재에 집중하며 나아가려 노력한다는 뜻으로 쓰입니다.
>
> **A How are you holding up?** 괜찮아?
>
> **B I still can't make sense of it.** 아직도 어떻게 이런 일이 일어날 수 있는지 이해가 안 돼.

2 Hold up은 '견디다'란 뜻 외에도 '~을 지체/지연시키다'란 뜻이 있는데요. 특히 어떤 사정 때문에 약속 장소에 지각하게 되었을 때 수동태의 형태로 자주 씁니다.

> **Sorry I'm late. I got held up at work.** 늦어서 미안해. 회사 일 때문에 늦었어.
>
> **Sorry I'm late. I got held up by a call.** 늦어서 미안해. 통화 좀 하느라 늦었어.

3 동사 hold up의 명사형인 hold-up(지연, 지체)도 정말 자주 써요. 일이 생각했던 속도로 진행되지 않을 때 What's the hold-up?(뭐 때문에 이리 지체되는 거야?/왜 이리 더디게 진행되는 거야?)이라고 할 수 있습니다.

> **A What's the hold-up?** 무엇 때문에 이리 지체되는 거야?
>
> **B Sorry, it's almost done.** 죄송해요. 거의 다 됐어요.

UNIT 3

그럭저럭 살고 있다고 할 때는

get by

MP3 091

1 Get by는 '그럭저럭 살아가다/해 나가다'란 뜻인데요. 어떤 상황에서도 최소한의 요구 사항을 충족시키며 살아가는 걸 의미합니다. 특히 힘든 상황을 대처하거나 어려움을 극복해 어떻게든 해 나갈 때 씁니다.

I'm not fluent in English, but I know enough to get by at work.
영어가 유창하진 않지만 그래도 일할 때 그럭저럭 소통할 수 있을 만큼은 알고 있어.

It's not easy to get by on a single income these days.
요즘엔 혼자 벌어서는 그럭저럭 생활하기가 쉽지 않아.

2 이 외에도 누군가 안부를 물었을 때 I'm getting by.(그럭저럭 살고 있어.)란 인사말로도 자주 쓰이는데요. 특히 좋지도 나쁘지도 않을 때, 엄청 만족할 정도는 아니지만 그럭저럭 살고 있을 때 씁니다. 네이티브에게 How are you?라고 안부를 물었을 때 답변으로 자주 쓰일 수 있기에 정확한 뉘앙스를 알아두세요.

A **How's your new job treating you?** 새 직장은 어때?
B **It's challenging, but I'm getting by.** 힘들긴 한데 그래도 그럭저럭 지내고 있어.

- 힘들다는 뉘앙스만 있는 difficult와 달리 challenging에는 힘들기는 하지만 이겨낼 수 있다는 긍정적인 뉘앙스가 있습니다.

A **How are you holding up?** 어떻게 지내?
B **It's difficult, but I'm getting by.** 힘들긴 한데 그럭저럭 살고 있어.

회의나 수업 시작 전에 편히 자리 잡고 앉으라고 할 때는

settle in

MP3 092

1   Settle in은 본격적으로 회의나 수업을 시작하기 전에 편히 자리 잡고 앉으라는 뉘앙스로 자주 쓰이는데요. Cambridge 사전을 찾아보면 settle in의 뜻이 to arrange yourself and the things you own so you feel more comfortable in a new place라고 나와요. 즉, 수업 시작 전 강의실에 들어가서 내가 더 편안하게 수업에 집중할 수 있도록 원하는 자리에 가방을 풀고 자리 잡고 앉아 수업 준비를 하는 게 settle in인 거죠.

❶ 회의 시작 전 팀장의 말

Okay, everyone, grab some coffee and settle in.
자, 다들 커피 한 잔씩 가져오시고 편히 자리 잡고 앉으세요.

❷ 본격적으로 회의를 시작할 때

If everyone's settled in, let's go ahead and get started.
다들 자리 잡고 앉으셨으면 바로 시작하도록 할게요.

2   이렇게 회의실이나 강의실에 들어와 한숨 돌리고 물건을 정리하며 편히 자리 잡을 때 settle in을 자주 쓰지만, 지인과의 스몰 톡에서도 자주 쓰입니다. Settle in은 '(새로운 환경에) 적응하다'의 뜻으로도 쓰이는데, 예를 들어 새로운 동네로 이사한 지 얼마 안 된 지인에게 환경에 잘 적응하고 있는지 확인차 How are you settling in?(어떻게, 잘 적응하고 있어?)이라고 할 수 있는 거죠.

A **How are you settling in?**   (이직한 지 얼마 안 됐을 때) 어떻게, 잘 적응하고 있어?
B **Pretty well. Everyone's been really nice, and the commute is a lot shorter than before.**
꽤 잘 적응하고 있어. 다들 정말 친절하고 출퇴근 시간도 전보다 훨씬 더 짧아.

3   새로운 환경을 낯설어하는 지인에게 settle in을 응용해 이렇게 말해 줄 수 있습니다.

Things are going to get better once you settle in.
일단 좀 적응하면 (상황이) 더 나아질 거야.

● 상황이 더 수월해질 거란 뉘앙스로 get better 대신 get easier를 써도 돼요.

UNIT 5

진짜라는 걸 강조하여 덧붙일 때는

I'm telling you,

MP3 093

1 I'm telling you를 직역하면 '내가 너에게 말하고 있는 중이야'인데요. 하지만 이렇게 해석
하면 우리말만 봐도 어색하죠. I'm telling you(진짜라니까, 정말이야)는 내가 말하는 게 정말 사
실이니 믿으라며 강조해서 말할 때 덧붙이는 표현으로 자주 씁니다.

이 표현에 쉽게 정 붙이려면 뭔가 정말 좋다는 걸 강조해 추천할 때 쓰세요. 물론 최악이
라는 걸 강조할 때도 쓸 수 있지만, 좋은 걸 좋다고 강조하는 게 더 기분 좋잖아요.

> **I'm telling you, this restaurant has the best pizza in town.**
> 정말이지, 이 레스토랑이 이 동네 최고 피자 맛집이야.

> **I'm telling you, it's the best movie I've ever seen. You should
> definitely check it out.**   진짜 그건 지금까지 내가 본 최고의 영화야. 너도 꼭 한 번 알아봐.

> **I'm telling you, she's a perfect fit for the job. She's got the
> experience and the skills.**
> 정말이지, 그 자리에는 그녀가 적임자예요. 경험도 기술도 다 갖추고 있잖아요.

2 상대가 반신반의할 때 정말 사실이니 내 말을 믿어 달라며 강조하거나 설득할 때 쓸 수 있
습니다.

> **A Come on, I know you can give me a discount.**
> 에이, 할인 좀 해 주실 수 있잖아요. 다 알아요.
>
> **B I'm telling you, the price is non-negotiable.**
> 진짜, 가격은 협상이 불가해요.

> **A It seems too risky.**   너무 위험해 보이는데요.
>
> **B I'm telling you, it's going to be the best investment you've ever
> made. Trust me on this one.**
> 진짜 지금까지 투자하신 것 중 최고로 잘한 투자가 될 거예요. 이번 건은 절 믿으세요.

경험해 봐서 아니 내 말을 믿어 달라고 강조하며 덧붙일 때는

Take it from me,

MP3 094

1   Take it from me(내 말을 믿어, 정말이야)를 직역하면 '나로부터 그걸 가져가'란 뜻이죠. 이건 '난 이미 경험해 봐서 아니, 넌 굳이 힘들게 경험하지 말고 내가 몸소 경험해 얻은 교훈, 지식만 가져가'란 의미입니다. 네이티브들은 상대가 꼭 믿었으면 하는 내용을 얘기할 때 Take it from me를 자주 덧붙입니다.

앞에서 다룬 I'm telling you(진짜라니까, 정말이야)가 '내가 말하는 게 진짜 사실이니 믿어 줘' 느낌으로 내 말이 사실임을 강조하는 데 초점이 맞춰져 있다면, Take it from me는 특히 어떤 분야를 잘 알고 있거나 경험 많은 사람이 자신의 지식을 공유하는 데 초점이 맞춰져 있습니다.

> **Take it from me, marriage is not as easy as it seems.**
> 제가 겪어 봐서 아는데 결혼생활이 보기만큼 쉽지 않더라고요.

> **Take it from me, it doesn't work that way.**
> 제가 겪어 봐서 아는데 그게 그런 식으로 돌아가지 않아요.

> **Take it from me, enjoy it while it lasts.**
> 제가 겪어 봐서 아는데요, (지금이 좋을 때라) 정말이지 즐길 수 있을 때 즐기세요.

2   반대로 내 경험이나 내가 아는 바에 따르면 이렇지만, 그렇다고 내 말만 믿지 말라고 할 때도 not, never 등의 부정어와 함께 응용해 쓸 수 있습니다.

> **Don't just take it from me, do your own research.**
> 그냥 내 말만 믿지 말고 직접 찾아봐.

> **Don't just take it from me, you should look it up online. I mean, even I could be wrong.**
> 그냥 내 말만 믿지 말고 인터넷에서 찾아봐. 아니, 나도 틀릴 수 있잖아.

> **You don't have to take it from me. Just look at the data.**
> (믿을 수 있는 자료를 제시하며) 제 말 믿지 않으셔도 돼요. 그냥 데이터를 보면 알 수 있을 거예요.

UNIT 7

마음에 울림을 주듯 차원이 다른 공감을 할 때는

resonate

MP3 095

1 Resonate의 가장 기본적인 뜻은 '(소리가 깊게) 울려 퍼지다'인데요. 어떤 공간에 소리가 울려 퍼질 때도 쓸 수 있지만 특히 마음에 깊은 울림을 주듯 공감하게 할 때도 자주 쓰여요. 미동도 없이 잔잔한 호숫가에 물 한 방울이 톡 떨어지면 그 주변이 원형으로 막 퍼지잖아요. 비록 물 한 방울이지만 정말 멀리 퍼질 만큼 파장이나 영향력도 크고요. 그처럼 어떤 경험이나 아이디어에 강한 공감이나 연결을 느껴 잔잔한 내 마음에 큰 울림을 줄 때 resonate을 씁니다. 누군가와 연결돼 공감을 일으켰다는 뉘앙스로 resonate with로 자주 쓰여요.

> **'Done is better than perfect because perfect never gets done.' That really resonated with me.** '절대 완벽해질 수 없기에 완성이 완벽보다 낫다'라는 말이 제게 정말 와닿았어요/깊이 공감됐어요.

이처럼 '맞아, 정말 그렇네'라며 끄덕이게 하는, 내 마음에 확 와닿을 정도로 깊은 공감을 일으키는 인상 깊은 말, 아이디어, 작품 등에 resonate을 쓰세요. 완성이 완벽보다 낫다라는 위의 문구가 누군가에겐 완벽함에 대한 집착을 버릴 정도로 인생에 큰 영향을 미칠 수도 있는 것처럼, resonate은 차원이 다른 공감과 울림을 뜻하는 좋은 표현인 것 같아요.

> **I like the melody, but the lyrics really resonated with me.**
> 멜로디도 좋지만 가사가 정말 제게 와닿았어요.

> **Her words resonated with a lot of people.**
> 그녀의 말은 많은 사람들에게 깊은 감동과 공감을 불러일으켰어요.

2 Resonate은 누군가에게 정말 깊은 공감과 감동을 불러일으킬 대상을 추천할 때도 자주 쓰여요.

> **I think this book will resonate with parents who are going through similar struggles.**
> 제 생각에 이 책은 비슷한 어려움을 겪는 부모들에게 큰 공감을 일으킬 것 같아요.

> **I think that movie will resonate with you as well. It gave me a whole new approach to life.**
> 내 생각엔 너도 그 영화에 큰 감동을 받을 것 같아. 난 그 영화를 보고 삶에 대한 방식이나 태도가 완전히 달라졌거든.

본론으로 들어가면서 자연스러운 연결 고리를 표현할 때는

without further ado

MP3 096

1 미팅이나 발표에서 간단한 인사말이나 소개 후 본론으로 들어갈 때 자연스러운 연결 고리로 Without further ado(더 이상의 지체 없이, 거두절미하고)를 자주 쓰는데요. 더 이상의 ado(야단법석, 소동) 없이 바로 시작하겠다는 뉘앙스로, 매끄럽게 상황 전환을 시켜 주는 좋은 표현입니다. 우리 모두 바쁘게 살고 있고, 특히 업무상 미팅이나 발표에서 서론이 긴 걸 좋아하는 사람은 없잖아요. 중요한 내용만 빨리 듣고 그 다음 단계를 논하거나 다른 일을 보는 게 더 효율적이기에 특히 회사에서 정말 자주 쓰이는 표현입니다.

> **We have a lot to cover, so without further ado, let's dive in.**
> 다뤄야 할 내용이 많아서 더 이상의 지체 없이 바로 시작하도록 하죠.

> **Without further ado, I'll go ahead and share the results.**
> 거두절미하고 바로 결과를 말씀/보여드릴게요.

2 Without further ado는 특히 공식적인 상황에서 뭔가를 시작하거나 소개할 때 자주 쓰이고요, 일상에서 평소 거두절미하고 본론만 말하겠다고 할 때는 cut to the chase(본론으로 들어가다)가 더 자주 쓰입니다. Cut to the chase를 직역하면 다 자르고 바로 chase 부분으로 들어가라는 건데요. 액션 영화에서 하이라이트는 쫓고 쫓기는 추격전(chase) 부분이잖아요. 그래서 앞의 지루한, 별 의미 없는 얘기는 다 생략하고 바로 핵심 내용으로 넘어가겠다는 뉘앙스로 자주 씁니다.

> **I know you're busy, so I'll just cut to the chase.**
> 바쁘신 거 아니 그냥 본론만 말씀드릴게요.

> ● 저처럼 네이티브와 스몰 토크가 부담스럽다면 이 문장은 꼭 기억해 두세요. 미팅 시작할 때마다 바쁜 상대를 배려하는 듯 스몰 토크를 피할 수 있는 좋은 표현입니다.

반대로 상대가 계속 장황한 얘기만 늘어놓을 때도 응용해 쓸 수 있습니다. 빨리 본론만 말해 달라고 단도직입적으로 말하는 느낌을 줄 수 있기에 말투나 표정에 유의해 주세요.

> **I don't mean to be rude, but can you just cut to the chase?**
> 무례하게 굴려는 건 아닌데 본론만 말해 줄래?

> **I don't mean to cut you off, but can you just cut to the chase?** 네 말을 자르려는 건 아닌데 본론만 말해 줄래?

UNIT 9

다른 사람 생각은 모르겠지만 내가 보기엔 그렇다고 말할 때는

as far as I'm concerned

MP3 097

1 네이티브는 평소 자신의 의견을 얘기할 때 as far as I'm concerned를 정말 자주 덧붙여요. Concern을 보면 '걱정'이란 뜻이 먼저 생각나는 우리에겐 쉽게 와닿지 않는 표현인 것 같은데, 이번에 확실히 정리해 보세요.

Concern에는 '(사람에게) 영향을 미치다, 관련되다'란 뜻이 있어요. 그래서 As far as I'm concerned가 마치 내게 영향을 미치고 관련되는 범위를 말하듯 '내가 보기엔, 내 입장에선, 내 생각엔'의 뜻으로 쓰이는 거지요. 다른 사람은 어떻게 생각할지 모르겠지만, 내가 보는 관점이나 의견은 이렇다며 내 의견을 공유할 때 자주 덧붙입니다.

> **As far as I'm concerned, you're the world's best husband.**
> (다른 사람은 어떻게 생각할지 모르겠지만) 내가 보기엔 당신은 세상에서 최고의 남편이야.

> **As far as I'm concerned, you're the best engineer we have.**
> 내가 보기엔 넌 우리 회사 최고의 엔지니어야.

> **As far as I'm concerned, the sooner the better.**
> (다른 사람은 어떨지 모르겠지만) 내 입장에선 빠르면 빠를수록 좋아.

2 As far as I'm concerned와 정이 붙었다면 한 단계 더 나아가 응용해 보세요.

> **As far as money is concerned, we have nothing to worry about.**
> (다른 건 몰라도) 돈에 있어서는/돈에 관한 한 우린 걱정할 게 없어.
>
> - 돈만큼은 걱정할 게 없지만 다른 면에 있어서는 걱정할 부분이 있을 수도 있어요.

> **As far as this project is concerned, we're on the right track.**
> 이 프로젝트에 있어서는/이 프로젝트에 관한 한 우린 옳은 방향으로 잘 나아가고 있어요.
>
> - 이 프로젝트는 잘 진행되고 있지만 동시에 진행 중인 다른 프로젝트에선 문제가 있을 수도 있어요.

AFAIC

내가 알기론 그렇다고 할 때는

as far as I know

MP3 098

1 다른 사람에게 뭔가를 알려 주며 '내가 알기로는 ~'이란 말, 종종 덧붙이죠? 이때 as far as I know(내가 알기로는, 내가 아는 바로는)를 쓰세요. 내 지식이나 의견의 제한된 범위 내에서, 내가 알고 있는 한도 내에서 가장 최신 정보나 지식을 알려 주는 게 as far as I know입니다.

As far as I know, they are closed on Sundays.
(내가 아는 바로는 일요일에 휴무일 때) 내가 알기론 거기 일요일엔 문 안 열어.

As far as I know, Briana is in charge of that.
내가 알기론 그거 Briana가 담당자야.

As far as I know, they're still not married.
내가 알기론 그들은 아직 결혼 안 했어.

2 내가 아는 정보나 지식에 근거해 말하지만 그게 꼭 정확하다는 보장은 없어요. 그래도 최대한 내가 아는 걸 바탕으로 알려 주는 느낌이 as far as I know입니다.
여기에 아예 내가 틀릴 수도 있다며 대놓고 얘기하는 I could be wrong도 알아두세요. I could be wrong이 종종 '내가 알기론'으로 해석돼 as far as I know와 동의어라고 오해할 수 있는데요. 표현 자체에 wrong이 들어간 것처럼 I could be wrong(내 생각/판단/정보가 틀릴 수도 있어)은 정확도나 확신이 훨씬 낮아요. 내가 틀리더라도 타격이 없도록 안전망 같은 표현으로 자주 쓰입니다.

I could be wrong, but I think they are closed on Sundays.
내가 틀릴 수도 있는데 거긴 일요일에 문 안 여는 것 같아.

• As far as I know를 썼을 때보다 훨씬 더 사실일 가능성이 낮은 느낌입니다.

I think it starts at 8, but I could be wrong.
8시에 시작하는 것 같은데 내가 틀릴 수도 있어.

I could be wrong, but I don't remember seeing her at the party.
(그녀가 파티에 온 것 같지 않을 때) 내가 틀릴 수도 있는데 난 파티에서 그녀를 본 기억이 없어.

UNIT 11

뭔가 점점 더 좋아지고 마음에 들 때는

grow on 사람

MP3 099

1   'Grow on 사람'은 '(주어 자리에 놓인 것이) 점점 더 좋아지다/더 ~의 마음에 들다'란 뜻이에요. 처음엔 딱히 마음에 들지 않았던 대상이 시간이 지나면서 점점 더 좋게 느껴질 때 자주 씁니다. 처음엔 존재감이 거의 없었지만 더 많이 접할수록 점점 익숙해지고 몰라봤던 매력을 느껴 그 대상을 향한 내 마음이 더 자라는 느낌이죠.

> A **Do you like tea?** 차 좋아하세요?
> B **I used to be more of a coffee person, but it's growing on me.**
> 전 커피를 더 좋아하는 편이었는데 이제 차가 점점 좋아지더라고요.

> A **He's a good person once you get to know him.**
> (처음엔 인상이 좋지 않아도) 그 사람 알고 보면 참 좋은 사람이야.
> B **Yeah, he's growing on me a little bit.** 응. 점점 조금씩 정들고 있어.

2   처음엔 별로 마음에 들지 않더라도 분명 시간이 지나면 더 좋아하게 될 거니 조금만 더 열린 마음으로 기회를 주라고 제안할 때도 자주 쓰입니다.

> A **I don't think fishing is for me.** 낚시는 나하고는 안 맞는 것 같아.
> B **Give it some time, it's going to grow on you.**
> 시간을 좀 줘 봐. 점점 재미를 느끼게 될 거야.

> **Just watch one episode. I'm telling you, it's going to grow on you.** (정말 재미있는 드라마를 추천하며) 에피소드 딱 한 편만 봐 봐. 진짜 좋아하게 될 거라니깐.

3   반면 아무리 시간이 흘러도 뭔가 여전히 마음에 들지 않을 때도 있죠. 그때도 grow on을 응용해 쓸 수 있습니다.

> **I still can't drink whiskey. It's just not growing on me.**
> 난 아직도 위스키 못 마셔. 그냥 난 시간이 지나도 별로더라고.

다른 사람의 의견을 들어볼 때는

get a second opinion

MP3 100

1 Second opinion은 원래 '다른 의사의 의견/진단'을 뜻하는데요. 특히 기존에 받은 진단이나 치료 방법에 의문이 들 때 첫 번째 전문의에 이어 두 번째 전문의, 즉 다른 전문의의 견해를 물을 때 씁니다.

> **I think you should get a second opinion.** 다른 병원에 가 보는 게 좋을 것 같아.

2 이처럼 second opinion은 의료 분야에서 자주 쓰이지만, 일상에서도 다른 사람은 어떻게 생각하는지 의견을 듣고 싶을 때 자주 쓰여요. 이때 second opinion(다른 사람의 의견/견해)은 그냥 아무에게나 물어보는 게 아니라, 자격을 갖추고 해당 분야를 잘 아는 사람의 의견을 물을 때 씁니다.

> **I'd like a second opinion on this.**
> 이 부분에 있어 다른 사람은 어떻게 생각하는지 의견을 듣고 싶어.

> **I think it's great, but I need a second opinion.**
> 난 좋은 것 같은데 다른 의견도 듣고 싶어.

3 의견을 주면 좋겠다는 like, 의견이 필요하다는 need, 의견을 구하다는 seek 등 다양한 동사와 같이 쓰이지만 특히 get a second opinion(다른 사람의 의견을 듣다)으로 많이 쓰입니다. 중요한 결정을 하기 전, 이 상황에서 도움이 될 만한 좋은 조언을 해 줄 사람의 의견을 get(얻다) 하고 싶을 때 쓰세요.

> **Let's show it to Ted. It wouldn't hurt to get a second opinion.**
> 그거 Ted에게 보여 줘 보자. (우리 말고) 다른 의견을 들어 봐서 나쁠 건 없잖아.

> **I just wanted to get a second opinion.**
> 그냥 다른 사람은 어떻게 생각하는지 다른 의견을 들어 보고 싶었어.

UNIT 13

너무 좋아서 믿기지 않을 때는

too good to be true

MP3 101

1 누구나 한 번쯤은 멜로디를 들어 봤을 정도로 유명한 프랭키 밸리의 Can't Take my Eyes Off You의 첫 가사말이 You're just too good to be true인데요. '너 같은 사람이 이 세상에 존재한다는 게 믿기지 않아'란 뜻으로 too good to be true는 '(사실이라 보기엔) 너무 좋아서 믿기지 않는'의 뜻입니다.

> **A So, how's married life?** 그래서, 결혼해서 사는 건 어때?
>
> **B I love it. It's almost too good to be true!**
> 정말 너무 좋아. 내가 이렇게 행복한 삶을 산다는 게 거의 믿기지 않을 정도야!

2 이렇게 현실이라 믿기 어려울 정도로 꿈만 같을 때, 그 정도로 황홀할 때도 쓰지만, 아쉽게도 too good to be true는 '(사실이라 보기엔) 너무 좋아서 의심스러운'이란 뜻으로 더 자주 쓰입니다. 예를 들어 친구와 유럽 항공권을 알아보는데 친구가 갑자기 왕복 30만원짜리 항공권을 찾았다고 흥분해서 말하는 거예요. 그때 그럴 리 없다는 눈빛으로 Are you sure? I mean, it's too good to be true.(진짜 확실해? 아니, 사실이라 보기엔 좀 말도 안 되게 싼 가격이잖아.)라고 말하고 진짜 믿을 만한 사이트인지, 최종 가격이 정말 30만원인지, 어떤 조건이 있는지 꼼꼼히 확인해 볼 수 있겠죠.

이처럼 too good to be true는 사실이라 하기엔 말도 안 되게 좋은 것으로 보일 때, 왠지 사기인 것 같거나 숨은 조건이 있는 것 같아 의심될 때 자주 씁니다.

> **That offer seems too good to be true. You should really look into it.** 그 제안은 진짜라 보기엔 너무 좋은 제안인데, 진짜 믿을 수 있는 건지 너 잘 알아봐야겠다.
>
> **A $300 per month for this view is too good to be true. What's the catch?** 이 뷰에 월세가 300달러인 건 사실이라 보기엔 너무 좋은데, 조건이 뭔가요?
>
> **B Well, the lease is for only six months, and you have to pay all the rent upfront.** 음, 임대 계약이 6개월만 가능하고요, 6개월치 월세를 전액 선불로 내셔야 해요.
>
> **If something sounds too good to be true, it probably is.**
> 뭔가 사실이라 보기엔 너무 좋은 조건이라면 아마 사실이 아닐 가능성이 높아.

바로 필기할 수 있게 펜이 있는지 물을 때는

MP3 102

Do you have a pen handy?

1   Handy는 '곁에 있는, 바로 쓸 수 있는'의 뜻으로도 자주 쓰여요. 마치 손 닿는 곳에 있을 정도로 바로 옆에 있거나 지금 바로 쉽게 가져올 수 있을 만큼 가까이 있을 때 handy를 씁니다. 전화 통화 중 상대가 받아 적어야 하는 중요한 정보를 말하기 전에 '지금 옆에 볼펜 있어?'라고 물어보잖아요. 이때 Do you have a pen handy?^(지금 옆에 펜 있어?)라고 해 보세요. 단순히 상대가 펜을 가지고 있는지를 묻는 것에서 나아가 지금 바로 쓸 수 있게 손 닿는 위치에 있거나 필요하다면 빨리 가져올 수 있는지를 묻는 데 초점이 맞춰져 있습니다.

Do you have your ID handy?   (바로 손쉽게 꺼낼 수 있도록) 신분증 가지고 계시죠?

I don't have it handy at the moment.
(뭔가를 안 가져와서 꺼낼 수 없는 상황) 지금 당장은 없어요.

2   꼭 물건이 아니더라도 지금 바로 제공할 수 있는 정보에도 handy를 쓸 수 있습니다.

I don't have that information handy, but I can look it up and email it to you after this meeting.
(손쉽게 바로 제공할 수 없는 상황) 지금 당장은 그 정보가 없지만, 이 미팅 끝나고 찾아보고서 이메일로 보내드릴 수 있어요.

A **Do you have the data handy?**   그 데이터 지금 가지고 계시나요?
B **I thought you might ask me that, so I put it on the next slide.**
물어보실지도 모른다고 생각해서 다음 슬라이드에 넣었어요.

- 상대가 어떤 정보를 궁금해하고 물어볼지도 모른다고 생각해 미리 준비했을 때, I thought you might ask (me that).를 쓰세요. 철저한 준비성을 보여 주는 좋은 표현입니다.

A **What were the sales figures for Q2?**   2분기 매출 실적이 어떻게 되죠?
B **I'm sorry, I don't have those figures handy.**
지금 당장은 그 수치가 없는데, 죄송해요.

UNIT 15

그건 내 책임이라고 할 때는

That's on me.

MP3 103

1   Dinner is on me.(저녁은 내가 쏠게.)처럼 on me는 그 가격의 짐은 내가 얹고 가겠다는 뉘앙스로 특히 맛있는 걸 사 줄 때 자주 씁니다.

> **Lunch is on me. The sky is the limit.**
> 점심은 내가 살게. (하늘이 한계점일 정도로) 가격 생각하지 말고 먹고 싶은 거 다 골라.

> **On the house. = On us.**   (레스토랑에서 자기들이 가격의 짐을 얹고 가겠다며) 서비스입니다.

2   이렇게 맛있는 걸 사 주거나 얻어먹을 때 같은 기분 좋은 상황에서만 쓰이면 좋겠지만, on me는 어떤 일에 책임을 질 때도 씁니다. 마치 그 일의 책임을 내가 얹고 가는 느낌이죠. 예를 들어 일이 잘 안 됐을 때 그건 내 잘못이라며 That's on me.(그건 내 책임이야.)라고 할 수 있어요.

> A **I can't believe Jenny went out last night. It's finals week.**
> 기말고사 주간인데 Jenny가 어젯밤에 놀러 나갔다는 게 믿기지가 않아.
>
> B **That's on me. I talked her into going out for a drink.**
> 그건 내 책임이야. 술 한잔하러 가자고 내가 설득했거든.

3   일이 잘못된 건 상대의 책임이라는 That's on you., 또는 우리 책임이라는 That's on us. 등 다양하게 응용돼 쓰일 수 있어요.

> A **We got a C for turning it in late.**   우리가 그걸 늦게 제출해서 C 받았어.
>
> B **That's on you. You were the only one who didn't finish on time.**   그건 네 책임이야. 너 말고 다른 사람들은 다 시간 맞춰 끝냈잖아.

> **That's on us. We should have come more prepared.**
> (일이 잘 진행되지 않은 건) 그건 우리 책임이야. 더 잘 준비해서 왔어야 했는데.

'일이 잘못된 건 다 네 책임이야'라며 상대를 비난할 때 쓰는 걸 추천하진 않지만, 나 때문에 일이 잘못됐을 때 들키지 않길 바라며 가만히 있는 것보다 내 잘못을 인정하고 책임을 지는 게 더 멋지잖아요. 그러니 책임을 질 때 That's on me.(내 책임이야.), That's on us.(우리 책임이야.)의 정확한 뉘앙스도 꼭 기억해 주세요.

정도를 완화시켜 부드럽게 만들어 줄 때는

not quite

MP3 104

1 상대가 말하는 게 사실이 아닐 때 That's not true.(그건 사실이 아니에요.)를 써도 되지만, 딱 잘라 사실이 아니란 걸 얘기해야 하는 상황이 아니라면 That's not quite true.(그게 전적으로 사실은 아니에요.)를 쓰세요. Not quite은 '완전히/전적으로 ~하지는 않은'의 뜻인데요. 상대가 말한 내용 중 일부가 사실이 아니란 뉘앙스로, 좀 더 부드러운 느낌을 줍니다. 특히 상대가 말한 내용을 정정하거나 보완하고 싶을 때 자주 쓰지요.

> **A She's the worst intern ever.** 그녀는 역대 최악의 인턴이야.
> **B That's not quite true. While she may have struggled with certain tasks, she's shown a lot of improvement.**
> 그게 꼭 그렇지는 않아. 어떤 업무에선 어려움을 겪었을 수도 있지만, 정말 많이 나아졌는걸.

2 이 외에도 not quite은 다양한 상황에서 응용돼 쓰입니다.

> **The color is not quite right. I wanted it to be a bit darker.**
> (내가 요청한 색과 다를 때) 색상이 완전히 맞지는 않네요. 전 좀 더 어두운 색을 원했거든요.

> **I'm not quite sure what that means.**
> (부가 설명이 필요할 때) 그게 무슨 의미인지 완전히 이해하진 못했어.

3 좀 더 욕심을 내서 네이티브가 정말 자주 쓰는 이디엄인 be on the same page(이해하고 있는 내용/의견이 같다)로도 응용해 볼까요? 상대의 설명 중 이해되는 부분도 있지만, 아직 전적으로 이해되는 건 아닐 때 I'm not quite on the same page yet.(아직 이해가 좀 안 되는 부분이 있어요.)이라고 할 수 있는데요. 생각해 보면 앞의 선생님이 정말 열정적으로 최선을 다해 설명했는데, '무슨 말인지 이해가 잘 안 돼요.'보다는 이해가 되는 부분도 있지만 아직 다 이해되는 건 아니라고 말하는 게 더 부드럽잖아요. 그때 이렇게 말하세요.

> **I'm not quite on the same page yet. Could you elaborate on that?** 아직 이해가 좀 안 되는 부분이 있는데 더 자세히 설명해 주실래요?

SOFT SKILLS

147

UNIT 17

날 생각해 줘서 고맙다고 할 때는

Thanks for thinking of me.

MP3 105

1   영화 〈캡틴 아메리카: 시빌 워〉에서 앤트맨이 어벤져스 팀과 함께할 기회가 오자 여러 슈퍼히어로 중에서 자기를 생각해 줘서 고맙다며, 'Thanks for thinking of me.(절 생각해 주셔서 고맙습니다.)'라고 해요. 이처럼 누군가에게 날 생각해 줘서 고맙다고 할 때 think of(~을 떠올리다)를 씁니다.

> A   **You should come and join us tonight.**   오늘 밤에 와서 우리랑 같이 있자.
> B   **I can't tonight. My parents are coming over, but thanks for thinking of me.**   오늘 밤엔 못 가. 부모님이 놀러 오시거든. 그래도 (초대할 사람으로) 날 생각해 줘서 고마워.

2   네이티브가 think of를 정말 자주 쓰는 세 가지 상황은 다음과 같습니다.

> ❶ 갑자기 문득 누군가 딱 떠오르고 생각날 때
>
> **When I saw the job opening, I thought of you.**
> (구직 광고를 보자 딱 상대가 머릿속에 떠오름) 일자리가 새로 생겼다는 걸 보고 문득 네가 생각났어.

> ❷ 아이디어가 생각나고 떠오를 때도
>
> 예를 들어 브레인스토밍 중 상대가 정말 좋은 아이디어를 제안할 때 'That's a brilliant idea. How did you think of that?(와, 정말 좋은 아이디어인데 어떻게 생각해 낸 거야?)' 라고 할 수 있는데요. 이때 think of는 come up with(~을 생각해 내다)와 같은 뉘앙스로 쓰입니다.
>
> **I don't think that would work. Can you think of something else?**
> 그렇게는 안 될 것 같은데 다른 걸 생각해 낼 수 있을까?
>
> A   **Do you have anything to contribute?**   (기여할) 조언이나 아이디어 있어?
> B   **No, I can't really think of anything.**   아니. 딱히 뭐가 떠오르진 않네.

> ❸ 비교급과 함께 쓰여 지금 상황에서 더 나은 옵션이 생각나지 않는다고 할 때도
>
> 더 나은 게 생각나지 않을 정도로 뭔가가 최고라는 걸 강조할 때도 쓰이지만, 정말 말 그대로 더 나은 게 딱히 생각나지 않을 때도 씁니다.
>
> **I can't think of anyone better than you.**
> (상대보다 더 나은 사람은 떠오르지 않는다며) 네가 적임자야.
>
> **I can't think of a better word than 'easy'. I need your help.**
> (더 나은 단어가 잘 생각나지 않을 때) '쉬운'보다 더 좋은 단어가 생각나지 않는데 좀 도와줘.

나중에 거슬리지 않게 먼저 해결하고 넘어갈 때는

get it out of the way

1 영화 〈마션〉에서 자신의 지식을 총동원해 화성에서 살아남은 마크가 지구에 돌아와 우주 비행사 훈련 과정 강의를 시작하면서 'Let me get a few things out of the way, right off the bat.(본론으로 들어가기 전 먼저 몇 가지만 얘기할게.)'라고 말하죠. 학생들이 궁금해할 만한 질문들을 자진해서 답해 주는데요. 마크가 정말 자신의 대변을 이용해 감자 농사를 지은 게 사실인지, 화성에 혼자 남게 되었을 때 죽을 거라고 생각했는지, 학생들이 의구심을 갖거나 궁금해할 만한 부분을 먼저 해결해 주면 나머지 강의에 온전히 집중할 수 있잖아요. 이처럼 온전히 뭔가에 집중할 수 있도록 마음에 걸리는 걸림돌 같은 부분을 길에서 치워 버리듯 해결하고 넘어갈 때, 'get 대상 out of the way(방해가 안 되게 ~를 해치우다, 처리하다)'를 씁니다.

> **Let's get the bad news out of the way first.**
> 우선 안 좋은 소식부터 먼저 전하도록 할게요.

> **Let's get this meeting out of the way so we can focus on more important tasks.** 더 중요한 일에 집중할 수 있도록 빨리 이 미팅을 진행하도록 하죠.

2 평소 일상에서도 밀린 이메일 확인, 서류 작업, 집안일 등 빨리 해치우고 싶은 대상에 쓸 수 있습니다.

> **I can't wait to get all this paperwork out of the way.**
> (서류 작업을 다 해치우고 다른 걸 하는 게 정말 기다려질 때) 어서 빨리 이 서류 작업 다 끝내고 싶다.

> **I can't wait to get all this housework out of the way.**
> 집안일을 빨리 끝내면 좋겠어.

3 이처럼 진행하는 데 방해가 되지 않도록 어렵고 불편한 부분부터 먼저 해치울 때 자주 쓰이지만, 쉬운 것부터 먼저 처리하고 넘어가자고 할 때도 응용해 쓸 수 있어요. 고도의 집중력을 요하는 어려운 부분에 온전히 집중할 수 있게 일단 쉬운 것부터 처리하자는 뉘앙스죠.

> **Let's get the basics out of the way.**
> (세미나에서 가장 기본적인 정의나 이론을 먼저 설명하며) 기본적인 사항부터 다루고 넘어가도록 하죠.

UNIT 19

다들 그렇게 생각한다고 할 때는

unanimous

MP3 107

1   Unanimous는 '만장 일치의, 모두 뜻/의견이 같은'의 의미인데요. 투표나 결정을 이의 없이 만장일치로 동의할 때 그룹의 동의나 결합에 대한 강조를 나타내요.

> **We reached a unanimous decision to move forward with the project.** 저희는 프로젝트를 진행하기로 만장일치로 결정했습니다.

> **All the judges gave her performance a unanimous score of 10.**
> 모든 심사위원이 그녀의 공연에 10점을 주었습니다.

2   그런데 unanimous가 이렇게 격식을 차린 상황에서만 쓰이는 딱딱한 표현은 아니에요. 평소 일상에서 다들 그렇게 생각한다는 걸 강조할 때도 자주 쓰이는데요. 다른 건 몰라도 It was a unanimous no.(다들 반대했어/안 좋아했어.)와 It was a unanimous yes.(다들 찬성했어/마음에 들어 했어.)만큼은 꼭 기억해 주세요. 평소 unanimous를 가장 쉽게 쓸 수 있는, 그리고 실제 일상에서도 가장 많이 쓰이는 예문입니다.

> **Was it a unanimous no?** (만장일치로) 다들 싫다고 한 거야?

> A **How did it go?** 어떻게 됐어?
> B **Great! It was a unanimous yes. It seemed everyone was eager to move forward with the idea.**
> 잘 됐어! 다들 마음에 들어 했거든. 모두 그 아이디어를 추진하길 기대하고 바라는 것 같더라.

3   거의 만장일치나 다름없을 정도로 어떤 의견에 동의하는 비율이 높을 때는 pretty unanimous(거의 대부분 동의하는)로 응용해 쓸 수 있습니다. 뒤에 동의하는 내용과 대상을 나타낼 때는 on이 나옵니다.

> A **We should promote Steve.** Steve를 승진시켜야 해.
> B **Yeah, people are pretty unanimous on that.**
> 응, (그 부분에 있어서는 거의 만장일치나 다름없을 정도로) 사람들이 거의 대부분 그렇게 생각하더라.

> A **He's such a nice guy.** 그는 정말 좋은 사람이야.
> B **Yeah, people are pretty unanimous on that.**
> 응, 사람들이 거의 대부분 그렇게 생각하더라고.

어떤 일에 나도 포함시켜 달라고 할 때는

Count me in.

MP3 108

1   어떤 일에 함께하고 싶어서 참여하는 인원을 셀 때 나도 포함해서 세듯 끼워 달라는 뉘앙 스로 Count me in.(나도 포함시켜 줘. 나도 할게.)을 자주 씁니다.

    A **We are going to the movies tonight. Do you want to join us?**
우리 오늘 밤에 영화 보러 갈 건데, 너도 같이 갈래?

    B **Count me in! I'm always up for the movies.**
나도 끼워 줘! 영화 보러 가는 건 항상 좋지.

2   반대로 Count me out.(난 빼 줘. 난 안 할게.)은 난 참여 인원에 포함시키지 말아 달라는 뉘앙스 로, 뭔가를 함께하고 싶지 않을 때 씁니다.

    A **Do you want to join us for a drink after work?**   퇴근하고 우리랑 한잔할래?

    B **Count me out. I have an early day tomorrow.**
난 빼 줘. 내일 아침 일찍 일어나야 해서.

    A **Sorry, count me out. I'm trying to cut down on drinking.**
미안, 난 빼 줘. 술 좀 줄이려고 하는 중이라서 말이야.

    B **Count me out, too. I have a date tonight.**
나도 빼 줘. 오늘 밤에 데이트가 있어서.

상대의 초대나 제안에 이번엔 빼 달라며 좀 더 부드럽게 Count me out this time.(이번엔 난 빼 줘. 이번엔 하지 않을게.)라고 할 수도 있는데요. 이 외에도 부드럽게 상대의 제안을 거절하며 다음을 기약하는 뉘앙스로 자주 쓰는 다음 표현들도 알아두세요.

    Can I take a rain check? I already have plans.
다음을 기약해도 될까? 이미 약속이 있어서 말이야.

    Maybe next time. I have a lot of work to catch up on.
(기회가 된다면 다음에 함께하겠다는 뉘앙스) 다음에 하는 게 좋겠어요. 밀린 일이 많아서요.

UNIT 21

시간 될 때 해 달라고 부탁할 때는

when you get a chance

MP3 109

1 뭔가를 부탁하거나 요청할 때 when you get a chance(시간 될 때)를 덧붙이면 상대방의 일정이나 시간을 고려해 요청하는 느낌을 줄 수 있어요. 지금 당장, 바로 급히 처리해야 한다는 압박감을 주지 않으면서도 시간이 허락될 때 처리해 주길 바란다는 뜻을 전합니다. 그러나 when you get a chance를 썼다고 상대가 내 요청 사항을 다른 일을 다 처리하고 나서 해도 될 만큼 마냥 미뤄도 된다는 건 아니에요. 상대를 배려해 지금 즉시 처리해 주진 않더라도, 가능한 한 빨리 해 달라는 느낌을 줍니다.

> **Can you send me the report?** 보고서 좀 보내 줄 수 있어?
> **Can you send me the report when you get a chance?**
> 시간 될 때 보고서 좀 보내 줄 수 있어?
>
> **Can you help me with this project?** 이 프로젝트 좀 도와줄 수 있어?
> **Can you help me with this project when you get a chance?**
> 시간 될 때 이 프로젝트 좀 도와줄 수 있어?

2 레스토랑이나 서비스업에서 필요한 걸 요청할 때도 지금 당장 급한 게 아니라면, when you get a chance를 덧붙여 주세요. 꼭 해 줬으면 하는 요청 사항이지만 바쁜 직원을 배려하는 느낌을 주고, 심지어 요청한 걸 깜빡했더라도 좀 더 부드럽게 리마인드해 주는 느낌입니다.

> **Can we get more napkins when you get a chance?**
> 시간 되실 때 냅킨 좀 더 가져다주시겠어요?
>
> **Could you take our order when you get a chance?**
> (직원이 정신없이 바쁜 것 같아 기다렸는데도 주문 받는 걸 깜빡한 것 같을 때)
> 시간 되실 때 저희 주문 좀 받아 주시겠어요?
>
> **Can we get the check when you get a chance?**
> 시간 되실 때 저희 계산서 좀 주실래요?

그렇게 할 수 없음에 대한 아쉬움을 표현할 때는

I wish I could ~

MP3 110

1 'I wish 주어 + 동사(~하면 좋을 텐데)'는 내가 원하는 게 현재 사실과 반대일 때 아쉬워하면서 쓰는 표현이에요. 특히 상대의 제안이나 부탁을 거절할 때 그렇게 할 수 있으면 좋을 텐데 그러지 못하는 상황에 아쉬움을 표현하며 I wish I could ~(~할 수 있다면 좋을 텐데)로 자주 씁니다.

사실 그 누구도 거절당하는 걸 좋아하진 않기에 지인의 초대나 제안을 거절할 때 'No, I can't.(아니, 못 해/못 가.)'라고 하지 말고 다음과 같이 부드럽게 거절해 주세요.

A **Do you want to join us for a drink?** 우리와 같이 술 한잔할래?

B **I wish I could, but I have some work to finish. You guys have fun, though.**
그러면 좋겠는데 끝내야 할 일이 좀 있어서 말이야. 그래도 너희들끼리 재미있게 놀아.

A **Why don't you stay for coffee?** 커피 마시고 가는 게 어때?

B **I wish I could, but I have to get back to the office. I have a client coming in at 2.** 그러면 좋겠는데 사무실에 다시 가 봐야 해요. 두 시에 고객이 한 분 오셔서요.

2 맥락상 I wish I could만 써도 되지만, 뒤에 동사를 넣어 좀 더 구체적으로 아쉬움을 표현하며 얘기할 수 있어요.

I wish I could stay longer, but I have to try to beat the traffic.
더 있다 가면 좋겠는데 차가 막히기 전에 가 봐야 해서요.

I wish I could help you, but my hands are tied.
널 도와줄 수 있으면 좋겠는데 규정/상황상 어쩔 수가 없네.

UNIT 23

언젠가 반드시 일어날 일이니 시간 문제라고 말할 때는

It's just a matter of time.

MP3 111

1 어떤 일이 언젠가는 반드시 일어날 거라고, 지금 당장 바로 일어나지 않더라도 시간에 달린 문제일 뿐이라고 할 때 It's just a matter of time.(그건 시간 문제야.)을 자주 씁니다. Just 대신 only를 써도 돼요. 대화 맥락상 단독으로 쓰일 수도 있지만, It's just a matter of time before(~하는 건/~ 일이 일어나는 건 시간 문제야) 형태로 자주 쓰입니다.

예를 들어 회사에서 평가도 좋고 늘 열심히 일하는 직원에게 It's just a matter of time before you get promoted.(네가 승진하는 건 시간 문제야.)라며 힘을 실어 줄 수 있어요. 지금 당장 승진하지 않더라도 언젠간 꼭 승진할 거라는 믿음을 표현하는 거죠.

It's just a matter of time before we meet our goal.
우리가 목표를 달성하는 건 시간 문제야.

2 이렇게 열심히 노력하는 상대에게 좋은 일이 일어나는 건 시간 문제라며 상대를 격려하고 자신감을 심어 줄 때도 자주 쓰이지만, 어떤 안 좋은 상황을 피하는 게 불가피할 때도 쓸 수 있어요.

It's just a matter of time before he calls off the project.
그가 프로젝트를 취소하는 건 시간 문제야.

It's just a matter of time before they find out what happened.
그들이 어떻게 된 건지 상황을 알아차리는 건 시간 문제일 뿐이야.

3 이 외에도 It's just a matter of ~(~에 달린 문제일 뿐이야)는 일상에서 다양하게 응용되는데요. 평소 가장 많이 쓰이는 표현 두 개를 알려 드릴게요.

❶ **It's just a matter of preference.** (더 좋고 나쁜 게 없이) 그냥 취향의 문제일 뿐이야.

제가 뜻이 같은 두 표현을 알려 드리며 둘 중 아무거나 써도 된다고 They both mean the same thing. It's just a matter of preference.라고 할 수 있어요.

❷ **It's just a matter of perspective.** 그냥 관점의 문제일 뿐이야.

어떤 상황에서 옳고 그른 건 없을 때 There's no right or wrong. It's just a matter of perspective.라고 할 수 있어요.

요령을 터득하고 감을 잡을 때는

get the hang of

MP3 **112**

1   새로운 기술이나 작업 방법을 배울 때 처음엔 익숙치 않지만, 열심히 연습하고 노력해 요
    령을 터득할 때 get the hang of(요령을 터득하다, 감을 잡다)를 씁니다. 뭔가를 능숙하게 다루고 잘
    하게 되는 걸 나타내지요.

> A **It's so confusing.**   (처음 하다 보니 어떻게 해야 할지 몰라서) 정말 헷갈리네요.
> B **Don't worry. You'll get the hang of it.**   걱정하지 마. 요령을 터득할 거야.
>
> **Wow, you're getting the hang of it already!**   이야, 벌써 감 잡았네!

2   뭔가에 점점 익숙해질 거라고 할 때 get used to(~에 점점 익숙해지다)도 자주 쓰는데요. 뉘앙스
    차이를 분명히 알아두셔야 해요. Get the hang of는 연습하거나 배워서, 노력해서 요령을
    터득하는 것에 초점이 맞춰져 있고요. Get used to는 시간이 지나 어떤 일이나 상황이 익
    숙해져 자연스럽게 느껴지는 것에 초점이 맞춰져 있어요. 그래서 get used to는 주로 새로
    운 환경이나 상황에 적응해 갈 때 자주 씁니다.

> **You'll get used to his jokes eventually.**
> (지금은 그의 아재 개그가 익숙하지 않더라도) 그의 농담에 결국은 적응할 거야.
>
> **Just give it a few months. You'll get used to it.**
> 그냥 몇 개월만 있어 봐. 익숙해질 거야.

그런데 아무리 시간이 지나도 여전히 어색하고 불편해서 도저히 익숙해지지 않는 상황이
라는 걸 강조할 때도 get used to를 응용해 쓸 수 있어요.

> **I can never get used to commuting.**
> (시간이 지나도 적응이 안 되고 계속 힘듦) 출퇴근이 절대 익숙해지지가 않네.
>
> **It's freezing. I can never get used to this weather.**
> (온몸이 얼어붙을 정도로) 진짜 너무 춥다. (아무리 오래 살아도) 진짜 이 날씨에는 적응이 안 돼.

UNIT 25

술 한잔 마시면 딱 좋겠다고 할 때는

I could use a drink.

MP3 113

1　네이티브들은 뭔가를 정말 원하고 필요로 할 때 I could use ~(~을 필요로 해/원해)를 자주 쓰는
데요. 예를 들어 정말 스트레스 받는 일로 가득한 하루를 마무리하며, I could use a drink.
(술 한잔 마시면 딱 좋겠다.)라고 할 수 있지요. 미국인들이 구어체로 자주 쓰는 표현으로, 정말 다
양한 상황에서 응용해 쓰므로 정확한 뉘앙스를 꼭 기억해 두세요.

I don't know about you, but I could really use a drink.
넌 어떨지 모르겠지만 난 진짜 술 한잔 마시고 싶어.

2　술 외에도 I could use ~가 자주 쓰이는 짝꿍 표현 세 개를 알려 드릴게요.

❶ 커피

I could really use a cup of coffee.
(피곤한 아침 또는 나른한 오후에) 커피 한 잔 마시면 정말 좋겠다.

You look like you could use some coffee.
(피곤해 보이는 동료에게 커피를 건네며) 커피가 필요한 것처럼 보여서 말야.

- 상대가 뭔가를 필요로 하거나 원하는 것처럼 보일 때 You look like you could use ~
  (~를 필요로 하는 것처럼/원하는 것처럼 보이네)를 써요. 예를 들어 슬퍼하는 지인에게 You look like you could
  use a hug.(포옹이 필요한 것처럼 보여서.)라며 살며시 안아 줄 수 있어요. 지인에게 쓸 수 있는 따뜻한 말이니
  기억해 두세요.

❷ 도움 및 조언

I could use some help with this project.　이 프로젝트에 도움이 좀 필요해.

I could use some advice.　조언이 좀 필요해.

This is your area of expertise. I could really use your guidance.
이건 네 전문 분야/네가 잘 아는 분야잖아. 어떻게 해야 할지 네 가이드가 정말 필요해.

❸ 휴식

A **Do you want to go get coffee?**　커피 사러 갈래?
B **Sure. I could use a break.**
좋아. 나도 잠시 휴식이 필요하긴 해.

**You look like you could use a break. Come on,
let's go get some air.**
(상대가 일에 지친 것처럼 보일 때) 잠시 휴식이 필요한 것처럼 보이는 걸.
자, 가서 바람 좀 쐬고 오자.

I could really use a cup of coffee.

I'M TELLING YOU, THIS CAFE HAS THE BEST COFFEE IN TOWN.

POP Quiz !

Get by ☐
_____

How are you holding up? ☐
_____

I could use a drink. ☐
_____

Take it from me, ☐
_____

Without further ado ☐
_____

Count me in. ☐
_____

I'm telling you, ☐
_____

Get a second opinion ☐
_____

That's on me. ☐
_____

Thanks for thinking of me. ☐
_____

When you get a chance

Do you have a pen handy?

It's just a matter of time.

It's all about ~

HINT

술 한잔 마시면 딱 좋겠다. │ 시간 될 때 │ (힘든 시기를 겪고 있는 지인에게) 어떻게 지내고 있어? │ 그럭저럭 살아가다 │ 거두절미하고 │ 지금 옆에 펜 있어? │ 그건 시간 문제야. │ 날 생각해 줘서 고마워. │ 내가 겪어 봐서 아는데 │ 그건 내 책임이야. │ 나도 끼워 줘. │ ~이 가장 중요해 │ (진심을 말하면서) 정말이지, │ 다른 사람의 의견을 듣다

CHAPTER 2

뉘앙스에 따라
가려 써야 할 표현들

UNIT 1

다른 느낌의 걱정

worry VS. concern

MP3 114

1 '걱정' 하면 머릿속엔 worry가 먼저 떠오릅니다. 그런데 회사에선 worry보다 concern이 더 자주 쓰여요. 이 두 단어는 뉘앙스 차이가 있기에 그냥 '걱정'이라고 외우면 안 돼요. Worry는 안 좋은 상황이나 문제에 대한 감정적인 반응에 초점이 맞춰져 있어요. 문제가 잘 해결될지 몰라 느끼는 초조함, 두려움, 스트레스 등 통제할 수 없는 것에 대한 막연한 걱정이 worry입니다. 예를 들어 제가 한밤중에 갑자기 사라져서 부모님이 걱정하실 때는 worry를 쓸 수 있죠.

Where were you? We were worried about you!
(갑자기 연락이 두절됐을 때) 어디 있었던 거야? 걱정했잖아!

That worries me. 그 부분이 걱정돼요.

- I'm worried.처럼 사람을 주어로 쓰는 것보다 무생물 주어를 쓰면 좀 더 감정을 절제하는 느낌이 들기에 회사에서 이야기할 때는 무생물 주어가 들어간 문장이 더 자주 쓰입니다.

2 Concern은 부정적인 감정보다 해결책 마련에 초점이 맞춰져 있어요. 어떤 문제가 직접적으로 관련돼 있기에 중요하다고 느끼고 관심을 갖는 거죠. 여기서 끝나지 않고, 이 상황을 긍정적으로 만들려고 고민하고 해결책을 마련하려 노력하는 느낌까지 담겨 있습니다.

That concerns me. 그 부분이 걱정돼요.

Tell me your concerns. 우려하시는 부분을 말씀해 주세요.

I'll be sure to share your concerns. 우려하시는 부분 꼭 전해 드릴게요.

길을 건너려면 물 웅덩이를 넘어가야 할 때 worry한 사람은 빠질까 봐 두려워서 한 발짝 떨어져 근처만 뱅글뱅글 돌며 초조해하는 반면, concern한 사람은 발을 살짝 담가 보면서 수심을 확인하고 어떻게 건너갈지 고민하며 이 상황을 현명하게 넘기려고 하겠죠.

3 Concern은 누군가에게 영향을 미치고 관련되는 일, 즉 '(책임이나 알 권리가 있는) 일'이란 뜻도 있습니다. 그래서 That's not your concern.(그건 네가 신경 쓰지 않아도 돼.)라고 하면 상대가 자기 일도 아닌데 지나치게 간섭할 때 '신경 꺼.'란 뉘앙스로도 쓰이지만, '그건 내가 알아서 해결할 테니 걱정 말라.'는 뉘앙스로도 쓰입니다.

Only 하나로 뜻이 확 달라지는

so much vs. only so much

1 So many, so much는 '정말 많은'의 뜻이죠. 그런데 여기에 only가 붙으면 의미가 확 달라져요. '정말 많다'는 뜻에서 only로 한계를 둔 only so many/only so much는 '제한된, 한계가 있는'의 뜻이 됩니다. 뜻이 완전히 달라지죠. 뉘앙스 차이를 비교해 볼게요.

> **There's so much I can do.** (많은 옵션, 가능성) 내가 할 수 있는 게 정말 많아.

> **There's only so much I can do.** 내가 할 수 있는 것도 한계가 있어.

2 그런데 단순히 뜻만 알고 넘어가면 쉽게 쓰기 힘들기에 평소 only so many/only so much(제한된, 한계가 있는)가 자주 쓰이는 예문들로 확실히 익혀 두세요.

> **Slow down. There's only so much I can remember.**
> 좀 천천히 말해. 내가 기억하는 데도 한계가 있잖아.

> **I'm this close to exploding. There's only so much I can take.**
> 나 폭발하기 일보 직전이야. 참는 것도 한계가 있어.

> - 'this close to 대상'은 뭔가에 정말 이 정도로 가까운 일보 직전이란 뜻입니다.
>   **I'm this close to quitting.** 나 그만두기 일보 직전이야.

3 지인을 위로할 때도 이 표현을 쓸 수 있어요.

> **There're only so many hours in a day.**
> (무리한 일정에 힘들어할 때) 하루에 시간은 한정돼 있는데, 네가 할 수 있는 것도 한계가 있어.

> **I know you want to help her, but there's only so much you can do.**
> 네가 그녀를 도와주고 싶어 하는 건 알겠는데, 네가 할 수 있는 것도 한계가 있어.

4 상대가 내게 무리할 정도로 많은 일을 시킬 때는 이렇게 답변할 수 있습니다.

> **There's only so much I can do in a day.**
> 제가 하루에 할 수 있는 것도 한계가 있어요.

이처럼 우리가 평소 쉽게 쓸 수 있는 표현이니 확실히 기억해 주세요.

UNIT 3

전치사 하나로 같은 '끝'이 아닌

in the end   vs.   at the end

MP3 116

1   전치사를 완벽하게 쓰는 것에 집착하면 실수할까 두려워 말을 아끼게 돼요. 그래서 문법적 실수가 없는 완벽한 문장보단 의미 전달, 소통에 초점을 두는 게 더 중요하기는 합니다. 하지만 in the end, at the end처럼 전치사 하나로 뜻이 달라지는 표현들은 확실히 기억해 두세요. In the end는 '결국'으로 일련의 사건이 일어나고, 결론적으로 어떤 상황이 됐다고 할 때 씁니다.

Don't worry. It'll all work itself out in the end.
걱정하지 마. 결국 다 잘 알아서 해결될 거야.

In the end, we went with the first option.
(첫 번째 옵션을 선택) 결국 첫 번째 옵션으로 가기로 했어요.

2   At the end는 '~의 끝에, 말에'의 뜻으로 정확한 시점이나 장소를 나타내는 대상과 같이 쓰여요.

His birthday is at the end of February.   그의 생일은 2월 말이야.

Let's revisit this conversation at the end of the month.
이 대화는 월말에 다시 나누도록 하자.

- Revisit은 마치 다시 이 대화를 방문하는 것처럼 시간이 지난 후에 '~를 다시 논의하다, 재고하다'란 뜻으로 자주 쓰입니다.

Her office is at the end of the hall.   그녀의 사무실은 복도 끝 부분에 있어요.

이렇게 구체적인 시점이나 장소를 언급해도 되지만 맥락상 생략할 수도 있어요.

We'll take questions at the end.
(at the end of the presentation에서 맥락상 of the presentation 생략) 질문은 끝에서 받도록 할게요.

3   In the end(결국)와 at the end(~의 끝에, 말에)는 같은 상황에서 쓰일 수도 있지만 뉘앙스 차이가 있습니다. 예를 들어 영화의 엔딩 부분에서 주인공이 죽는다고 할 때, He dies in the end.(결국 죽더라고.)라고 하면 일련의 사건이 있고 나서 결국 죽게 된다는 걸 뜻해요. 하지만 He dies at the end.(끝 부분에서 죽더라고.)라고 하면 어떤 우여곡절이나 사연 없이 끝 부분에서 갑자기 죽을 수도 있고, 영화를 보다가 지루해서 바로 엔딩으로 넘어가 죽는 장면만 보고 말할 수도 있는 거죠. 단순히 끝 부분에서 일어난 일이란 점에 초점을 맞춘 게 at the end니까요. 꼭 기억하고 가려 쓰세요.

감정의 차이를 보여 주는

on one's mind vs. in mind

MP3 117

1 On one's mind와 in mind는 쓰이는 상황이 완전히 달라요. On one's mind는 '마음에 걸려 고민이 되는'의 뜻으로, 다른 걸 생각하기 힘들 정도로 내 마음, 생각 위에(on) 딱 붙어 장악하고 있을 때 쓸 수 있는데, 크게 두 상황에서 쓰입니다.

❶ 고민이나 걱정거리가 있을 때: '마음에 걸리는 게 있는'

Sorry, I have a lot on my mind right now.
(고민거리가 많아 상대의 말에 집중하기 힘들 때) 미안, 지금 이것저것 생각할 게 많아서 말이야.

❷ 계속 생각날 때: '~로 머리가 가득한'

You've been on my mind. (지인에게) 계속 네 생각했어.

2 In mind는 in and out처럼 내 생각에 들어왔다 나갔다, 이렇게 특정한 목적을 위해 '생각하고/고려하고 있는'이란 뜻이에요. 내 마음을 장악할 정도로 고민되거나 좋아하는 게 아닌, 단순히 내가 염두에 두고 있는 대상이란 뜻으로, 주로 have ~ in mind(~을 염두에 두다/생각하다)로 쓰입니다.

Who do you have in mind? (그 자리에) 누구를 생각하고 있어?

I have a few options in mind. 내가 고려하고 있는 옵션이 몇 개 있어.

3 전 새로운 표현을 외울 때 그 표현이 들어간, 평소 자주 쓸 수 있는 활용도 높은 예문 하나씩을 외우는 걸 추천하는데요. On one's mind와 in mind로는 다음 두 문장을 추천합니다. 평소 네이티브가 정말 자주 쓰거든요.

What's on your mind? (특히 고민이나 걱정거리를 편히 얘기해 보라며) 무슨 일이야?

● 특히 지인이 얘기 좀 하자고 하는데, 고민거리가 있는 것처럼 보일 때 대화를 유도하는 좋은 표현입니다.

A **I want to do something special for Christmas.**
크리스마스 때 뭔가 특별한 걸 하고 싶어.

B **What do you have in mind?** 뭐 생각하는 게 있어?

● 특히 브레인스토밍할 때 자주 쓰이는 표현입니다.

165

UNIT 5

s 하나 차이로 같은 '매너, 예의 범절'이 아닌

manner vs. manners

MP3 118

1 혹시 manner를 보면 영화 〈킹스맨〉의 '매너가 사람을 만든다' 이 장면이 생각나지 않나요? 사실 이때 manner가 아니라 manners가 쓰였어요. Manners maketh man.(매너가 사람을 만든다.) 참고로 maketh는 makes의 고어(古語)입니다. 이처럼 우리에게 익숙한 예의 범절의 매너는 s를 붙여 manners라고 써야 해요. Good manners(좋은 매너), bad manners(나쁜 매너)처럼요.

She doesn't have good table manners. 그녀는 테이블 매너가 별로야.

A **We're supposed to meet tonight, but I'm just not going to show up.** 우리 원래 오늘 밤에 만나기로 했는데 나 그냥 안 나가려고.

B **Don't do that. That's just bad manners.**
그렇게 하지 마. 그건 그냥 매너가 나쁜 거잖아.

2 Manners는 '예의 범절', manner는 '(일의) 방식, (사람의) 태도'란 뜻이에요. 사실 예의 범절의 매너(manners)도 생각해 보면 예쁜 말투, 정중한 태도, 타인을 배려하는 행동 등 어떤 사람의 행동 방식이나 태도를 통합해 말하는 거잖아요. Manner와 일단 쉽게 정 붙이려면 in a ~ manner(~한 방식으로)로 기억해 주세요. 특히 in a timely manner(시기 적절하게, 때 맞춰서)가 평소 가장 많이 쓰입니다.

It needs to be done in a timely manner.
(늦지 않게 해야 한다고 부드럽게 살짝 재촉하는 느낌) 시간 맞춰 완료돼야 해요.

It was done in a timely manner. I have nothing to complain about. 시간 맞춰서 해 주셨네요. 제가 뭐 불평할 게 없어요.

In a timely manner(시기 적절하게, 때 맞춰서) 외에 자주 쓰이는 표현들은 다음과 같습니다.

We need to handle this in an efficient manner.
효율적인 방식으로 처리해야 해.

We need to handle this in a professional manner.
프로페셔널하게 처리해야 해.

비슷해 보이지만 완전히 다른

what it takes vs. whatever it takes

MP3 119

1 What it takes가 '그걸 해내기 위해 필요한 무언가'라면, whatever it takes는 '그걸 해내기 위해 필요한 게 뭐든지'란 뜻이에요.

What it takes는 성공하거나 뭔가를 해내는 데 필요한 조건을 갖추고 있다는 뉘앙스로, have what it takes로 자주 쓰입니다. 능력, 자질, 성격 등 뭔가를 해내고 성공하기 위해 필요한 것을 갖추고 있는 거죠.

A **I can't do it. I don't have what it takes.** 전 못 하겠어요. 전 재능이 없는 걸요.

B **Don't say that. I really think you have what it takes.**
그런 말 하지 마. 난 정말 네가 (그것을 하는 데 필요한) 자질이 있다고 생각한단 말이야.

He's a strong salesman, but he doesn't have what it takes to be a manager. 그는 훌륭한 세일즈맨이지만 매니저가 될 자질을 갖추고 있진 않아.

2 Whatever는 '뭐든지'란 뜻이에요. 그래서 whatever it takes는 '무슨 수를 써서라도, 어떻게 해서라도'란 뜻이 됩니다. 목표를 이루기 위해 필요한 거라면 수단과 방법을 가리지 않고, 심지어 그게 도덕적으로 옳지 않은 일이라도 뭐든 다 하겠다는 강한 의지를 표현해 do whatever it takes로 자주 쓰입니다.

I'm going to do whatever it takes to get back in shape.
(무리한 운동이나 다이어트로 건강을 해치더라도 뭐든 다 하겠다는 의지) 다시 예전 몸매를 되찾기 위해 할 수 있는 건 다 할 거야.

I'll do whatever it takes to fix this. 이 상황을 해결하기 위해 할 수 있는 건 다 할 거야.

I'll do whatever it takes to make it up to you.
(실수 후 상황을 만회하기 위해) 네 속상한 마음을 풀어 주기 위해서라면 할 수 있는 건 다 할게.

3 이 두 표현의 뉘앙스 차이가 느껴지는 예문으로 확실히 정리해 보세요.

A **Do you think you have what it takes?**
(면접 중) 자질을 갖췄고, 잘 해낼 수 있을 거라 생각하시나요?

B **I do, and I'm willing to do whatever it takes to bring in more revenue.** 네. 그리고 더 많은 수익을 가져오기 위해 할 수 있는 건 다 할 마음이 있습니다.

UNIT 7

같은 '들었어요'가 아닌

I was told   vs.   I heard

MP3 **120**

1 I was told와 I heard, 둘 다 '들었어요'라고 해석되지만 쓰이는 상황은 달라요.
   I was told는 누군가 직접적으로 내게 공지해 줬거나 얘기해 줘서 들은 것에 초점이 맞춰
   져 있어요. 내가 직접 들었기에 특정 정보를 분명히 들었다는 걸 강조할 때 쓰입니다.

   I was told to do it this way.   (분명히 들었다는 걸 강조) 이건 이렇게 해야 한다고 들었는데.

2 위의 상황에서 내게 뭔가를 얘기해 준 사람을 언급해 Sarah told me to do it this way.(Sarah
   가 이렇게 하라고 말했는데요.)라고 할 수도 있지만, 혹 실수로 잘못 알려 준 거라면 Sarah를 탓하
   는 것처럼 들릴 수도 있잖아요. 그러니 이때는 가능하면 I was told ~(~라고 들었어요)로 말하
   는 걸 추천합니다. I was told ~는 내게 말해 준 사람의 이름을 모른 채 들었을 때, 즉 고객
   센터에서 상담원에게 안내를 받았을 때도 쓸 수 있습니다.

   A **How can I help you?** 어떻게 도와드릴까요?
   B **I need to get a new ID, and I was told to come here.**
      신분증을 새로 발급받아야 하는데 여기로 오면 된다고 안내받았어요.

   I was told to call this number to get a partial refund.
   부분 환불을 받으려면 여기로 전화하면 된다고 안내받았어요.

3 I heard는 우연히 듣게 된 거라는 것에 초점이 맞춰져 있어요. 주변 사람들에게 우연히 전
   해 들은 것 외에 TV나 다양한 매체를 통해 소식을 접했을 때도 쓸 수 있습니다.

   I heard you recently got married. Congrats!   최근에 결혼했다며. 축하해!

   I heard a new _Batman_ movie came out last week.
   지난주에 〈배트맨〉 영화가 새로 개봉했다고 들었어.

   A **I heard he speaks five languages.**
      (소문에) 그가 5개 국어를 한다고 들었어.
   B **No, he doesn't. Where did you hear that?**
      아니야. 안 그래. 그건 어디서 들은 거야?

누군가 내게 직접 말해 준 내용인 I was told와 우연히 듣거나 접한
소식인 I heard의 뉘앙스 차이를 확실히 기억해 주세요.

들은 정도가 다른

I heard him vs. **I heard him out**

MP3 **121**

1 Hear(듣다, 들리다)는 의도적으로 듣는 게 아닌, 자연스럽게 들리는 소리를 인식할 때 씁니다. 그래서 I heard him은 단순히 그의 목소리를 들었다는 것을 뜻해요.

> **I heard him crying.** 나는 그가 우는 소리를 들었어.
>
> **I heard him come in.** 나는 그가 들어오는 소리를 들었어.

2 Hear가 단순히 소리를 인지하는 것에 초점이 맞춰져 있다면, hear out(끝까지 듣다)은 누군가의 말을 끝까지 듣고 이해하려는 노력에 초점이 맞춰져 있습니다. 말하는 내용이 마음에 안 들어도, 말을 끊거나 섣불리 판단하지 않고 일단 상대의 얘기를 끝까지 듣는 거죠. 그래서 I heard him out은 어떤 행동을 취하기 전에 '일단 그의 입장/의견/얘기를 끝까지 들었어'란 뜻이 됩니다. 상대의 얘기를 다 듣고 결과적으로 어떤 결정이나 판단을 내리든 상대를 존중하는 느낌을 주는 좋은 표현이에요.

> **I heard him out before giving any advice.**
> 조언해 주기 전에 일단 그의 얘기를 끝까지 들었어.

Hear out은 평소 Hear me out.'(어떤 행동이나 판단을 하기 전 일단) 내 말을 들어 봐/내 말을 들어 보고 판단해/결정해.'로 가장 자주 쓰입니다.

> **Please, hear me out.** (화난 상대방이 나와 얘기를 거부하는 상황에서) 일단 내 입장도 들어 줘.
>
> A **I'm not interested.** 난 관심 없어.
> B **Please, just hear me out for 5 minutes.** 그냥 딱 5분만 내 얘기를 들어 줘.

3 누군가 내 얘기를 끝까지 경청해 들어 줬을 때, 얘기가 잘 안 풀리더라도 고맙다는 인사말로 Thank you for hearing me out.(끝까지 들어 주셔서 고맙습니다.)이라고 할 수 있어요.

> A **It's a great proposal, but it's still not the direction we want to take.**
> 좋은 제안이긴 하지만 여전히 저희가 가고자 하는 방향이 아니에요.
>
> B **I understand. Thank you for hearing me out.**
> 이해합니다. 끝까지 들어 주셔서 고맙습니다.

UNIT 9

둘 다 '최고'라고 생각하기 쉬운

best vs. at best

MP3 122

1 Best는 '최고의, 가장 뛰어난, 제일 좋은'의 뜻이에요.

> **This is the best coffee I've ever had.**
> 이거 내가 지금까지 마셔 본, 역대 최고의 커피인걸.

> **Which one do you like best?** 어떤 게 가장 마음에 들어?

> **You're the best designer I know.** 넌 내가 아는 최고의 디자이너야.

2 이렇게 최고로 좋다는 걸 강조할 때 best가 쓰인다면, at best는 겉으로 보기엔 best와 비슷하지만 뜻이 완전히 달라요. At best는 '기껏, 잘해야, 좋게 봐 줘야'란 뜻인데요. 뭔가를 정말 최대한 좋게 봐 줘도, 뭔가가 정말 최고로 잘 진행된다고 하더라도 여전히 훌륭한 수준은 아니라고 할 때 씁니다.

> **A** **It's mediocre at best.** (정말 좋게 봐 줘도) 기껏해야 평범한 수준이야.
>
> • Mediocre는 '보통 밖에 안 되는, 평범한'의 뜻으로 딱히 특별한 건 없을 때 씁니다.

> **B** **Really? Is it that bad?** 정말? 그렇게나 별로야?

> **It's at best a 20 on a scale of 100.** 좋게 봐 줘야 100점 만점에 20점이야.

3 Best와 at best의 뉘앙스 차이가 느껴지는 예문으로 확실히 정리해 볼게요.

> **A** **I studied day and night, but I think I'll get a B at best.**
> 밤낮으로 열심히 공부했는데 잘해야 B 받을 것 같아.
>
> • 우리말로는 '밤낮으로'라고 하지만 영어로는 day and night을 더 자주 씁니다.

> **B** **Well, you did your best. That's all that counts.**
> 뭐, 넌 최선을 다했잖아. 그게 가장 중요한 거지.

MP3 1 2 3

단순히 과소, 과대평가로만 외우면 쓰기 힘든

underrated   vs.   overrated

1   Underrated는 '과소평가된', overrated는 '과대평가된'이 맞지만, 단순히 이렇게만 외우고 넘어가면 평소 일상에서 쉽게 쓰기가 어려워요.

정말 괜찮은데 사람들이 좋은 걸 몰라줄 때, 정말 중요한데 중요성을 간과하는 것처럼 느껴질 때 underrated를 씁니다.

> **I think she's an underrated artist.**
> 그녀는 뛰어난 아티스트인데 사람들이 잘 모르는 것 같아.

> **It's an underrated movie, but it's one of my favorites.**
> 잘 알려지고 유명한 영화는 아닌데 진짜 재밌고 내가 가장 좋아하는 영화 중 하나야.

2   반대로 overrated는 사람들이 과장해서 좋다고, 중요하다고 얘기하는 것 같을 때 씁니다. 예를 들어, 사람들이 진짜 맛있다고 하는 맛집에 갔는데 막상 먹어 보니 소문만큼은 아닐 때 활용할 수 있어요.

> A **I think that show is overrated. I don't get why it's so popular.**
> 난 그 쇼가 사람들이 말하는 것만큼 재미있지는 않은 것 같던데. 왜 그렇게 인기가 많은 건지 이해가 안 돼.
> B **Well, I like it.**   뭐, 난 재미있던데.

> **I don't get why people rave about that restaurant. It's so overrated.**   난 사람들이 왜 그 레스토랑을 극찬하는지 모르겠어. 진짜 그 정도는 아닌데.

> ● Rave는 '극찬하다, 열변을 토하다'란 뜻입니다.

3   이처럼 주관적인 의견이 반영돼 있기에 같은 걸 놓고도 사람에 따라 다르게 느낄 수 있습니다.

> **Sleep is underrated.**   (사람들이 중요성을 간과하지만) 잠은 사람들이 생각하는 것보다 더 중요해.

> A **You might have to pull all-nighters.**   너 밤새워야 할지도 몰라.
> B **Well, sleep is overrated anyway.**
> 뭐, 잠 까짓 것 좀 안 자도 돼.

UNIT 11

가치가 있고 없고 차이가 아닌

valuable vs. invaluable

MP3 124

1   Valuable이 '가치 있는, 소중한'의 뜻이라서 invaluable은 in이 붙었으니 '가치 없는'으로 오해할 수 있는데요. Invaluable은 대체할 수 없을 정도로 유용하거나 꼭 필요한 대상이란 걸 강조할 때 쓰여요. 너무나 도움이 되고 중요해서 가치를 매길 수 없을 정도라는 거죠. 그래서 누군가 내게 You're invaluable.이라고 하면 '내가 가치 없는 사람이라고?' 발끈할 게 아니라 내 진가를 알아봐 준 상대에게 고맙다고 해야 해요.

> **She's invaluable to our team.**   그녀는 우리 팀에게 정말 없어서는 안 될, 꼭 필요한 존재야.
>
> **Your help was invaluable.**   정말 (가치를 매길 수 없을 정도로) 큰 도움이 됐어.

2   이처럼 in, less가 실제 좋은 걸 강조할 때 쓰이는 대표 표현 3개만 정리해 볼게요.

❶ **Priceless: 값을 매길 수 없는, 매우 귀중한**

Invaluable이 유용함, 필요성에 초점이 있다면, priceless는 돈, 가격에 초점이 있습니다. 엄마가 물려주신 반지, 가격을 매길 수 없는 문화 유산 등 '돈 주고도 살 수 없다'는 느낌이 priceless예요.

> A **How was the trip with your mom?**   엄마랑 여행은 어땠어?
> B **She was so happy with everything. It was priceless.**
> 엄마가 진짜 다 좋아하셔서 (돈 주고도 살 수 없을 정도로) 정말 좋았어.

❷ **Timeless: 세월이 흘러도 변치 않는, 유행을 타지 않는, 시간을 초월한**

Timeless는 특정한 시간이나 시대에 한정되지 않는다는 뉘앙스로 명품 시계 광고에서 자주 보이는 표현입니다.

> **It's a timeless design. You can even hand it down to your daughter.**   그건 유행을 타지 않는 디자인이야. (쓰다가) 딸한테 물려줄 수 있을 정도로.

❸ **Effortless: 노력/힘이 들지 않는, 쉽게 되는, 수월한**

Effortless는 노력이나 힘이 거의 또는 아예 안 들 정도로 쉽게 될 때 씁니다.

> **How do I look? I want to look effortless.**   나 어때 보여? (꾸민 듯 안 꾸민 듯) 예쁘게 보이려 애쓴 것처럼 보이고 싶지 않아서 말이야.
>
> **He's effortlessly charming.**   그는 노력하지 않아도 매력적이야.

비슷해 보이지만 다른 종류의 대화인

talk it out   vs.   talk out of

1   'Talk 대상 out'은 '(결정, 문제 해결 등을 위해) ~을 철저히 논의하다'란 뜻이에요. 그래서 제대로 얘기해 문제점을 해결하자고 할 때, 대화로 풀자고 할 때 Let's talk it out.을 자주 씁니다. 그런데 'talk 대상 out'과 항상 헷갈리는 게 'talk 사람 out of'예요. 둘 다 자주 쓰이기에 뉘앙스 차이를 확실히 알아두셔야 하는데요. 'Talk 사람 out of'는 '설득해서 ~하지 않게 하다'의 뜻으로, 마치 어떤 상황에 들어가려는 사람을 말로 설득해(talk) 빠져나오게(out) 하는 것처럼 말릴 때 자주 써요.

> **He wanted to, but I talked him out of it.**
> 걔는 하고 싶어 했는데 내가 말렸어.

> **I'm glad you talked me out of buying it.**
> 네가 그거 사지 말라고 나 말려 줘서 다행이야.

> **Can you try to talk him out of it?**
> 그와 얘기해서 하지 말라고 설득해 볼 수 있어?

2   'Talk 사람 out of'가 특정 행동을 하지 않도록 설득할 때 쓰인다면, 'Talk 사람 into'는 '(설득해서 ~하게 하다'로 특정 행동을 하게 설득할 때 씁니다. 마치 대화해서 뭔가로 쏙- 빠져들게 하는 느낌인 거죠.

> **He initially said no, but I talked him into it.**
> 걔가 처음엔 싫다고 했는데 내가 설득했어.

> **I'm glad you talked me into coming here.**
> 네가 나한테 여기 오자고 설득해 줘서 다행이야.

다시 한번 확실히 정리해 볼게요.

> **Let's talk it out.**   (결정/문제 해결 등을 위해) 제대로 얘기해 보자. 대화로 풀어 보자.

> **I talked him out of it.**   내가 하지 말라고 걔 말렸어.

> **I talked him into it.**   내가 하라고 걔 설득했어.

UNIT 13

둘 다 '미성숙한'으로 생각하기 쉬운

immature vs. premature

MP3 126

1 일단 mature는 '성숙한, 어른스러운, 분별 있는'의 뜻입니다.

> **She's very mature for her age.** 그녀는 나이에 비해 정말 성숙해.
>
> **If you don't like it, feel free to say so. I can be mature about that.**
> 마음에 안 들면 편히 말해도 돼. (내가 원하는 결과나 상황이 아니더라도) 그렇다는 걸 성숙하게 받아들일 수 있어.

2 Mature의 반대말인 immature는 '미성숙한, 철부지의, 유치한'이란 뜻이지요.

> **That is very immature.** 그건 정말 철없는/유치한 행동이야.
>
> **Don't be so immature.** 그렇게 철없이/유치하게 굴지 마.

3 그런데 네이티브는 평소에 premature(시기 상조의, 너무 이른, 조급한)을 훨씬 더 자주 쓰는 편이라, 제대로 알지 않으면 immature와 헷갈려 오역할 수 있어요. 접두사 pre-는 라틴어로 before, early(전에, 미리)의 뜻이기에 premature는 적절한 때가 되기 전에, 이른 감이 들 때 쓴다고 기억하면 쉽게 구별할 수 있어요.

> A **Don't you think that's a bit premature?** 아직 그건 좀 이르지 않을까요?
> B **Well, it never hurts to be prepared.** 뭐, 대비해서 나쁠 건 없잖아.
>
> **That seems a bit premature. We don't even know if that's actually going to happen.** 좀 이른 것 같아요. 실제 그렇게 될지도 아직 모르는데 말이죠.

다시 한번 확실히 정리해 볼게요.

> **That's mature.** 성숙한 행동인걸.
>
> **That's immature.** 그건 유치하잖아.
>
> **That's premature.** 그건 시기상조야.

단순히 '~하는 게 낫다'로 외우면 큰일나는

might as well   vs.   had better

MP3 127

1 Might as well과 had better는 둘 다 '~하는 게 낫다'로 해석되지만 뉘앙스가 달라요. 특정 행동이 주어진 상황에서 최선의 선택일 때는 might as well(어차피 이렇게 된 거 ~하는 게 낫겠어, 차라리 ~하는 편이 나아)을 씁니다. 뭔가를 적극적으로 신나게 제안하는 게 아닌, '기왕 이렇게 된 거 ~나 해야겠다'의 느낌이 might as well인 거죠.

> **Well, I'm here now. I might as well get something out of it.**
> (딱히 오고 싶진 않았지만 상사 등쌀에 떠밀려 참석한 세미나 등에서) 뭐, 어차피 왔으니깐 온 김에 뭐라도 얻어 가는 게/배워 가는 게 좋겠네.

> A **It costs $300 to fix it.** 그거 고치는 데 300달러 들어.
> B **For that price, you might as well get a new one.**
> 그 가격이면 새로 사는 게 더 나아.

2 반면 had better(~하는 게 나을 거야/좋을 거야)는 특정 행동을 안 하면 안 좋은 일이 일어날 것 같은 느낌을 주어요. 심지어 롱맨 사전엔 used to threaten someone이라고 나와 있을 정도로 강한 조언, 나아가 경고할 때 씁니다. 그래서 상사나 연장자에게 쓰기엔 강한 어감이라서 동급 또는 내 자신에게 had better를 씁니다. 참고로, 보통 회화에서는 had를 생략하고 better를 많이 써요.

> **You better have a good explanation for this.**
> (납득되는 이유가 없다면 가만두지 않겠다는 느낌) 상황이 이렇게 된 데 제대로 설명을 해야 할 거야.

> **I better get back to work.**
> (지금 일하러 돌아가지 않으면 혼날 것 같은 느낌) 나 다시 일하러 가는 게 좋겠어.

3 이처럼 had better는 강한 어감이 있기에 평소 조언을 할 때 should(~해야 해), 또는 조금 더 부드러운 I think you should ~(난 ~해야 한다고 생각해)가 가장 많이 쓰입니다. 특정 행동이 좋을 것 같다는 개인적인 생각을 제안하는 느낌이에요.

> **We should get going.** 우리 이제 가 봐야 해.

> **I think we should ask Sarah for help.**
> 난 Sarah에게 도움을 청하는 게 좋다고 생각해.

UNIT 15

부드러움의 차이가 있는

You should ~   vs.   You might want to ~

MP3 128

1   개인적인 견해를 담아 조언할 때는 You should ~(~해야 해)가 가장 많이 쓰이지만, 더 부드러운 느낌으로 전하고 싶을 때는 You might want to ~(~하는 게 좋을 듯해/~하는 게 어떨까 해)도 기억해 주세요. Might(~할지도 몰라)은 약한 추측을 표현할 때 쓰이는 조동사죠? 그래서 You might want to ~는 어쩌면 상대가 하고 싶어 할지도 모르는 행동이니 한 번 고려해 보라며 간접적으로 제안 및 권유하는 느낌을 줍니다. 특히 상사나 연장자에게, 격식을 차린 상황에서 조심스레 제안할 때 자주 쓰여요.

You might want to reconsider.
(상대가 잘못된 결정을 하는 것 같을 때) 재고해 보시는 게 어떨까 해요.

You might want to look into that.   어떤 상황인지 알아보시는 게 좋을 듯해요.

- Look into(자세히 조사하다/주의 깊게 살피다)는 특히 상황 파악을 할 때 자주 씁니다.

You might want to write this down.
(미팅에서 여러 사람에게 중요한 정보를 알려 주며 나중에 필요할 수 있으니) 이 부분은 적어 놓으시는 게 좋을 듯해요.

2   Might want to ~는 상대가 잘못 생각하고 있는 부분이 있는 것 같아서 간접적으로 조언할 때도 자주 쓰여요. 아무리 편한 친구 사이라도 직설적으로 '그 부분 좀 고쳐, 그렇게 해'라고 하는 것보다 '그 점은 개선하는 게 좋을 듯해, 그렇게 하는 게 어떨까 해'라며 부드럽게 얘기하는 게 더 기분 좋죠.

A **I'll tell her that she sucks.**   나 그녀에게 정말 최악이라고 말할 거야.
B **You might want to soften that a little.**   조금 부드럽게 말하는 게 좋을 듯해.

You might want to tweak this part.   이 부분을 살짝 수정하는 게 좋을 듯해.

- 상대가 정성스레 작업한 것에 고칠 점이 있을 때 change(바꾸다) 대신 tweak(개선하기 위해 살짝 수정/변경하다)을 쓰면 기존의 것에서 조금만 손을 보자는 뜻이 됩니다. 결과물의 가치를 인정하면서 동시에 부드럽게 변경 사항을 요청할 수 있는 멋진 표현이에요.

You might want to run that by her first.
(일방적으로 결정하는 것보다) 먼저 그녀의 의중을 들어보는 게 좋을 것 같아.

- Run by ~는 '~의 의중을 듣다, ~에게 …을 물어보다'의 의미예요.

MP3 **1 2 9**

망설여지는 포인트가 다른

hesitant vs. reluctant

1 '망설이다' 하면 hesitate이 생각날 정도로 hesitate은 우리에게도 익숙하고 네이티브가 자주 쓰는 동사입니다. 특히 회사에서 주저하지 말고 언제든 연락하라고 할 때 많이 쓰이죠.

> **If you have any questions, please don't hesitate to give us a call.**
> 궁금한 게 있으시면 주저하지 말고 전화 주세요.

2 이 hesitate과 뿌리가 같은 형용사 hesitant(망설이는, 주저하는, 머뭇거리는) 또한 망설여질 때 자주 쓰입니다. Cambridge 사전을 보면 not doing something immediately or quickly because you are nervous or not certain이라고 나오는데요. 특히 걱정되거나 의구심이 나서 바로 결정 못하고 망설이는 느낌이 hesitant예요.

> **I was a little hesitant at first, because I wasn't sure if I was making the right choice.** 내가 옳은 선택을 하는 건지 확신이 안 서서 처음엔 좀 망설여졌어.

3 내가 잘 하는 건지 확신이 안 서서 쉽게 결정하지 못할 때 hesitant를 쓴다면, reluctant는 딱히 내키지 않거나 거부감이 들어 꺼려질 때 씁니다. Hesitant의 어원이 being undecided 인 반면 reluctant의 어원은 struggling against/unwilling이에요. 딱히 하고 싶지 않아서 주저하고 망설이는 게 reluctant인 거죠. 좀 더 부정적인 뉘앙스를 풍깁니다.

예를 들어 I'm hesitant to do this.가 이게 잘 하는 행동인지 확실치 않아 망설이는 느낌이라면, I'm reluctant to do this.는 이렇게 하는 게 내키지 않고 마지 못해 하는 느낌이에요.

> **I'm hesitant to sign this.** (쉽게 결정하기 힘듦) 여기에 사인하는 게 맞는 건지 잘 모르겠네요.
> **I'm reluctant to sign this.** (거부감이 듬) 여기에 사인하는 게 딱히 내키진 않아요.

> **You seem a little hesitant.** 망설이시는 것 같네요/쉽게 결정을 못 하시는 것 같네요.
> **You seem a little reluctant.** 마지못해 하시는 것 같네요.

맨 처음 문장 Please don't hesitate to give us a call.에서 hesitate을 쓴 것도 '내가 괜히 전화해서 귀찮게 하는 건가? 괜한 질문을 하는 건가?' 이런 생각하며 전화하는 걸 망설이지 말고 바로 전화하라는 의도입니다.

UNIT 17

궁금해서 물어보는 것과 추궁하는 느낌의 차이가 나는

Why did you ~? vs. Why would you ~?

MP3 130

1 꼭 어떤 표현을 써야 하는 것 외에 말투, 표정에 따라 같은 문장이 좋은 뜻이 될 수도 있고 비꼬아 말하는 느낌을 줄 수도 있어요. 다음 표현을 보세요.

> **Thanks to you, I was able to finish it on time.**
> (기분 좋은 목소리로) 덕분에 제시간에 마칠 수 있었어.

> **Thanks to you, I got in trouble. I hope you're happy now.**
> (짜증난/화난 어투로) 네 덕분에 나 곤란해졌거든. (내가 이런 상황에 처해서) 넌 기뻐하길 바라.

2 이처럼 표현 자체보다 말투나 표정이 뉘앙스 차이에 훨씬 더 많은 영향을 주지만, Why did you ~?와 Why would you ~? 이 둘은 표현 자체에 뉘앙스 차이가 있습니다. 먼저, 단순히 상대가 왜 특정 행동을 한 건지 궁금할 땐 Why did you ~?를 씁니다.

> **A** **Why did you buy this car?** (단순히 구입 사유가 궁금한 상황) 왜 이 차를 산 거야?
> **B** **I just wanted to treat myself. Besides, it's pretty fuel-efficient.**
> 그냥 나를 위한 선물을 해 주고 싶었어. 게다가 연비도 꽤 괜찮아.

3 그런데 위 상황에서 Why would you buy this car?라고 물어보면 느낌이 완전히 달라져요. 도대체 왜 이런 차를 산 건지 추궁하는 느낌을 주거든요. 도대체 왜 그런 행동을 한 건지 이해도 안 가고 납득이 안 돼 물어볼 땐 Why would you ~?를 씁니다. Did와 would, 한 단어 차이인데 느낌은 사뭇 다르죠.

> **A** **Why would you buy this car? I mean, it looks ridiculous.**
> (색상이나 모양이 정말 특이한 차) 도대체 왜 이런 차를 산 거야? 아니, 되게 우스꽝스러워.
> **B** **I know. I wish I could return it.**
> 그러니까. 환불할 수 있다면 하고 싶어. (그런데 환불이 안 돼.)

왜 그런 행동을 한 건지 궁금해서 물어볼 땐 Why did you do that?, 도대체 왜 그런 행동을 한 건지 상대방의 저의를 물어볼 땐 Why would you do that?. 이렇게 뉘앙스 차이가 있지만, Why did you do that?도 인상을 쓰고 추궁하는 말투로 물으면 Why would you do that?의 느낌을 줄 수 있으니, 표정이나 어투도 신경 써 주세요.

좋게도, 안 좋게도 쓰일 수 있는

as good as it gets

MP3 131

1   영화 〈이보다 더 좋을 순 없다〉의 원제가 'As Good As It Gets'예요. 길을 걸을 때 보도블록의 틈을 밟지 않고, 식사 중인 손님을 쫓아내서라도 레스토랑에선 언제나 같은 테이블에 앉아야 하는 유별난 소설가 멜빈이 단골 식당의 직원인 캐롤과 사랑에 빠집니다. 그런데 멜빈의 이런 이해할 수 없는 행동들에 진절머리가 난 캐롤이 'Why can't I just have a normal boyfriend?'(난 왜 그냥 평범한 남자 친구를 사귈 수 없는 거야?)'라며 짜증을 내지요. 이 말을 들은 캐롤의 엄마가 'Everybody wants that, dear. It doesn't exist.(얘야, 모두가 다 그런 '평범한 남자 친구'를 원하지만 그런 건 존재하지 않아.)'라며 뼈 때리는 조언을 해 줍니다.

이 영화의 제목을 As good As It Gets로 지은 건 내용과 정말 완벽히 어울리는 것 같아요. 좋게 보면 이보다 더 좋을 순 없을 정도로 정말 좋다는 게 되고, 나쁘게 보면 이보다 더 좋을 순 없으니 이 정도로 만족하고 행복해야 한다는 게 되거든요. 이 두 가지 사용법을 정리합니다.

❶ 정말 좋을 때의 as good as it gets

일단 이보다 더 좋을 순 없을 만큼 정말 좋을 때 as good as it gets를 쓸 수 있습니다.

A **This was a great year for us. We got married, and we got our careers on track. This is as good as it gets.**   우리에게 올해는 정말 좋은 한 해였어. 결혼도 하고 커리어도 잘 되고 있고, (이보다 더 좋을 순 없을 정도로) 정말 좋아.

B **Yeah, I couldn't be happier.**   그러게. (이보다 더 행복할 수 없을 정도로) 정말 행복해.

❷ 부정적인 뉘앙스로 쓰일 때의 as good as it gets

정말 좋을 때도 쓰일 수 있지만, 사실 as good as it gets는 부정적인 뉘앙스로 더 자주 쓰여요. 여기서 더 좋아질 순 없고 이게 최선이니 그냥 받아들이라는 뉘앙스입니다.

A **My screen froze again.**   화면이 또 멈췄어.

B **Well, that's as good as it gets for a 300-dollar laptop.**   음. 300달러짜리 노트북으론 그게 최선이야.

It's not perfect, but due to time constraints, that's as good as it gets.   완벽하진 않지만 시간 제약상 그게 최선이에요.

● Due to time constraints는 '시간적 제약 때문에, 시간상'이란 뜻입니다.

179

UNIT 19

똑똑하게 잘 활용할 때도, 악용할 때도 쓸 수 있는

take advantage of

MP3 132

1 Take advantage of는 '(내게 이득이 되도록 어떤 기회/제안을) 잘 이용/활용하다'란 뜻이에요. 내게 도움이 되는 advantage(이점, 장점)만 현명하게 쏙쏙 빼서 가져갈 때 씁니다.

Make sure to take advantage of this special offer.
(사려면 이번 세일 기간을 놓치지 말아야 한다며) 이번 특별 할인/제안을 꼭 잘 활용하도록 하세요.

I want to take advantage of this opportunity.
나 이 기회를 잘 활용해 보고 싶어.

2 좋은 기회나 제안 외에 어떤 상황이 내게 이득이 되도록 똑똑하게 잘 활용할 때도 take advantage of를 씁니다.

A **What did you do over the weekend?** 주말에 뭐 했어?
B **I took advantage of the beautiful weather and played golf the whole weekend.**
(좋은 날씨를 최대한 활용해 골프를 즐긴 느낌) 날씨가 너무 좋아서 주말 내내 골프 쳤어.

I always try to take advantage of my weekends by spending time with my family. 난 가족과 시간을 보내며 늘 주말을 최대한 잘 활용하려 해.

3 그런데 내게 이득이 되는 부분에만 초점을 맞추면 이기적인 마음에 선을 넘는 행동을 할 수도 있잖아요. 그래서 부정적인 상황에선 '악용하다, 이용해 먹다'란 뜻으로도 쓰입니다. 단물만 쏙쏙 빼먹고 버리는 느낌인 거죠.

I think she's taking advantage of me. 난 그녀가 날 이용해 먹는 것 같아.

I think she's taking advantage of your kindness.
(한없이 착한 상대의 성격을 악용할 때) 난 그녀가 네 선한 마음을 이용해 먹는 것 같아.

A **It's my treat.** 제가 대접할게요.
B **No, I don't want to take advantage of your generosity.**
아니에요. (상대가 계속 베풀기만 하자 미안한 마음에 관대함을 이용하고 싶지 않다며)
제가 계속 이렇게 얻어먹을 수만은 없어요.

못 본 척할 때도, 진짜 못 보고 넘어갈 때도 쓸 수 있는

overlook

1   Overlook을 보면 하나하나 꼼꼼히 보는 것보단 그냥 위에서 쓱 보고 넘어가는 느낌이 들어요. 그냥 쓱 보고 넘어가는 건 똑같은데, overlook은 보고도 못 본 척해 줄 때와 진짜 못 보고 넘어갈 때, 두 가지 상황에서 쓰일 수 있습니다.

일단 보고도 못 본 척, 관대하게 눈 감아줄 때의 overlook부터 정리할게요. Overlook은 '(특히 누군가의 부족한 점이나 실수를) 못 본 척하다/눈감아주다'의 뜻으로 쓰입니다.

   A **Sorry about the typo.** 오타가 있어 죄송해요.

   B **I know it was a last-minute ask. I can overlook it.**
      충분한 시간을 준 것도 아니고 막판에 닥쳐서 요청한 건데 오타 정도는 넘어가야지.

      ● I can overlook it.(그 정도는 그냥 넘어갈 수 있어.)은 내 자신을 여유로워 보이게 하는 좋은 표현인 것 같아요. 그 정도 실수나 부족함은 그냥 이해하고 넘어갈 수 있다는 뜻이니까요.

   A **Do you think she'll let it slide?** 네 생각엔 그녀가 그냥 넘어가 줄 것 같아?

   B **I don't know. It's hard to overlook a mistake like that.**
      잘 모르겠어. 그런 실수를 못 본 체하고 넘어가긴 힘들잖아.

2   Overlook은 Cambridge 사전에 pretend not to notice something(뭔가를 알아채지 못한 척하다)에 이어 fail to notice something(뭔가를 알아채지 못하다)이라고도 나와요. 이처럼 '(어떤 사실이나 문제를) 못 보고 넘어가다, 간과하다'의 뜻으로도 자주 쓰입니다.

   A **You're being very thorough.** 정말 하나도 빠뜨리지 않고 꼼꼼히 보는구나.

      ● Thorough는 '철저한, 빈틈없는'의 뜻입니다.

   B **Well, I don't want to overlook anything.**
      음, 뭐 하나라도 못 보고/놓치고 넘어가고 싶지 않아서.

   We shouldn't overlook the fact that the first option costs more.
   첫 번째 옵션이 더 비싸다는 점을 간과해선 안 돼요.

3   어떤 직책에 누군가를 고려 대상으로 삼지 않거나 마치 없는 사람인 것처럼 관심을 주지 않고 무시할 때도 overlook이 쓰입니다.

   He's been overlooked for promotion for years.
   수년간 그는 승진 대상으로 고려되지 않았어.

   She doesn't deserve to be overlooked. 그녀는 그냥 썩히긴 아까운 인재야.

MP3 134

1   좋은 기분일 땐 be in a good mood(기분이 좋다), 나쁜 기분일 땐 be in a bad mood(기분이 안 좋다)
    라고 할 수 있어요.

> **A** **Is Chris in a good mood? I need to talk to him about something.** (Chris와 얘기하러 가기 전에 확인차) Chris 기분 좋은 상태야? 뭐 좀 얘기할 게 있어서.
>
> **B** **No, he's in a bad mood. I wouldn't go talk to him now.**
> 아니, 기분 안 좋은 상태야. 나라면 지금 얘기하러 가지 않을 거야.

> **A** **You're in a good mood today.** 너 오늘 기분 좋아 보인다.
>
> **B** **Yes, I am. It's a payday!** 응, 기분 좋아. 오늘 월급날이거든!

2   그럼 He's in a mood는 좋은 기분일까요, 나쁜 기분일까요? Be in a mood는 네이티브
    가 평소 자주 쓰지만 정확한 뉘앙스를 모르면 오역하기 쉽기에 확실히 알아두셔야 해요.
    Be in a mood를 Cambridge 사전에서 찾아보면 to not be friendly to other people because
    you are feeling angry라고 나와요. 즉, 기분이 안 좋을 때 씁니다. 특히 지인이 오늘따라 기
    분이 안 좋아 보일 때 농담 섞인 말투로 Someone's in a mood.(여기 기분 안 좋은 사람 하나 있네.)로
    자주 쓰는데요. 안 그래도 기분 안 좋은데 대놓고 You're in a bad mood.(너 기분 안 좋구나.)라
    고 하면 발끈할 수 있잖아요. 편하게 농담할 수 있는 사이라면 무슨 일이 있는지 좀 더 돌
    려 묻는 느낌인 Someone's in a mood.를 써 주세요.

> **A** **Someone's in a mood.** 여기 기분 안 좋은 사람 하나 있네.
>
> **B** **Sorry, it's been one of those days.** 미안. 그냥 일진이 안 좋은 그런 날이야.

> ● 뭘 해도 다 잘 안 되는, 이것저것 연달아 안 좋은 일만 일어나는 그런 날에 It's been one of those days.(일이 잘
>   안 풀리는 그런 날이야.)를 자주 씁니다. 응용해서 지인이 오늘따라 안 좋은 표정으로 계속 한숨만 쉴 때 'Are you
>   having one of those days?(오늘 뭔가 좀 안 풀리는 날인가 봐요?)'라고도 쓸 수 있어요.

> **A** **Should we go talk to her today?** 그녀에게 오늘 가서 얘기할까?
>
> **B** **We should wait till tomorrow. She's in a mood.**
> 내일까지 기다리는 게 좋겠어. 그녀 기분이 안 좋더라고.

MP3 135

상황에 따라 은근 빈정 상하게 하는

Thanks in advance

1 웃으면서 예의 바르게 얘기하지만 은근 속뜻이 있는 것 같고 돌려서 명령하거나 비난하는 듯한 느낌을 주는 걸 passive aggressive(수동적 공격 성향의)라고 해요. 비즈니스 이메일에서 passive aggressive의 대표 표현으로 항상 손꼽히는 게 Thanks in advance.(미리 감사합니다.)랍니다. 이 표현은 일방적으로 부탁하는 상황에서 쓰면 은근 빈정 상하게 할 수 있는데요. 미리 감사드린다는 건 상대가 당연히 도움을 줄 거라는 전제 하에 미리 고마움을 표현하는 거고, 좋게 요청하지만 결국 '해 줄 거지?' 이 느낌을 줄 수 있거든요.

물론 상대와의 관계, 평소 행동, 말투, 표정에 따라 passive aggressive 표현이 별로 기분 나쁘지 않게 들릴 수도 있지만, 특히 비즈니스 이메일에선 평소 잘 알고 지내는 정말 친한 사이도 아니고 글로 감정을 섬세하게 표현하긴 힘들기에 특히 더 신경 써야 해요.

이렇게 설명하면 '어? 난 회사에서 Thanks in advance란 표현 종종 봤는데?'라고 생각하는 분들이 계실 거예요. 상대가 당연히 내 요청을 들어줄 걸 기대할 수 있는 상황일 때 Thanks in advance를 써도 어색하지 않아요. 부하 직원에게 일을 시킬 때나 협업하는 동료 사이에선 상대가 도와주는 게 당연하니까요.

Thanks in advance for cooperating with these rules.
(직원들이 꼭 협조해야 하는 부분을 공지하며) 이 규칙들을 따르는 데 협조해 주셔서 미리 감사드립니다.

Thanks in advance for the time.
(의무적으로 참석해야 하는 미팅 참여에 미리 감사 인사를 전하며) 시간 내 주셔서 미리 감사드립니다.

2 그런데 상대가 나를 꼭 도와야 할 의무가 없는 상황에서 일방적으로 부탁하면서 Thanks in advance를 쓰는 건 어색해요. 상대가 아직 날 도와주겠다고 한 게 아니기에 미리 고맙다는 말 자체가 상대에게 부담을 줄 수 있거든요. 대신 이렇게 말하세요.

Thanks. 또는 Thank you. 고맙습니다.

- 단순히 내 이메일을 읽어 준 것에 고마움을 표현한 것일 수도 있기에 in advance만 빼도 자연스러워요.

Thank you for your consideration.
(요청 사항을 고려해 주는 것만으로도 고맙다는 뉘앙스) 고려해 주셔서 고맙습니다.

I'd greatly appreciate any help you can offer.
(크든 작든 상관없이) 어떤 도움이라도 주실 수 있다면 정말 감사드리겠습니다.

UNIT 23

포커스가 다른

on the phone　　vs.　　over the phone

1　On the phone과 over the phone은 둘 다 일상에서 자주 쓰이지만 포커스가 달라요. On the phone은 전화 통화하는 행동 자체에 포커스가 맞춰져 있습니다. 단순히 전화를 사용해서 대화를 나누는 데 초점이 있어요.

He's on the phone. 　그는 통화 중이야.

You must be Luke. We spoke on the phone.
(전화 통화 후 처음 만났을 때) 당신이 Luke 씨군요. 저희 전화 통화했었잖아요.

Can you put Harvey on the phone? 　Harvey 좀 바꿔 줄 수 있어?

- 'put 사람 on the phone '은 마치 누군가를 통화할 수 있게 데려다 놓는 것처럼 전화를 바꿔 줄 때 씁니다.

옆에 있는 사람들도 대화 내용을 들을 수 있게 스피커폰으로 해 놓을 땐 상대에게 그렇게 한다고 얘기해 주는 게 기본 매너예요. 둘이서만 통화할 때와 달리 여러 명이 통화 내용을 듣고 있다면 상대가 공유하고 싶은 내용이나 정도가 달라질 수도 있으니까요.

Let me put you on speakerphone. 　스피커폰으로 해 놓을게.

You're on speakerphone. 　지금 스피커폰이야.

2　전치사 over(~을 통하여, ~을 매체로 하여)는 수단을 얘기할 때도 쓰이는데요. Over the phone(전화로, 전화를 통하여)은 특히 어떤 거래나 서비스를 전화로 처리하는 것에 초점이 맞춰져 있어요.

Do I have to do it in person, or can I do it over the phone?
직접 가서 해야 하나요, 아니면 전화로 해도 되나요?

It's too complicated to explain over the phone.
(만나서 얘기하자며) 전화상으로 설명하긴 너무 복잡한 내용이라서요.

I'm not comfortable giving you that information over the phone.
전화상으로 그런 정보를 드리는 게 불편하네요.

- 뭔가를 하고 싶지 않을 때 I don't want to ~(~하고 싶지 않아요)라고 직설적으로 표현해도 되지만, I'm not comfortable + 동사ing/with + 명사(~하는 게 불편하네요)로 불편한 의사를 부드럽게 표현할 수 있습니다.
  I'm not very comfortable with this conversation.
  (대화 주제에서 벗어나고 싶을 때) 이 대화가 아주 편치만은 않네요.

연락하는 과정이 차이나는

reach VS. reach out

MP3 137

1 Reach를 보면 전 학창 시절에 외운 '닿다, 도달하다'가 가장 먼저 생각나요. 이 reach는 '연락하다'란 뜻으로도 자주 쓰이는데, 특히 다른 사람과 전화나 이메일로 의사소통할 때 reach를 씁니다.

> **Is there another number where I can reach him?**
> (실질적으로 연락이 닿을 수 있는 번호를 요청) 그에게 연락할 수 있는 다른 번호가 있을까요?

> A **How can I reach you?** (연락이 닿게) 통화하려면 어디로 연락하면 될까요?
> B **You can reach me at this number after office hours.**
> (개인 연락처를 주며) 근무 시간 외엔 이 번호로 연락하시면 돼요.

2 Reach가 실제 상대방에게 연락이 닿아 소통하는 데 초점이 맞춰져 있다면, reach out은 연락이 닿게 노력하고 시도한 것에 초점이 맞춰져 있어요. Cambridge 사전에서 reach out 을 찾아보면 to try to communicate with a person or a group of people, usually in order to help or involve them이라고 나오는데요. 여기서의 핵심은 to try to communicate 즉, 의사소통하려 노력한다는 거예요. 손을 뻗는 것(reach out)과 실제 손이 닿는 것(reach)은 다른 것처럼, 연락이 닿으려(reach out) 전화를 열 번 걸어도 한 번도 안 닿을 수도(reach) 있겠죠.

> **I reached out to 5 more, and none of them would take my call.**
> 다섯 명 더 연락해 봤는데 아무도 내 전화를 안 받더라.

> **Why don't you reach out to him?**
> (단순히 연락했다고 그와 대화할 수 있다는 보장은 없기에) 그에게 연락해보는 게 어때?

> - 이렇게 말하고 나중에 그와 실제 연락이 닿아 대화할 수 있었는지 물어볼 땐 'Were you able to reach him?(그와 연락이 됐어/연락이 닿았어?)'을 씁니다.

3 전 개인적으로 Thank you for reaching out.(연락 주셔서 고맙습니다.)을 가장 많이 쓰는데요. 상대가 나와 연락이 닿으려고 노력한 것에 감사함을 표현하는 뉘앙스로, 특히 비즈니스 관련해 제게 연락하신 분들께 예의상 덧붙이는 말로 자주 씁니다.

> **Thank you for reaching out. Unfortunately, I won't be able to collaborate with you at this moment, but please keep me posted for future opportunities.** 연락 주셔서 고맙습니다. 아쉽게도 지금은 함께 일을 할 수 없지만, 추후에 좋은 기회가 있다면 연락 부탁드려요.

UNIT 25

Really 위치에 따라 느낌이 달라지는

I really don't know   vs.   I don't really know

MP3 138

1   '난 진짜 모른다고'와 '난 잘 모르겠어'는 느낌이 다르죠. 이 차이를 영어로는 really의 위치로 표현할 수 있어요.

I really don't know.(난 정말 몰라.)는 내가 진짜 모른다는 걸 강하게 강조할 때 씁니다. Really가 don't 앞에 위치해 정말 모른다는 걸 강조한 느낌이에요. 반면 I don't really know.(난 사실 잘 모르겠어.)는 내가 아는 게 맞는지 확실치 않을 때 씁니다. I don't really know의 really는 '꼭, 사실'의 뜻이며, 부정문에서 말하는 내용의 강도를 완화하기 위해 쓰인 거예요.

> **I really don't know what to do.**
> (아무리 생각해 봐도 정말 모르겠다는 걸 강조) 어떻게 해야 할지 난 진짜 모르겠어.

> **I really don't know him.**   (강조) 난 진짜 그가 누군지 몰라.

> **We've met, but I don't really know him.**   그를 만난 적이 있긴 한데 사실 잘 몰라.

2   Know 외에 다른 동사로도 응용해 쓸 수 있어요. 제가 별로 안 좋아하는 음식을 상대가 먹어 보라고 권유하는 상황이라고 가정해 볼게요.

> A **Just try it.**   그냥 먹어 봐.
> B **No, I don't really like oysters.**   아니야, 난 사실 굴 별로 안 좋아해.

이렇게 굴을 별로 안 좋아한다고 얘기했는데도 불구하고 계속 먹어 보라고 권유하는 거예요. 그런데 싫다는 데도 계속 입에 넣어 주려 하면 욱해서 '아, 나 진짜 안 좋아한다고!'라고 정색하며 말할 수 있겠죠.

> A **Come on, try it!**   에이, 한 번 먹어 보라고!
> B **I said no. I really don't like it.**   싫다고 했잖아. (강조) 나 진짜 안 좋아한다고.

물론 의사소통을 할 땐 표현 못지 않게 말투나 표정의 영향도 많이 받지만, 이렇게 really의 위치에 따라 느낌이 달라진다는 걸 꼭 기억해 두세요.

같은 뜻으로 쓰이는

I couldn't care less **vs.** I could care less

MP3 139

1 I couldn't care less(정말 신경 안 써/하나도 관심 없어)는 마치 이보다 덜 신경 쓸 수 없을 정도로 정말 신경 쓰지 않는다는 걸 강조할 때 자주 쓰입니다.

> **I couldn't care less about what people say about me.**
> 난 사람들이 나에 대해 뭐라고 하든 전혀 신경 쓰지 않아.

> **I couldn't care less about how much money you make.**
> 네가 돈을 얼마나 버는지 난 전혀 관심 없어.

2 그런데 구어체에선 I could care less도 똑같은 의미예요. 그래서 위 예문에 couldn't을 could로 바꿔도 같은 뜻이라는 거죠. Couldn't과 could는 반대 표현이기에 논리적으로 따지고 보면 이 두 표현이 같다는 게 말도 안 되죠. 그렇지만 영영사전에도 나와 있을 만큼 정말 예외적인 표현이기에 기억해 두셔야 해요.

Cambridge 사전에서 couldn't care less를 찾아보면 to not care at all이라고 나와요. 뭔가를 전혀 신경 쓰지 않는다는 거죠. 그리고 could care less를 찾아보면 완전 똑같이 to not care at all이라고 나와요. Merriam-Webster 사전에도 We define could care less and couldn't care less on the same page, with the single definition used to indicate that one is not at all concerned about or interested in something.이라며 두 표현 다 같은 의미로 정의한다고 나와요. 그리고 이어 이 두 표현이 어떻게 같은 뜻이 된 건지, 반어법으로 비꼬아 말하다 보니 그렇게 된 건지(sarcasm), 단순히 문법적인 실수가 굳어진 건지(lack of education)는 확실치 않다고 하면서, 둘 다 같은 뜻이기에 둘 중 선호하는 표현을 쓰면 된다고 합니다.

> **I could care less about politics.** 전 정치엔 정말 관심 없어요.

> **I could care less whether you remember it or not.**
> 네가 그걸 기억하든 말든 난 정말 관심 없어.

저는 평소에는 I couldn't care less를 쓰되, 네이티브가 I could care less를 쓰면 '아, 전혀 신경 쓰지 않는다는 걸 강조한 거구나'라고 이해하고 넘어가는 걸 추천해요. 왜냐면 일부 영어 선생님이나 문법에 예민한 분들은 이 두 표현이 같지 않다고 꼬투리를 잡을 수도 있으니까요.

UNIT 27

품사가 다른

affect vs. effect

MP3 140

1 Affect와 effect는 스펠링도, 발음도 비슷해서 헷갈리기 쉬운데요. 품사가 다르기에 확실히 구분지어야 해요.

Affect는 주로 '영향을 미치다'란 동사로 쓰입니다. 외우는 팁 하나를 드리면, A로 시작하니 뭔가에 영향을 미치는 행동이나 변화를 일으키는 행동, 즉 action에 초점이 맞춰 있다고 생각하면 외우기 쉬워요.

예를 들어 남자 친구와 거의 맨날 말다툼을 한다면 거기서 비롯된 스트레스나 부정적인 에너지가 회사 일에 영향을 줄 수도 있잖아요. 그때 It's affecting my work.(일에도 영향을 미치고 있어.)라고 할 수 있어요. 이렇듯 뭔가에 직접적인 영향을 미칠 때 affect를 자주 씁니다.

> **You shouldn't let your love life affect your work.**
> (연애가 일에 영향을 미치게 하면 안 된다며) 연애 때문에 일에 집중 못 하면 안 돼.

> **I hope this disagreement won't affect our relationship.**
> 이 의견 차이가 우리 사이에 영향을 미치지 않으면 좋겠어/이 부분에 우리 의견이 다르다고
> 우리 사이가 서먹해지지 않으면 좋겠어.

2 Effect는 '결과, 영향, 효과'의 뜻이며, 주로 명사로 쓰입니다. 예를 들어, side effects(부작용)는 약을 먹고 생기는 결과잖아요. 이처럼 effect는 어떤 행동에 의해 초래되는 결과나 영향을 얘기할 때 씁니다.

> **His speech affected the stock market, and its effects were immediate.**
> (그가 연설을 하자마자 주가가 폭락 또는 폭등한 상황) 그의 연설은 주식 시장에 영향을 미쳤고 그 영향은 즉각적이었다.

> **Cutting down on drinking will only have a positive effect on your health.**
> (술을 줄여서 나쁠 건 없다며) 술을 줄이는 건 네 건강에 긍정적인 영향만 줄 거야.

> - 담배를 줄이는 건 cutting down on smoking, 당을 줄이는 건 cutting down on sugar, 탄수화물을 줄이는 건 cutting down on carbs 등으로 다양하게 응용할 수 있어요.

3   그런데 affect는 '주로' 동사로 쓰이고 effect는 '주로' 명사로 쓰인다고 한 이유는, affect가 명사로 쓰일 때도 있고, effect가 동사로 쓰일 때도 있기 때문이에요. Affect가 명사로 쓰일 때는 심리학적 용어로 '감정'의 뜻이 있긴 하지만, 전문적인 용어로 쓰이기에 일상에서 affect는 동사로만 쓰인다고 생각해도 무방합니다.

Effect는 '(변화 등을) 초래하다'란 뜻의 동사로 쓰일 때도 있는데요. 이때는 effect change(변화를 일으키다)로 가장 많이 쓰이기에 이 표현 하나만 정리해 볼게요.

This new management may effect change in our company culture.
이번에 들어온 새로운 경영진이 우리 회사 문화에 변화를 일으킬 수도 있어.

4   여기에 동사 effect 대신 affect를 쓰면 기존에 있던 변화에 영향을 미친다는 뉘앙스가 돼요. 그래서 새로운 경영진이 '싹 다 바꿔 버릴 거야'의 태도로 변화를 일으킨다는 뉘앙스의 effect change를 쓴 거죠.

한 마디로 정리해 affect는 주로 동사로 쓰여 '영향을 미치다,' effect는 주로 명사로 쓰여 '결과, 영향, 효과'로 쓰이지만, effect가 '(변화 등을) 초래하다'란 뜻의 동사로 쓰일 땐 effect change(변화를 일으키다)로 가장 많이 쓰인다, 이렇게 기억해 두시면 affect와 effect의 활용법이 깔끔하게 정리됩니다.

UNIT 28

띄어쓰기 한 칸 차이인데 같다고 착각하기 쉬운

everyday vs. every day

MP3 141

1 Everyday와 every day는 띄어쓰기 한 칸 차이인데 사실 뜻과 활용법이 달라요. 한 단어로 붙여 쓰는 everyday는 형용사로 '흔히 있는, 일상의, 평범한'의 뜻입니다. Everyday wear(일상복), everyday people(평범한 사람들), everyday activity(일상적인 활동) 등 다양하게 응용돼요.

> A **How does this purse look?** 이 가방 어때 보여?
> B **It's really nice, but I don't think it's practical for everyday use. I mean, it can barely fit a cellphone.**
> 정말 근사하긴 한데 평소 일상에서 쓰기엔 실용적이지 않은 것 같아. 내 말은, 핸드폰 하나도 들어갈까 말까 한 사이즈잖아.

> **Working out is part of my everyday routine.**
> 운동하는 건 제 일상 루틴 중 일부예요.

> **It was just an everyday conversation, nothing special.**
> 별로 특별할 것 없는 그냥 일상적인 대화였어.

2 우리에게 익숙한 부사 '매일'은 every day로 한 칸 띄어서 써야 해요.

> **I drink coffee almost every day.** 난 거의 매일 커피를 마셔.

> **I try to work out every day.** 난 매일 운동하려 노력해.

또 every morning(매일 아침), every night(매일 밤), 또는 강조해서 every single day(하루도 빠지지 않고 매일) 등 다양하게 응용해 쓸 수 있습니다.

> **We have a meeting every morning.** 우리는 매일 아침 회의가 있어.

> **He likes to have a one-on-one every week.**
> 그는 매주 일대일 면담을 하는 걸 좋아해.

> **I go to church every single Sunday.**
> (강조) 난 매주 일요일마다 교회에 가.

> ● 어쩌다 한 번 빠지더라도 일요일마다 꾸준히 간다는 걸 강조할 때 쓸 수 있어요.

단순히 단수, 복수로 외우면 안 되는

gut vs. guts

1 Gut을 사전에서 찾아보면 '내장'이라고 나와요. 그런데 '내장'이라고만 외우면 '내장'이란 단어를 우리가 일상에서 자주 쓰지도 않아서 네이티브가 썼을 때 오역하기 쉬워요. Gut의 기본적인 뜻은 앞에서 말한 '내장, 소화관'인데요. 우리가 특정 행동을 하거나 하지 말아야 할 때 뭔가 배에서 스멀스멀 올라오는 느낌이 있죠. '아, 이거 왠지 하면 안 될 것 같은데'처럼 논리적으로 설명하기 힘든 그냥 느낌적인 느낌이요. 이처럼 gut은 일상에서 '직감, 촉, 본능'이란 뜻으로 자주 쓰입니다.

> **A** I don't know what to do. 어떻게 해야 할지 모르겠어.
> **B** Well, what does your gut tell you?
> 음, (감이란 게 있잖아) 넌 느낌상 어떻게 해야 할 것 같아?
>
> ● 네이티브에게 영어로 조언하기란 참 어렵죠. What does your gut tell you?(넌 직감/느낌상 어떻게 해야 할 것 같아?)는 화려한 조언을 하지 않고도 상대가 직접 답을 찾을 수 있게 도와주는 느낌으로 평소에 쉽게 쓸 수 있어요.
>
> **Trust your gut.** 네 직감/촉을 믿어.

2 그런데 직감적으로(gut) 계속 어떤 느낌이 들면 그걸 밀어붙일 용기가 생기죠. 그래서 -s가 붙은 guts는 '배짱, 용기'란 뜻으로 쓰입니다.

> **You've got to have some guts.** 넌 배짱을 좀 가져야 해.
>
> **A** You don't have the guts. 넌 그럴 배짱 없잖아.
> **B** Just watch. 그냥 지켜 봐.

3 가끔 미드나 영화를 보면 I hate his guts.란 표현이 나오는데요. 이때 guts는 배짱이나 용기가 아닌 '그 사람을 구성하는 행동, 태도, 인격 등을 포함한 사람 전체'를 의미합니다. 직역하면 '그의 내장조차도 싫어'이지만 그 정도로 그 사람의 모든 게 싫다는 거죠. 물론 이 강한 표현을 우리가 실제 쓸 상황은 극히 드물기에 gut은 '직감, 촉,' guts는 '배짱, 용기'로 기억해 주세요.

UNIT 30

둘 다 레스토랑에 쓸 수 있지만 뜻이 다른

to go   vs.   go-to

MP3 143

1   To go와 go-to는 비슷해 보이지만 완전히 다른 뜻으로 쓰여요. To go는 레스토랑이나 카페에서 테이크아웃을 할 때, 즉 포장해 가서 다른 장소에서 먹을 때 쓰입니다. To go, 즉 가져가려는 목적으로 주문을 하는 거죠.

Is it for here or to go?
드시고 가실 건가요, 포장해 가실 건가요?

I'd like a burger to go.
햄버거 하나 포장해 가고 싶어요.

2   반면 go-to는 형용사로 '뭔가 필요할 때 생각하지 않고 바로 찾게 되는'을 의미해요. 예를 들어, 바닐라 라떼가 제 go-to drink라고 하면 카페에서 음료를 주문할 때 다른 고민 없이 바로 바닐라 라떼를 주문할 정도로 제가 즐겨 찾는 음료라는 거죠. 뭔가 필요할 때 바로 거기로 선택해 간다(go to)고 생각하면 쉽게 와 닿아요.

It's my go-to place for burger.
(햄버거 먹고 싶을 때 가장 먼저 찾게 되는 레스토랑) 나 거기 햄버거 먹으러 자주 가.

It's my go-to brand for electronics.
(전자제품 구매할 때 가장 먼저 찾게 되는 브랜드) 난 전자제품을 살 때 그 브랜드를 자주 선택해.

3   회사에선 go-to person이란 표현을 자주 쓰는데요. 특히 도움이 필요하거나 문제가 있을 때 가장 먼저 찾는 해결사 같은 사람에게 씁니다.

Christian is my go-to person for new ideas.
새로운 아이디어가 필요할 때 난 Christian에게 물어봐.

She's my go-to person for fashion advice.
패션에 관한 조언이 필요할 때 난 그녀에게 물어봐.

4   그런데 누군가의 go-to person이 된다는 건 그만큼 날 필요로 하고 의지한다는 거지만, 회사에서 무슨 문제가 있을 때마다 사람들이 날 찾아오면 잡일이나 뒤처리는 다 내가 하는 것 같은 느낌을 받을 수도 있잖아요. 그래서 go-to person인 직원이 회사에서 다들 나한테만 일을 시키는 것 같을 때 다음 문장을 투덜거리는 느낌으로도 자주 써요.

I'm tired of being the go-to person for everything.
난 무슨 일만 생기면 사람들이 날 찾아오는 것에 지쳤어.

UNIT 31

애정의 정도가 다른

go-to vs. favorite

MP3 144

1   Go-to를 Cambridge 사전에서 찾아보면 used to describe the best person, thing, or place for a particular purpose or need라고 나와요. 즉, 특정 목적을 달성하거나 뭔가 필요할 때 가장 최선의 선택지를 go-to라고 하는 거죠. 그런데 내가 즐겨 찾고 자주 간다고 해서 그게 내가 가장 좋아한다는 거라는 보장은 없어요.

예를 들어 제가 가장 좋아하는 카페는(my favorite café)는 파주에 있는데, 거리상 파주까지 쉽게 갈 수는 없으니 회사 앞에 맛, 가격, 위치가 괜찮은 제 go-to café를 평소 커피가 마시고 싶을 때 가장 먼저 머릿속에 떠올리겠죠. 또 제가 가장 좋아하는 전자제품 브랜드는 A사인데, A사 제품은 가격이 비싸기에 가격, 품질, 디자인 다 제 기준에 맞는 B사를 평소 더 즐겨 찾을 수도 있고요.

이렇게 평소 즐겨 찾고 자주 갈 땐 go-to, 내가 가장 좋아하는 대상엔 favorite을 쓰는데요. 커피를 좋아하는 제겐 맛있는 커피를 파는 카페가 정말 많기에 딱 하나만 골라 favorite을 쓰긴 힘들어요. 그래서 평소 제가 즐겨 찾는 카페란 뉘앙스인 It's my go-to café. 또는 제가 가장 좋아하는 카페 중 하나라는 It's one of my favorite cafés.를 훨씬 더 자주 씁니다. 내가 가장 좋아하는 게 딱 하나라면 favorite을 써도 되지만, 좋아하는 감정을 유지하되 더 부담 없이 표현할 수 있는 'one of my favorite + 복수명사'가 더 자주 쓰여요.

A   I love Little Italy. Seriously, I could eat their pasta all day, every day.
난 Little Italy 정말 좋아해. 진짜 하루 종일, 매일 거기 파스타만 먹을 수 있을 정도로.

B   It's one of my favorite restaurants, too! Let's go there for dinner tonight.
거기 내가 가장 좋아하는 레스토랑 중 하나거든! 오늘 저녁에는 거기 가서 먹자.

2 자신 있게 딱 하나 골라 말할 수 있을 만큼 내가 진짜 좋아할 땐 강조해서 my all-time favorite(역대, 내 평생 가장 좋아하는)을 쓰세요.

It's my all-time favorite vacation spot.
거긴 제가 가 본 곳 중 정말 최고의 휴양지예요.

A **You're my all-time favorite person!**
넌 진짜 내가 제일 좋아하는 사람이야!

- 내 평생 가장 좋아하는 사람이라니 이런 강한 표현을 누구한테 쓸 수 있을까 고민하지 말고 정말 속마음을 터놓고 모든 걸 공유할 정도로 가까운 친구에게 쓰세요. 이 표현이 부담스럽다면 one of my favorite people(내가 제일 좋아하는 사람 중 한 명)로 바꿔서 쓰면 되겠죠.

B **I feel the same way about you.**
너도 나한테 그래.

UNIT 32

생각하는 범위가 다른

I thought of you　　vs.　　I thought about you

MP3 **145**

1　Think of와 think about은 상황에 따라 미묘한 뉘앙스 차이가 있기에 확실히 알아두셔야 해요. 기본적으로 of는 '~의,' about은 '~에 대한'의 뜻이죠. 그래서 think of(~을 떠올리다, ~을 생각하다)는 어떤 대상의 일부 또는 대상 자체를 생각하는 느낌이고, think about(~에 대해 생각하다)은 어떤 대상에 대해, 연관된 것까지 이것저것 생각하는 느낌입니다. I thought of you. 가 '너를 생각했어.' 즉, 너란 대상 자체에 초점이 맞춰져 있다면, I thought about you.는 '너에 대해 생각했어.' 즉, 너와 관련된 것들도 포함해 이것저것 생각한 거죠.

예를 들어, 미국에 있는 지인이 한국 음식을 먹다 문득 제가 생각났다며 이메일을 보낼 때 I went to the Korean restaurant the other day, and I thought of you.(저번에 한국 식당에 갔는데 네가 생각나더라.)라고 하면 순간 잠시 저를 떠올린 느낌이에요. 반면 I thought about you.(너에 대해 생각했어.)를 쓰면 저란 사람 자체 외에도 저와 함께한 추억, 저의 부모님 등 저에 대해 좀 더 구체적으로 이것저것 생각했다는 뉘앙스가 됩니다.

〈오페라의 유령〉에 나온 〈Think of Me〉란 곡의 제목에 think of가 들어간 것도 무대에서 공연할 때 자주는 아니더라도 가끔 나란 사람이 있었다는 걸 생각하고 기억해 달라는 내용이기 때문인데요. 나에 대해 구체적으로 이것저것 생각해 달라는 think about me보다 부담 없지만 이 상황에선 훨씬 더 여운이 남죠.

Thinking of you,
Seul
(지인에게 친근함을 표현하는 이메일 끝 인사말로) 너를 생각하며, 슬

2   Think about은 뭔가를 깊게 생각하고 분석할 때, 또 구체적인 계획을 세울 때도 자주 써요.

> **A**   **What's on your mind?**
> 뭘 그리 골똘히 생각하고 있어?
>
> **B**   **I'm just thinking about my mom. She's not doing so well.**
> 그냥 엄마에 대해 이것저것 생각하고 있어. 좀 편찮으셔서 말이야.

엄마가 아프시면 더 잘 해 드릴 걸, 병이 악화되는 건 아니겠지, 더 큰 병원에 가 봐야 하나 등 엄마를 중심으로 이것저것 생각하고 걱정하게 되죠. 그래서 이땐 think about을 쓰는 게 자연스러워요. 또 늘 머릿속이 일로 가득할 때도 I think about work 24/7.(난 주야장천 일에 대해 생각해.)라고 할 수 있는데요. 단순히 일 자체만 생각하는 게 아니라 어떻게 해야 더 효율 적으로 일할 수 있을까, 어떻게 상사에게 잘 보일 수 있을까, 비즈니스 영어를 어떻게 공 부할까, 이렇게 이것저것 생각하는 것이라서 think about이 더 자연스럽습니다.

Thinking of you

UNIT 33

정말 좋은 날에도, 정말 안 좋은 날에도 쓰이는

What a day!

MP3 146

1 기분 좋은 의사소통에서는 예쁜 표현을 쓰는 것도 중요하지만, 말투나 표정도 그에 맞춰 적절히 표현하는 게 정말 중요해요. 정말 잘됐다며 축하해 줄 때 자주 쓰는 Good for you!(잘 됐다!)도 비꼬는 말투로 얘기하면 '잘됐네, 정말 잘됐어~!' 식의 부정적인 뉘앙스로도 쓰일 수 있거든요.

You got an A on your test? Good for you!
(지인이 시험을 잘 봤을 때 축하해 주며) 시험에서 A 받았어? 정말 잘했네!

Good for you.
(늘 돈 자랑하는 지인이 비싼 차 샀다고 끊임없이 자랑하자 듣기 싫은 목소리와 무표정으로) 정말 잘됐네.

2 What a day! 또한 말투나 표정에 따라 정말 좋을 수도, 안 좋을 수도 있어요. 긍정적인 감정에서 부정적인 감정까지 오늘 일어난 일에 대한 놀라움, 기쁨, 충격 등의 감정을 강조해서 말할 때 쓰이거든요. 두 가지 활용법을 소개합니다.

❶ What a day! 정말 멋진 하루였어!

긍정적인 의미로 더 자주 쓰이는 What a day!는 기억에 남을 만큼 특별하고 좋은 날을 표현합니다.

A **What a day!**
(신나는 목소리로) 아, 정말 특별한 하루였어!

B **I know. Things couldn't have gone better.**
그러게. (이보다 더 잘 풀릴 순 없을 만큼) 상황이 정말 잘 풀렸어.

What a day! I got the job offer I'd been waiting for, and I also won $50 in the lottery.
정말 좋은 하루였어! 그동안 기다려 왔던 회사의 합격 소식도 들었고 로또에 50달러 당첨됐어.

2 What a day! 정말 힘든 하루였어!

정말 스트레스 받는 힘든 날에도 What a day!를 씁니다.

A What a day…
(지친 목소리로) 아, 정말 고된 하루다….

B Well, let's deal with this tomorrow. Go home and get some rest.
음, 이건 내일 처리하도록 하자. 집에 가서 좀 쉬도록 해.

What a day… I'm so tired that I can't even move an inch.
아, 정말 힘든 하루였어. 너무 피곤해서 조금도 못 움직이겠네.

UNIT 34

서류를 주고받을 때 의미가 다른

come through   vs.   go through

MP3 147

1   Come through와 go through는 서류를 주고받을 때 뉘앙스 차이가 확 느껴져요. 일단 단순히 come을 '오다', go를 '가다'로 외우면 오역하기 쉬운 상황이 많아져요. 배달 음식이 도착해서 배달 기사가 초인종을 눌렀을 때 '네, 나가요'는 뉘앙스로 분명 간다는 뜻인데도 I'm coming을 쓰거든요. 대화하는 상대와 내가 서로 가까워지면 come, 서로 멀어지면 go를 쓴다고 기억해 주세요. 배달 기사와 제가 서로 가까워지기에 I'm coming을 쓴 거죠.

이것이 서류를 주고받을 때 come through와 go through에도 똑같이 적용돼요. Come through는 나한테 오는 것, 내가 받아야 하는 것, 즉 sent to me(나한테 보내져서 나와 가까워지는)한 상황에서 씁니다. '(서류, 돈 등이) 들어오다, 도착하다'란 뜻이죠.

> **Have the survey results come through yet?**   아직 설문 조사 결과 안 들어왔어?

특히 전자 송금, 팩스, 이메일 등으로 뭔가를 못 받았을 때, 나한테 아직 안 들어왔을 때 자주 써요.

> **Can you e-mail it to me again? I even checked the spam folder, but I don't think it came through.**
> 이메일로 다시 보내주실 수 있나요? 스팸 메일함도 확인했는데 안 들어온 것 같아서요.

> **My apologies. It just came through.**   아, 죄송해요. 방금 들어왔네요.

2   반면, go through는 내가 보낸 자료가 승인, 통과돼서 다음 단계로 넘어가는 상황일 때, 즉 sent from me(내게서 보내져 나와 멀어지는)한 상황에서 씁니다. '(거래, 서류 등이) 승인/통과/성사되다'란 뜻으로 쓰이는 거죠.

> **Has the paperwork gone through yet?**   아직 서류 통과 안 됐어?

특히 내가 보내려는 자료나 정보가 잘 안 보내질 때나 다음으로 잘 넘어가지 않을 때 자주 써요.

> **"The payment didn't go through. Please try again."**
> (결제 오류 메시지) 지불이 승인되지 않았습니다. 다시 결제해 주세요.

> **I don't think the wi-fi is working. I'm trying to send an e-mail, but it's not going through.**
> 와이파이가 안 되는 것 같아. 이메일을 보내려 하는데 다음 창으로 안 넘어가/안 보내져.

할 수 있는 것과 하고 싶은 것의 차이인

Be up to vs. Be up for

MP3 **148**

1 '난 공부 못 해'와 '난 공부 안 해'는 듣자마자 확연한 차이가 느껴지는 것처럼, 네이티브에게도 be up to와 be up for는 완전 다른 느낌이에요.

Be up to를 Macmillan 사전에서 찾아보면 well enough, strong enough, or good enough to do something이라고 나와요. 육체적이나 정신적으로, 또는 능력상 뭔가를 충분히 해낼 수 있을 때 be up to(~를 해낼 수/감당할 수 있다)를 씁니다.

> A **Do you think he can handle this?** 넌 그가 이걸 해낼 수 있을 거라 생각해?
> B **Yes, he's more than up to the job.**
> (강조) 응. 그는 이 일을 충분히 해내고도 남을 만큼 유능해.

> A **What if I'm not up to the job?**
> (임신 후 걱정) 만일 내가 (좋은 엄마가 될) 준비가 안 됐으면 어쩌지?
> B **Don't worry. You're going to be a great mother.**
> 걱정하지 마. 넌 정말 좋은 엄마가 될 거니깐.

2 Be up to가 뭔가를 해내고 감당할 수 있는 능력에 초점이 맞춰져 있다면 be up for는 뭔가를 하고 싶어 하는 마음, 의사에 초점이 맞춰져 있어요. Macmillan 사전에서 찾아보면 willing to do a particular activity라고 나오는데요. 할 수 있어도 하고 싶지 않을 때 I'm not up for it.이라고 할 수 있는 거죠. 뉘앙스 차이가 확실히 느껴지게 예문들로 비교해 볼게요.

> **I'm not up to the job.** 난 그 일을 감당할 능력이 안 돼.
> **I'm not up for the job.** 난 그 일을 할 마음이 없어.

> **Are you up to the job?** 그 일을 해낼 수 있겠어?
> **Are you up for the job?** 그 일을 할 마음이 있어?

하고 싶지만 못하는 것과 할 수 있어도 안 하는 것은 완전 다른 얘기이기에 두 표현의 뉘앙스 차이를 확실히 기억해 두세요.

201

UNIT 36

제안에 긍정적인 태도를 나타낼 때 쓰이는

I'm up for ~와 I'm down for ~

MP3 149

1 Up(위)과 down(아래)이 반대 표현이란 건 우리 다 알고 있어요. 그런데 흥미롭게도 뭔가를 하고 싶다는 의사를 나타낼 땐 be up for와 be down for, 둘 다 '~할 의향이 있다, ~하고 싶다'란 뜻으로 쓰여요. 그냥 무작정 외우면 금방 기억에서 잊히니까 제가 외운 방법을 알려 드릴게요.

'~하러 갈 사람?'이라고 누군가 물어봤을 때 마치 손을 들고 벌떡 일어나며 '저요, 저요!'라고 하는 것처럼 뭔가를 할 의사가 있을 때 be up for를 쓸 수 있어요. 또 '~하러 갈래?'라고 물어봤을 때 괜찮은 제안처럼 느껴져서 '그래, 좋아. 내 이름도 그 명단에 적어 줘(write me down)'의 느낌으로 be down for도 쓸 수 있다고 외우면 쉽게 와 닿아요.

참고로 둘 다 뭔가를 하고 싶은 의사를 표현할 때 쓰이지만, down이 좀 더 캐주얼한 슬랭 느낌 표현이에요. 그래서 둘 다 어떤 제안에 긍정적인 태도를 나타낼 때 쓰인다는 기본적인 뜻은 알고 있되, 일상에선 be up for를 쓰는 걸 추천합니다.

> A **Do you want to go out tonight?** (집에 있지 말고) 오늘 밤에 나가서 뭔가 할까?
> B **Yeah, I'm up/down for it.** 그래, 그러자.
>
> **Are you up/down for another drink?** 술 한잔 더 마실래?

2 뭔가를 할 의사가 없을 때도 응용해 쓸 수 있습니다.

> A **Do you want to go to the movies?** 영화 보러 갈래?
> B **Well, I'm not really up/down for the movies tonight.**
> 음, 오늘 밤엔 별로 영화 보러 가고 싶지가 않아.

가끔 'Are you up for ~?(~하고 싶은 마음 있어?)'라고 물어볼 때 답변을 I'm down for ~(~하고 싶은 마음 있어)라고 해도 되나요?'란 창의적인 질문을 받는데요. 그냥 질문에 맞춰서 답변하는 게 훨씬 더 자연스럽고 보편적입니다.

MP3 150

느낌이 완전히 다른

Thank you for noticing. **Thank you for noticing me.**

vs.

1   Notice는 동사로는 '알아채다, 인지하다', 명사로는 '공지'의 뜻으로, 의미가 완전히 다릅니다. 그래서 Thank you for noticing.이라고 하면 공지해 줘서 고맙다는 뜻이 아닌 '관심을 갖고 알아채 줘서 고맙다'는 뜻이 되죠.

A   **I can tell you put a lot of effort into this.**
여기에 많은 노력을 들였다는 게 딱 보니 느껴지네.

● I can tell은 '~란 걸 알 수 있어'란 뜻으로, 상황을 보면 바로 느끼거나 판단할 수 있는 점을 언급할 때 자주 쓰입니다.

B   **Indeed. Thank you for noticing.**
(상대의 눈썰미를 칭찬) 정말 그랬는데 알아봐 주셔서 고맙습니다.

A   **I think there's a typo.**   오타가 있는 것 같은데.
B   **Oh, my bad. Thank you for noticing.**
아, 제가 실수했네요. (관심을 갖고 집중해 봐야 오타를 잡아낼 수 있기에) 알아채 주셔서 감사해요.

2   그런데 동사 notice를 '공지하다'로 잘못 쓰는 분들이 공지해 줘서 고맙다는 뉘앙스로 Thank you for noticing me.를 종종 쓰시더라고요. 전 Thank you for noticing me.를 보면 곰돌이 푸(Pooh)의 친구 당나귀 이요르가 생각나요. 항상 우울하고 비관적인 아웃사이더 느낌의 이요르가 영화 〈Christopher Robin〉 엔딩 부분에서 Thank you for noticing me.(내 존재를 알아봐 줘서 고마워.)라고 합니다. 자기 같은 존재는 무시하거나 없다고 생각하고 넘어가기 쉬운데, 그렇지 않고 친구로 생각해 주고 나란 존재가 있다는 걸 인지해 줘서 고맙다는 뉘앙스로 쓴 거죠. 그래서 회사에서 단순히 회의 시간이 바뀌었다고 공지해 준 동료에게 쓰기엔 어색한 표현이에요.
뭔가를 공지해 주고 알려 줘서 고맙다고 할 땐 이렇게 쓰세요.

Thank you for notifying me.   공지해 줘서 고마워.

Thank you for letting me know.   알려/말해 줘서 고마워.

Thank you for the heads-up.
(상황을 접하고 놀라지 않도록 귀띔해 줬을 때) 미리 알려 줘서 고마워.

POP Quiz!

부정적인 감정보다 해결책 마련에 초점이 맞춰진 걱정
worry vs. concern ☐

제한된, 한계가 있는
so much vs. only so much ☐

결국
in the end vs. at the end ☐

생각/고려하고 있는
in mind vs. on one's mind ☐

(일의) 방식, (사람의) 태도
manner vs. manners ☐

누군가 직접적으로 내게 공지해 줬거나 얘기해 줘서 들은 것
I was told vs. I heard ☐

그가 하는 얘기를 끝까지 들었다
I heard him vs. I heard him out ☐

시기 상조의, 너무 이른
immature vs. premature ☐

어차피 이렇게 된 거 ~하는 게 낫겠어
might as well vs. had better ☐

걱정되거나 의구심이 나서 바로 결정 못하고 망설이는
hesitant vs. reluctant ☐

도대체 왜 그런 행동을 한 건지 이해도 안 가고 납득이 안 돼 물어볼 때
Why did you ~? vs. Why would you ~?

전화로, 전화를 통하여
on the phone vs. over the phone

연락이 닿게 노력하고 시도한 것에 초점
reach vs. reach out

내가 아는 게 맞는지 확실치 않을 때
I really don't know vs. I don't really know

흔히 있는, 일상의, 평범한
everyday vs. every day

직감, 촉, 본능
gut vs. guts

뭔가를 해내고 감당할 수 있는 능력에 초점
Be up to vs. Be up for

(거래, 서류 등이) 승인/통과/성사되다
come through vs. go through

뭔가 필요할 때 생각하지 않고 바로 찾게 되는
to go vs. go-to

CHAPTER 3

학창 시절에 배웠지만
쉽게 못 쓰는 표현들

UNIT 1

The 비교급, the 비교급

~할수록 더 ~하다

MP3 151

1 'The 비교급, the 비교급(~할수록 더 ~하다)'는 예를 들어, 사람들을 더 초대할 때나 뭔가를 더 넉넉히 사자고 제안할 때 The more the merrier.(많을수록 더 좋지.) 형태로 자주 쓰입니다. 여기서 쓰인 merrier는 Merry Christmas!(즐거운 성탄절 보내세요!)에서 merry(즐거운, 기쁜)의 비교급으로 더 많은 사람이 함께할수록 더 즐겁고 기쁘다는 뉘앙스가 됩니다.

A **Can I join you?** 나도 같이 가도 돼?
B **Of course. The more the merrier!** 그럼, 사람들이 많이 오면 더 좋지.

이 외에도 평소 쉽게 쓸 수 있는 The 비교급, the 비교급을 정리합니다.

❶ **The cheaper the better.** 가격이 쌀수록 더 좋아.

A **Which one do you want to go with?** 어떤 걸로 할래?
B **They all look the same to me, so the cheaper the better.**
나한테는 다 똑같아 보여서 가격이 쌀수록 더 좋아.

❷ **The sooner the better.** 빠르면 빠를수록 더 좋아.

A **When do you need it by?** 그거 언제까지 필요해?
B **The sooner the better.** 빠를수록 더 좋지.

2 한 단계 더 나아가 'The 비교급 + 주어 + 동사, the 비교급 + 주어 + 동사'로 좀 더 살을 붙여 볼게요. '많이 베풀수록 더 많이 돌아와'란 말, 네이티브도 똑같이 많이 씁니다.

The more you give away, the more you get back.
더 많이 베풀수록 더 많이 돌아와.

● 아까워하거나 고민하지 말고 더 많이 베풀라며 나눔의 미학을 강조할 때 자주 쓰여요.

The sooner we begin, the sooner we finish.
(꾸물대지 말고 어서 시작하자고 제안할 때) 빨리 시작할수록 더 빨리 끝나.

Gotta + V

~해야 해

MP3 152

1 'Gotta + 동사원형'은 '~해야 해, ~하지 않으면 안 돼'란 뜻인데, gotta는 컴퓨터 워드 프로그램에서 오타로 인식될 만큼 캐주얼한 구어체에서 쓰이는 줄임말이기에 격식을 차린 상황에선 원래 표현(have got to)을 써야 해요. 그런데 gotta에 익숙해도 막상 이게 어떤 표현의 줄임말인지 물어보면 모르시는 분들이 많더라고요. Gotta는 have got to의 줄임말입니다.

I gotta go.
(통화하다가) 나 가 봐야 해/전화 끊어야 해.
(= I have got to go.)

You gotta talk to her and apologize.
너 그녀와 얘기하고 사과해야 해.
(= You have got to talk to her and apologize.)

2 우리에게 익숙한 have to는 have got to보다 더 격식을 차린 표현으로 gotta, have got to, have to의 뜻은 같습니다. 문어체와 공식적인 상황에선 have to를 쓰세요.

We have to try harder.
우린 더 열심히 노력해야 해.
(= We have got to try harder. = We gotta try harder.)

3 Gotta와 스펠링은 비슷하지만 뜻이 다른 Gonna도 정리할게요. Gonna는 going to의 줄임말로 특정 행동을 진행할 예정일 때 be going to = be gonna(~할 예정이야, ~할 거야) 형태로 주로 쓰입니다.

I gotta go now.
(의무, 필요성에 초점) 나 이제 가 봐야 해.
(= I have got to go now.)

I'm gonna go now.
(앞으로 일어날 예정인 일에 초점) 난 이제 가 볼게.
(= I am going to go now.)

UNIT 3

At least

최소한, 적어도

MP3 153

1 At least는 '최소한, 적어도, 어쨌든'이란 뜻으로 크게 두 가지 상황에서 쉽게 쓸 수 있습니다. 평소 쉽게 쓸 수 있는 상황을 정리합니다.

❶ **최소 기준을 말할 때**

비용, 시간 등에 있어 최소 기준을 말할 때

It'll cost at least 50 dollars to fix it. 그거 고치는 데 최소한 50달러는 들 거야.

It'll take at least six months. 최소한 6개월은 걸릴 거야.

최소한의 도리를 말할 때

You could have at least called.
(전화도 안 하고 약속에 늦게 온 상대에게) 최소한 전화 정도는 할 수 있었잖아.

Lunch is the least I can do.
(신세진 지인에게 점심을 사 주며) 최소한 내가 점심은 사야지. (= 점심은 내가 할 수 있는 최소한의 도리야.)

- at least에서 at이 빠지고 the를 쓴 the least는 '최소한의 것, 최소한의 도리'라는 명사로 쓰입니다.

❷ **안 좋은 상황의 정도를 누그러뜨릴 때**

긍정적인 부분을 말할 때

It's not perfect, but at least it's a start.
완벽하진 않지만 그래도 첫 단추는 꿴 거니깐.

합리화시킬 때

Well, at least it was cheap.
(싸게 산 제품이 쓴 지 얼마 안 돼 고장 났을 때) 뭐, 어쨌든 싸게 주고 산 거니깐.

Well, at least I came to the gym.
(피곤해서 제대로 못했지만 빠지지 않고 온 것에 의미를 두며) 뭐, 어쨌든 헬스장에 온 거니깐.

Whether you 동사 it or not

네가 ~하든 말든

1 Whether you 동사 it or not(네가 ~하든 말든, ~를 하든 하지 않든)은 정말 다양한 상황에서 응용해 쓸 수 있지만 일단 이 표현과 친해지도록 우리에게 익숙한 기본 동사 like, want, believe로 정 붙여 볼게요. 참고로 'whether you 동사 it or not'은 문장 맨 앞 또는 맨 뒤에 붙는데, 어디에 붙 든 뜻은 같아요. 동사 뒤에는 앞의 내용에 따라 it이 오기도, 복수형인 them이 오기도 합니다.

❶ Whether you like it or not: 네가 좋든 말든, 네 마음에 안 들더라도

You have to treat him with respect whether you like it or not.
네가 좋든 말든 그에게 정중히 대해야 해.

Whether you like it or not, it's his call.
네 마음에 안 들더라도 그건 그 사람이 결정할 일이야.

❷ Whether you want it or not: 네가 원하든 원치 않든, 네가 원치 않더라도

There will be some changes whether you want them or not.
네가 원하든 원치 않든 변화가 좀 있을 거야.

You have to pay for that whether you want it or not.
네가 원치 않더라도 그 비용을 지불해야 해.

❸ Whether you believe it or not: 네가 믿든 말든, 네가 믿지 않더라도

It's the truth whether you believe it or not. 네가 믿든 말든 그게 사실이야.

Whether you believe it or not, things are going to get better.
네가 믿지 않더라도 상황은 나아질 거야.

- '믿기진 않겠지만 상황이 더 좋아질 거야'로 의역해 어려운 상황은 잠시일 뿐이며 좋은 변화가 올 거라는 긍정적인 표 현으로 자주 쓰여요.

UNIT 5

Be supposed to + V

원래 ~하기로 되어 있다

MP3 155

1   Be supposed to V는 네이티브가 정말 자주 쓰는 대표 표현으로, 우리는 '원래,' 이 '원래' 느낌만 기억해 주면 이 표현을 쉽게 쓸 수 있어요. 가장 쉽게 쓸 수 있는 상황은 예정된 가까운 계획을 말할 때예요. 예를 들어 엄마가 제게 퇴근 후 약속이 있는지 물어볼 때 이렇게 답변할 수 있어요.

> A **Do you have any plans after work?**
> 퇴근하고 약속 있어?
>
> B **I'm supposed to go over to Sarah's.**
> Sarah네 집에 놀러 가기로 했어요.
>
> > ● 구어체에선 지인의 집을 말할 때 Sarah's place를 줄여 Sarah's라고 자주 씁니다.

2   제가 수강생분들께 약속이 있는지 물어보면 습관처럼 be going to로만 답하시더라고요. 그런데 be going to와 be supposed to는 의미가 좀 달라요. Be going to는 내가 실천하고 싶다는 의지가 있고 실제 일어날 가능성이 높은 걸 나타내고요, be supposed to는 특정 행동을 하기로 약속했기에 실천해야 할 의무감은 들지만 꼭 지켜진다는 보장은 없음을 뜻합니다.

그래서 I'm supposed to go over to Sarah's.라고 하면 '원래 계획은 Sarah네 가기로 했는데 다른 일정이 생기면 변경될 수도 있다'는 여지를 남겨요. Be supposed to는 꼭 그렇게 된다는 보장은 없기에 말투에 따라 별로 가고 싶어 하지 않는 느낌을 줄 수도 있어요.

> **I'm supposed to go over to Sarah's, but I might have to work late tonight.**
> (원래) Sarah네 놀러 가기로 했는데 오늘 밤에 야근해야 할 수도 있어요.

반면 I'm going to go over to Sarah's.라고 하면 정말 Sarah네 놀러 갈 것 같은 느낌이 더 강하게 와 닿아요. 우리말로도 '놀러 가기로 했어요'와 '놀러 갈 거예요'의 느낌이 다른 것처럼요.

> **I'm going to go over to Sarah's. It's been a while since we hung out.**
> 저 Sarah 집에 놀러 가려고요. Sarah랑 논 지도 꽤 돼서요.

3   Be supposed to는 이 외에 '원래 특정 행동을 하기로/하지 않기로 되어 있다'며 통상적인 규칙을 상기시켜 가볍게 조언, 경고할 때도 자주 쓰입니다. 예를 들어 제가 길을 가다 다 마신 물병을 바닥에 휙 버린다면, 그 모습을 본 제 지인이 'Come on, you're not supposed to do that.(에이, 원래 그럼 안 되는 거잖아.)이라고 충고해 줄 수 있겠죠.

You're not supposed to smoke in here.
원래 여기서 담배 피우면 안 되는데.

I don't think you're supposed to say that.
(원래) 그렇게 말하면 안 되는 것 같은데.

이렇게 be supposed to에는 기본적으로 '원래'의 느낌이 있다는 걸 꼭 기억해 두세요.

UNIT 6

What if...?

~라면 어떨까?

MP3 156

1   What if ...?는 '~라면 어떨까, 어떻게 될까?'의 뜻으로 크게 세 가지 상황에서 쉽게 쓸 수 있습니다.

❶ 가상의 상황이나 가능성을 탐구하고 질문할 때

마블 코믹스에서 '만약에 토르가 외동 아들이었다면?', '만약에 닥터 스트레인 지가 손이 아닌 마음을 잃었다면?'처럼 만약에 이랬다면 어떻게 됐을지를 상상 하고 가정해서 〈What if ...?〉 시리즈를 냈는데요. 이처럼 가상의 상황이나 가능 성을 탐구하고 질문할 때 What if ...?를 씁니다.

What if I win the lottery?
만약 내가 복권에 당첨된다면 어떻게 할까?

What if we could travel back in time?
만약 우리가 과거로 시간 여행을 한다면 어떻게 될까?

❷ 상황에 대한 대응이나 해결책을 고려할 때

단순히 상상을 넘어 상황이 나쁘게 진행될 경우 그에 따른 대응이나 해결책을 고려할 때도 What if ...?를 자주 쓰는데요. 특히 말투에 따라 어떻게 할 거냐며 따지는 느낌도 줄 수 있습니다.

What if you are wrong? What are you going to do then?
네가 틀리면 어쩔 건데? 그때는 어떻게 할 거냐고?

What if he says no? If he does, we're really going to be in big trouble!
만일 그가 거절하면 어떻게 할 건데? 그렇게 되면 우리 진짜 큰일 날 거란 말이야!

❸ 미리 걱정하고 초조해할 때

어렸을 때부터 아빠가 제게 가장 많이 하셨던 말이 '아직 일어나지 않은 일을 미 리 걱정하지 말거라.'예요. 사실 What if ...?는 저처럼 프로 걱정인들이 미리 걱 정할 때 많이 쓰는 표현이에요.

What if I miss the bus?
(미리 걱정) 내가 버스를 놓치면 어쩌지?

A **What if they don't like me?**
(미리 걱정) 그들이 날 좋아하지 않으면 어쩌지?

B **Then, so be it. You can't please everyone.**
그럼 그냥 그런 거지. 모두를 만족시킬 수는 없어.

2 이렇게 What if …?를 입에 달고 살며 미리 걱정하는 네이티브가 있다면 이렇게 조언해 주세요.

Don't worry about things you can't control.
네가 통제할 수 없는 것에 걱정하지 마.

- 모든 일을 내가 통제하고 해결할 수 있다면 좋겠지만 그건 현실적으로 불가능하죠. 내가 바꿀 수 없고 통제할 수 없는 부분이라면 그걸 가지고 걱정하는 자체가 시간 낭비, 에너지 낭비이기에 그러지 말고 할 수 있는 영역에 집중하라는 좋은 표현입니다.

UNIT 7

When it comes to 명사/V-ing

~에 관해서는

MP3 **157**

1 'When it comes to 명사/Ving(~에 있어서는, ~에 관해서는, ~에 대해서는)'는 학창 시절 분명 외운 적이 있지만 왠지 시험지의 긴 지문에서만 볼 것처럼 느껴지는 듯해요. 물론 이 표현을 쓸 수 있는 상황은 정말 다양하지만 일단 칭찬할 때 쓰기 시작하면 쉽게 정 붙일 수 있어요.

> **Ellie is the best when it comes to presentations.**
> 프레젠테이션에 있어서는 Ellie가 최고야.

> **Ted knows best when it comes to stuff like this.**
> 이런 것에 관해서는 Ted가 제일 잘 알아.

> **Leo is my go-to person when it comes to marketing strategy.**
> 마케팅 전략에 대해서는 난 Leo에게 가서 조언을 구해.

2 이처럼 어떤 분야에 있어서 누군가가 최고라며 칭찬하고 추천해 줄 때 외에, 제품을 추천할 때도 응용해 쓸 수 있습니다.

> **It's the best app when it comes to managing your personal finances.**   개인 재정 관리하는 데 있어서는 그게 최고의 앱이에요.

> **It's the best program when it comes to editing videos.**
> 동영상 편집에 있어서는 그게 제일 좋은 프로그램이야.

3 반대로 뭔가 별로거나 그리 추천하지 않을 때도 응용해 쓸 수 있습니다.

> **Andy is not the best person when it comes to relationship advice.**   Andy는 연애 조언에 있어서는 (조언을 받기에) 가장 적절한 사람이 아니야.

> **It's not a great option when it comes to learning English.**
> 영어 공부에 있어서는 그게 좋은 옵션이 아니야.

이렇게 보니 when it comes to도 짧고 쉬운 문장으로 평소 자주 쓸 수 있을 것 같지 않나요? 어떤 표현을 정말 확실히 내 표현으로 만들기 위해선 일단 내가 평소에 쉽게 쓸 수 있는 '만만한 문장'들로 시작하는 걸 추천합니다. 그러니 when it comes to는 일단 칭찬하고 추천할 때 쓰면서 확실히 정 붙여 주세요.

부사로 쓰이는

that

MP3 158

1 제게 네이티브가 가장 많이 쓰기에 꼭 알아야 할 부사를 한 개만 알려 달라고 하면 전 무조건 부사 that을 뽑을 거예요. 부사 really, very 같은 건 우리에게 정말 익숙하기도 하고 대부분 that을 보면 명사 뜻 '저것, 그것'만 생각하지 부사 뜻을 생각하지 못하시더라고요. 부사 that은 '그렇게, 그 정도, 그만큼'의 뜻으로 정도를 나타내거나 강조할 때 자주 씁니다.

Just click this button, and it's done. It's that simple.
이 버튼만 클릭하면 끝이에요. 그만큼 간단하죠.

A **That's it?** 그게 다야?
B **Yes, it's that easy.** 응. 그 정도로 쉬워.

2 그런데 부사 that을 가장 쉽게 쓸 수 있는 법은 사실 not that(그렇게/그다지 ~하지 않은)인데요. 전 여러분이 아래 예문만큼은 꼭 확실히 익혀 두시면 좋겠어요. 우리말 해석만 봐도 평소 쉽게 쓸 수 있는 기본 회화 표현들이니까요.

It's not that hard. 그건 그리 어렵지 않은걸.
↔ **It's not that easy.** 그건 그리 쉽지 않은걸.

It's not that good. (생각보다 별로일 때) 그건 그리 좋지 않아.
↔ **It's not that bad.** (생각보다 괜찮을 때) 그건 그리 나쁘지 않아.

It's not that cold. (날씨가) 그리 춥지 않은걸.
↔ **It's not that hot.** 그리 덥지 않은걸.

3 우리는 나와 멀리 있는 사람이나 사물을 가리킬 때 '저것, 저'란 표현을 배우고, 나와 가까이 있는 사람이나 사물을 가리킬 때는 '이것, 이'란 표현을 쓴다고 배웠어요. 영어에서도 that(저것, 저)과 this(이것, 이)는 항상 같이 비교되는 표현인데요. 흥미로운 건 우리에게 명사 뜻으로 익숙한 this 또한 '이렇게, 이 정도, 이만큼'의 부사로 자주 쓰인다는 거예요.

It's about this high. (손으로 가리키며) 그건 한 이 정도 높이야.

I didn't know it would be this hard. 이렇게나 어려울지 몰랐어.

I didn't think it would be this easy. 이렇게나 쉬울 거라 생각 안 했어.

앞으로는 that, this를 보며 명사 뜻만 떠올리지 마시고 부사 뜻도 꼭 생각해 주세요.

'~하게 되다'로만 외우면 쉽게 쓰기 힘든

get to

MP3 159

1 'Get to do something = ~하게 되다', 이렇게 중고등학교 때부터 익숙한 get to지만 막상 네이티브를 만나면 get to를 넣어 자신 있게 표현하긴 쉽지 않은 것 같아요. Get to의 정확한 뉘앙스를 설명하기 전에, 미국에 처음 갔을 때 제가 썼던 '꼼수'를 알려 드릴게요. 전 get to를 보면 그냥 get a chance to(~할 기회를 갖게 되다)로 바꿔서 이해했어요. '~하게 되다'란 뜻으로는 확 와닿지 않는 해석이 get a chance to의 줄임말이라고 생각하니 더 쉽게 와닿더라고요.

2 그런데 이건 어디까지나 '꼼수'에 불과하고요. 영영사전 Freedictionary.com에 나온 get to do something의 뜻은 to be given permission or the opportunity to do something, especially that which is desirable and out of the ordinary예요. 여기서 우리가 주의 깊게 봐야 할 부분이 두 군데 있어요. 첫 번째는 to be given permission or the opportunity to do something, 즉, '뭔가를 할 수 있도록 허락이나 기회가 주어지는 것이고요. 두 번째는 그런 상황이 desirable(바람직한)할 때 get to를 쓴다는 거예요. 한마디로 기회가 돼 뭔가 좋은 걸 하게 됐을 때 get to를 쓰는 겁니다. 이 get to가 들어간 것과 안 들어간 것의 의미 차이를 확인해 보세요.

> **A How was the seminar?** 세미나는 어땠어?
> **B I met many people there.** 거기서 사람들을 많이 만났어.

이땐 단순히 세미나에서 사람들을 많이 만났다는 사실 전달에 초점이 맞춰져 있지 그렇게 돼서 좋았다는 뉘앙스는 없어요. 그냥 팩트 전달이 다예요.

> **A How was the seminar?** 세미나는 어땠어?
> **B I got to meet many people there.**
> 거기서 많은 사람을 만날 수 있었어. (그래서 좋았어).

위의 문장처럼 get to가 들어가면 세미나에서 많은 사람들을 만날 기회가 주어졌고(given the opportunity) 그런 상황이 바람직하고(desirable) 좋았다는 뉘앙스가 되죠. 그런데 제가 위에서 I got to meet many people there.(거기서 많은 사람을 만날 수 있었어.), 이렇게 got to를 '~할 수 있었어'로 해석했잖아요. Britannica 사전을 보면 'Often, get to means "to be able."'이라고 나와요. 그래서 got to meet을 '만날 수 있었어'로 해석할 수 있는데, 그런 기회를 갖게 돼 좋았다는 뉘앙스가 담겨 있다는 걸 기억해 두세요.

3 그럼 좀 더 다양한 예문들로 get to (~하게 되다/~할 수 있게 되다)와 정 붙여 보세요.

❶ 처음으로 남자 친구를 부모님께 소개하는 상황

We finally get to meet your boyfriend! 드디어 네 남자 친구를 만나는 구나.

- 딸의 남자 친구를 만날 수 있게 되는 상황이 좋다는 걸 표현

❷ 아이가 엄마한테 불평하며

Why does he get to choose? It's my turn!
왜 형이 고르게 되는 건데요? 제 차례란 말이에요!

- 나도 고르고 싶은데 왜 형한테 고를 수 있는 permission(허락/허가)이 주어지는지에 대한 의문과 이에 따른 불만과 안 좋은 감정을 표현

4 한 단계 더 나아가 부정형 don't get to do something (~하지 못하게 되다/~할 수 없게 되다)도 정리합니다. 이건 상황상 뭔가를 할 수 있는 허락이나 기회가 주어지지 않아 그에 대한 안 좋은 감정을 표현할 때 씁니다.

Now that I've moved, I don't get to see him as much as I used to.
이제 이사해서 예전만큼 그를 자주 보진 못해 (그래서 아쉬워).

Everything is expensive nowadays, so I don't get to eat out as much as I used to.
요즘 모든 게 다 비싸져서 예전만큼 자주 외식하진 못해 (그래서 속상해/아쉬워).

그런데 슬프게도 don't get to를 생각하면 저는 I didn't get to say good bye to him.(그에게 작별인사도 못했어.)가 생각나요. 작별인사를 하고 싶었는데 그러지 못해 속상한 상황, 바람직한 상황은 작별인사를 하는 거였는데 그러지 못해 아쉬운 마음을 didn't get to(~하지 못하게 됐다/~할 수 없게 됐다)를 써서 표현한 거죠. 이처럼 단순히 get to는 '~하게 되다', don't get to는 '~하지 못하게 되다'라고만 외우지 말고 좋고 안 좋은 감정까지 표현한다는 걸 꼭 기억해 두세요.

UNIT 10

도를 넘어 지나치게 할 때

Don't overdo it.

MP3 **160**

1   Overdo는 '~을 지나치게 하다'란 뜻인데요. 말 그대로 뭔가를 오버해서(over) 하는(do) 거죠. 그래서 누군가 뭔가를 도를 넘어 지나치게 할 때 그렇게 하지 말라는 조언조로 위의 표현이 자주 쓰입니다. 예를 들어 프레젠테이션 준비에서 분명 이 정도면 충분할 것 같은데 동료가 오버해서 준비하려는 거예요. 그때 이제 그만해도 될 것 같다는 뉘앙스로 다음과 말할 수 있어요. 뭐든 너무 과한 건 좋지 않으니까요.

> A   **Should I add more pictures?**
> 사진을 더 추가해야 할까?
>
> B   **I think you're overdoing it. It looks great as it is.**
> 이제 그만해도 될 것 같아. 지금 이대로도 멋진 걸.

또 동료와 사내 크리스마스 파티 준비를 맡아 장식하는데 크리스마스라고 신나서 좀 지나치게 화려하게 꾸민 건가, 오버한 건가란 생각이 들 수도 있는데, 그때는 이렇게 말할 수도 있습니다.

> A   **Did we overdo it?**
> 우리가 좀 오버했나?
>
> B   **No, I think it looks great.**
> 아니, 내가 보기엔 정말 멋지기만 한걸.

2   이 외에도 너무 의욕이 앞서 지나치게 할 때 '무리하다'란 뜻으로 overdo를 자주 씁니다. 전 미국에서 근무할 때 눈이 조금 왔다고 상사가 길이 미끄러울 수 있으니 재택근무하라고 팀원 모두에게 전화했을 때 좀 당황했어요. 그땐 코로나 전이어서 제 직종에선 재택근무란 개념이 딱히 없었거든요. 물론 제가 살던 지역이 눈이 자주 오지 않는 남부라 제설도구나 시설이 잘 갖춰져 있지 않기에 그랬을 수도 있지만, 눈이 펑펑 오는 한겨울에도 눈을 뚫고 학교 가는 게 당연했던 전 '아니, 뭐 이 정도 눈 가지고 그러지? 내가 회사에 얼마나 충실한지 열정을 알아보는 테스트인가?'란 생각도 순간 했어요. 그래서 'Don't overdo it. (무리하지 마.)'은 특히 다음과 같이 열심히 사는 우리가 자주 쓸 수 있는 표현인 것 같아요.

❶ 감기 기운이 있는데도 지나치게 열심히 일할 때

Are you sure you're not overdoing it?
무리하는 게 아닌 거 맞지?

❷ 오랜만에 간 휴가에 무리한 일정을 계획할 때

Can we skip the museum? We already have a full schedule, and I don't want us to overdo it.
박물관은 안 가면 안 될까? 이미 일정이 빡빡한데 무리하고 싶지 않아서 말이야.

3   이처럼 너무 의욕이 앞서 지나치게 무리하지 말자고 할 때 overdo를 자주 쓰지만, 무리하고 싶지 않다며 뺀질댈 때도 응용해 쓸 수 있습니다. 예를 들어 친구랑 같이 운동을 시작했는데 헬스장에 온 지 15분도 채 되지 않아 오늘은 여기까지 하고 집에 가겠다고 하며 이렇게 말할 수 있는 거죠.

A **Are you going home already? You just got here.**
벌써 집에 가는 거야? 여기 온 지 얼마 안 됐잖아.

B **Well, I don't want to overdo it.**
뭐, 무리하고 싶지 않아서 말이야.

이렇게 overdo(~을 지나치게 하다)는 다양한 상황해서 응용해 쓸 수 있으니 정확한 뉘앙스와 활용법을 꼭 기억해 두세요.

UNIT 11

너무 과하게 생각하고 고민할 때는

Don't overthink it.

MP3 161

1 뭔가를 많이 생각하는 게 좋을 수도 있지만 너무 지나치게 생각하면 오히려 걱정만 늘고 일의 진행에 방해가 되기도 합니다. 그때 overthink(너무 많이, 오래, 깊게 생각하다)를 쓰세요. 오버해서 과하게(over) 생각하고 고민하는(think) 건 안 좋은 영향을 미친다며, 'Don't overthink it.(너무 깊게 생각하지 마./(그냥 쉽게 생각하고 넘어가면 되는데) 너무 어렵게 생각하지 마.'라고 조언해 줄 수 있어요.

> **A What if she doesn't like me?**
> (소개팅 전 미리 걱정) 그녀가 날 마음에 안 들어하면 어쩌지?
>
> **B Don't overthink it. Just be yourself, and I'm sure she'll like you.**
> 너무 깊게 생각하지 마. (넌 좋은 사람이니) 그냥 있는 그대로의 네 모습을 보여 주면 분명 널 마음에 들어할 거야.
>
> **Let's just pick one and not overthink this.**
> 너무 깊게 생각하지 말고 그냥 하나 고르자.

2 전 어렸을 때부터 professional worrier(프로 걱정인)였는데요. 아빠가 제게 가장 많이 하신 조언이 '딸아, 넌 너무 생각이 많은 것 같아. 아직 일어나지도 않은 일을 걱정하지 말거라.'였거든요. 그래서 제가 바라보는 저의 room for improvement(개선할 수 있는 부분, weakness(약점)보다 더 긍정적인 뉘앙스)를 말할 때 'I tend to overthink things.(난 뭐든 너무 많이 생각하는 경향이 있어.'라고 할 수 있겠죠.

참고로 여기서 tend to(~하는 경향이 있어/~하는 편이야)를 넣어 항상 그런 건 아니지만 그런 편이라며 부정적인 느낌을 완화시켜 말한 점도 캐치해 주세요. 내 자신은 내가 보호해 줘야 하잖아요. 영어 면접 중 약점을 말할 때, 부족한 부분을 인정할 때, 늘 그렇다는 뉘앙스인 일반 동사만 써서 답변하지 말고 tend to를 넣어 좀 더 부드럽게 말하세요.

3 다시 overthink로 돌아가서, 생각이 많은 지인이 여느 때처럼 너무 과도하게 생각할 때 그냥 쉽게 생각하고 진행하면 되는데 지나치게 고민한다면 'You're overthinking this again.(너 또 너무 어렵게/깊게 생각하는 거야.'라며 걱정의 기차에 브레이크를 걸어줄 수 있습니다.

좋은 일이 가득할 때도, 안 좋은 일이 가득할 때도

eventful

MP3 162

1 Eventful은 '다사다난한, 파란만장한'의 뜻으로 특정 기간 동안 정말 많은 일이 일어났을 때 자주 씁니다. 예를 들어 올해 결혼도 하고 승진도 하고 인생의 중요한 이벤트들로 다사다난한 해였다는 걸 표현할 때 This year has been an eventful year for me.(올해는 내게 정말 다사다난한 해였어.)라고 할 수 있어요.

> **A** **How's your week going so far?** 이번 주는 어떻게 잘 보내고 있어?
> **B** **It's been eventful.** (월급도 오르고 중요한 계약도 여러 개 따낸 상황) 정말 다사다난한 주네.

2 그런데 많은 분들이 eventful을 좋은 일로 가득한 상황에서만 쓸 수 있다고 생각하시더라고요. Eventful은 이중적인 의미여서 불미스러운 일로 가득한 상황에서도 자주 씁니다. 그래서 이번 주는 어떻게 잘 보내고 있느냐는 같은 질문에 안 좋은 뉘앙스로 It's been eventful.이라고 답변할 수도 있습니다.

> **A** **How's your week going so far?** 이번 주는 어떻게 잘 보내고 있어?
> **B** **It's been eventful. My son dropped out of college, and I got into a huge argument with my husband for the first time.**
> 정말 다사다난한 주네. 아들은 대학에서 자퇴하고 남편과는 처음으로 큰 말다툼을 했어.

3 이렇게 꼭 eventful에 친절한 추가 설명이 없더라도 설레고 신나는 일들로 가득한 한 주를 보내고 있다면 표정이나 말투 또한 들떠 있는 게 느껴질 거고, 불미스러운 이벤트로 가득한 한 주를 보내고 있다면 표정이나 말투에서 실망스러움과 속상함이 느껴질 거기에 눈치상 이 둘을 구별하는 건 어렵지 않아요. 하지만 군이 안 좋았다는 걸 대놓고 얘기하지 않고도 eventful 이 한 단어로 표현할 수 있기에 불미스러운 일들이 가득했다는 걸 돌려 말할 때 특히 자주 쓰입니다. 예를 들어 친구들과 여행 중 여러 번 싸우기도 하고 예약 관련해 문제도 겪었어요. 그렇다면 여행에서 돌아와 이렇게 말할 수 있겠죠.

> **A** **That trip was certainly eventful.** 정말 다사다난한 여행이었어.
> **B** **Yeah, it was definitely a lot.** 응. 정말 (받아들이기) 벅찰 정도로.

이처럼 eventful의 초점은 여러 일이 일어난 것에 맞춰져 있다는 것, 좋은 일로 가득하든 안 좋은 일로 가득하든 어쨌거나 지루할 틈이 없었다는 것에 맞춰져 있다는 걸 꼭 기억하세요.

UNIT 13

우연히 듣는 것과 의도적으로 엿듣는 것의 차이

overhear **vs.** **eavesdrop**

MP3 163

1   Overhear는 '(남의 대화를) 우연히 듣다, 무심코 듣다'란 뜻으로 다른 사람이 나누는 대화 내용을 의도적으로 들으려고 한 게 아니라 어쩌다 보니 듣게 되었을 때 씁니다. 예를 들어 화장실에 있는데 화장실 문 밖에서 동료들이 대화를 나눈다면 듣고 싶어서가 아니라 그냥 어쩌다 같은 공간에 있어서 그 대화 내용의 일부를 듣는 거잖아요. 그때 그냥 한 귀로 듣고 한 귀로 흘려보내며 넘길 수 있지만, 내가 그 대화에 꼭 끼어들고 싶을 때, 특히 꼭 묻고 싶은 부분이 있거나 조언해 주고 싶은 부분이 있을 때 이렇게 말할 수 있어요.

> **Sorry, I couldn't help but overhear. Is everything okay with Ted?**
> 미안, 어쩔 수 없이 나도 듣게 된 건데 Ted는 괜찮은 거야?
>
> - I couldn't help but ~(~하지 않을 수 없었어/~할 수밖에 없었어)을 응용해 어쩌다 보니 들을 수밖에 없어서 들었다는 뉘앙스로 I couldn't help but overhear.를 자주 씁니다.

> **I couldn't help but overhear your conversation, but are we really in trouble?**
> 어쩌다 보니 너네 대화를 듣게 된 건데 우리 진짜 곤란한 상황인 거야?
>
> - I couldn't help but overhear만 써도 되지만 conversation(대화) 또는 story(얘기) 등을 넣어 구체적으로 얘기해도 돼요.

2   혹시라도 다른 사람이 우리 대화 내용을 들을 수도 있으니 조심해야 한다고 주의를 줄 때도 overhear를 자주 씁니다.

> **Let's keep our voices down. I don't want anyone to overhear our conversation.**
> 목소리 좀 낮추자. 누가 우리 얘기 들으면 안 되니까.

3   그런데 overhear가 내 의지와 상관없이 그냥 들리니까 듣게 된 것에 초점이 맞춰져 있다면 eavesdrop(엿듣다)은 내가 듣고 싶어서 의도적으로 작정하고 들은 것에 초점이 맞춰져 있어요. 예를 들어 동료가 소곤소곤하며 전화통화를 하는데 어떤 내용인지 집중해서 듣거나 사무실에서 상사가 문을 닫고 나누는 대화 내용을 문 밖에서 몰래 집중해서 듣는 게 eavesdrop인 거죠.

이처럼 eavesdrop은 남의 얘기를 몰래, 일부러 엿듣는 느낌이기에 overhear보다 부정적인 느낌이에요. 소곤소곤 속삭이거나 문을 닫고 얘기를 하는 건 다른 사람이 그 대화 내용을 듣지 않았으면 하는 바람으로 하는 행동인데, 어떤 내용일까 궁금해 귀 기울여 들으려 노력하는 것 자체가 안 좋은 행동이니까요. 그래서 지인이 그런 모습을 보일 때 'Come on, let's not eavesdrop.(에이, 엿듣지 말자.)'라고 조언해 줄 수 있습니다. 참고로 엿듣지 말자고 할 때 Let's not overhear.라고는 하지 않아요. Overhear는 어디까지나 그냥 어쩌다 보니 같은 장소에 있어서 내 귀에 들리니까 듣게 된 거니까요.

4   이 외에도 누군가의 대화 내용을 엿듣고서 꼭 그 대화에 끼어들어 해 주고 싶은 말이 있을 때 이렇게 말할 수 있어요.

Sorry for eavesdropping, but I think I could help you.
엿들어서 미안한데 내가 널 도와줄 수 있을 것 같아.

내 의도와 상관없이 어쩌다 보니 듣게 된 것과 내가 듣고 싶어서 엿들은 것은 완전 다르기에 overhear와 eavesdrop의 차이를 꼭 알아두세요.

UNIT 14

특별한 일이 없어 평온할 때도, 지루할 정도로 아무 일이 없을 때도

MP3 164

uneventful

1 앞서 eventful의 초점은 좋든 안 좋든 어디까지나 정해진 기간 동안 여러 일이 일어나 지루할 틈이 없었다는 것에 맞춰져 있습니다. 흥미롭게도 반의어인 uneventful(특별한 일/사건이 없는)도 똑같이 이중적인 의미가 있어요. 둘 다 상반되는 상황에서 eventful과 uneventful, 이 두 단어가 최소 네 가지 상황을 표현할 수 있기에 확실히 정리해 두셔야 해요.

2 일단 uneventful의 초점은 특별한 일이나 사건 사고가 없다는 것에 맞춰져 있어요. 그래서 별일 없었다는 뉘앙스로 자주 쓰입니다. 이때는 딱히 좋은 것도 나쁜 것도 아닌, 꽤 중립적인 뉘앙스예요.

> **A How was your birthday?**
> 생일은 어떻게 보냈어?
>
> **B It was uneventful. I just stayed home and watched a movie.**
> 뭐, 별거 없었어. 그냥 집에 있으면서 영화 봤어.

3 무소식이 희소식이란 말처럼 특히 나이가 들수록 아무 이벤트 없는 평범한 일상이 더 좋아진다고 하잖아요. 그래서 특별한 일이나 사건이 없어 평온할 때, 긍정적인 뉘앙스로도 uneventful(평온한)을 쓸 수 있습니다.

> **I had a lovely, uneventful weekend.**
> 정말 아무런 사건 사고 없이 평화로운 주말이었어.
>
> - 우리에게 '사랑스러운'의 뜻으로 익숙한 lovely엔 '정말 좋은, 즐거운'이란 뜻도 있어요. 여기에서 lovely는 정말 좋고 즐거웠다는 걸 강조하는 느낌으로 쓰였어요.
>
> **A It's been such an eventful week. I can't believe we've lost three of our biggest clients.**
> 정말 (안 좋은 방향으로) 다사다난한 주인걸. 우리가 가장 큰 고객 중 셋이나 잃었다는 게 믿기지가 않아.
>
> **B I know, I hope the rest of the week will be uneventful.**
> 그러게, 이번 주 남은 기간 동안은 아무 일도 없으면 좋겠다.

4   반대로 매일 다람쥐 쳇바퀴 도는 삶처럼 특별한 일이라곤 하나 없는, 지루할 정도로 단조로운 삶일 때도 uneventful(단조로운)을 쓸 수 있습니다.

> **I feel like I'm living an uneventful life. I just go to work and come home every day.**
>
> (다양한 경험이나 변화가 없는 삶에 대한 불만을 토로하며) 내가 지루할 정도로 단조로운 삶을 사는 것 같아. 매일 회사 갔다 집에 오는 것밖에 없어.

POP Quiz !

At least ☐

Gotta + V ☐

Whether you 동사 it or not ☐

The 비교급, the 비교급 ☐

Be supposed to + V ☐

What if...? ☐

Eventful ☐

When it comes to 명사/V-ing ☐

That ☐

Get to ☐

Eavesdrop ☐

Overdo ☐

Overthink ☐

Uneventful ☐

HINT

깊게 생각하다, 너무 많이 생각하다 | ~해야 해 | 특별한 일이 없는 | 최소한, 적어도 | 원래 ~하기로 되어 있다 | 네가 ~하든 말든 | ~에 관해서는 | 저렇게, 그 정도로 | 다사다난한 | ~을 지나치게 하다 | ~라면 어떨까? | ~할 수 있게 되다, ~할 기회를 갖게 되다 | 의도적으로 엿듣다 | ~할수록 더 ~하다

CHAPTER 4

UNIT 1

Cut corners
절차를 생략하다, 대충 해치우다

MP3 165

1   일을 더 쉽게, 빨리 하기 위해 대충 해치우고 넘어갈 때 cut corners(절차를 생략하다, 대충 해치우다)를 자주 씁니다. 조금이라도 더 빨리 가려고 마차를 원래 가야 하는 정상적인 길이 아닌 corner(모퉁이, 모서리)를 가로 질러서 가는 거죠. 그런데 이렇게 모퉁이를 급하게 돌다 보면 마차가 흔들려 위험해질 수도 있고, 오히려 모퉁이를 돌아가는 길이 결과적으로 더 돌아가는 길일 수도 있잖아요. 그래서 편법을 쓰거나 대충 하는 건 좋지 않다는 뉘앙스로 자주 쓰이는 표현입니다.

> **I don't cut corners.**   전 일을 대충하고 넘어가지 않아요.

> **This is not the time to cut corners.**   지금은 대충하고 넘어갈 때가 아니야.

> **I can tell he's poured a lot of money into this project. He didn't cut any corners.**
> 그가 이 프로젝트에 정말 돈을 많이 쏟아부었다는 걸 딱 보니 알겠네.
> (대충 빨리 하고 넘어가지 않고) 정말 제대로 했어.

UNIT 2

Spring is in the air.
봄 기운이 완연하다.

MP3 166

1   겨울이 지나고 봄이 오면 따뜻한 기운이 감돌고 꽃향기도 나고 공기부터 달라져요. 이처럼 봄 기운이 가득할 때 Spring is in the air.(봄 기운이 완연하네.)란 표현을 스몰토크로 자주 씁니다. 이 외에 in the air(~의 기운이 감도는)가 자주 쓰이는 상황을 정리합니다.

> **Christmas is in the air.**
> (장식, 캐롤 등 크리스마스가 다가오는 게 느껴질 때) 크리스마스 느낌이 가득한걸.

> **There is so much excitement in the air.**
> (신나는 일을 앞두고) 흥분감이 정말 공기에서부터 느껴지는걸요.

> **What's going on? I can sense the negative energy in the air.**
> 무슨 일 있어? 부정적인 기운이 확 느껴지네.

The ball's in your court.

네가 결정/처리할 차례야. 이제 네게 달렸어.

MP3 167

1 테니스를 치는데 공이 상대방 쪽 코트로 넘어갔어요. 그럼 이제 상대가 공을 받아칠 차례고 어떻게 받아치느냐에 따라 앞으로의 상황이 달라지겠죠? 이처럼 The ball's in your court.는 이제 공은 네 쪽으로 넘어갔으니 '네가 결정/처리할 차례야. 이제 네게 달렸어.'란 뜻으로 자주 쓰입니다.

We've done everything we can. The ball's in their court now.
우리가 할 수 있는 건 다 했어. 이제 그들에게 달렸어/그들이 처리할 차례야.

The ball's in your court. If you go, I'll go.
네가 결정해. 네가 가면 나도 갈게.

A **Did you talk to Leo?**
Leo와 얘기했어?

B **No, I just left him a message. The ball's in his court.**
아니, 그냥 메시지 남겼어. 이제 그가 어떻게 할지 기다리면 돼.

Skeleton in the closet

숨기고 싶은 비밀

MP3 168

1 내 옷장에 skeleton(해골)이 될 정도로 오랫동안 숨겨 놓은 시신이 있다면 그건 절대 그 누구도 알아서는 안 되는 거잖아요. 그래서 skeleton in the closet은 '숨기고 싶은 비밀, 약점, 과거'란 뜻으로 자주 쓰입니다.
생각해 보면 우리 모두 혼자만 간직하고 싶은 비밀이나 사람들이 알게 되면 창피한 흑역사가 있잖아요. 그래서 We all have skeletons in our closet.(누구에게나 숨기고 싶은 비밀/약점/과거가 있어요.)으로 평소 가장 많이 쓰여요. 반면 털어서 먼지 하나 나오지 않을 만큼 딱히 숨기고 싶은 게 없고 그만큼 당당하다면 다음과 같이 말할 수 있습니다. 참고로 정치 미드에 자주 나오는 표현인 것 같아요.

I have nothing to hide. I have no skeletons in my closet.
전 숨길 게 하나도 없어요. 그런 비밀, 약점, 과거 같은 게 없다고요.

233

UNIT 5

Cut out for
~에 적합한, 소질이 있는, 체질인

MP3 169

1 Cut out for는 '~에 적합한, 소질이 있는, ~가 체질인'이란 뜻이에요. 그래서 뭔가에 내가 소질이 없거나 맞지 않을 때 I'm not cut out for this.(전 적임자가 아니에요. 전 이게 체질에 안 맞아요.) 라고 자주 씁니다. 마치 '의사의 틀', '변호사의 틀', '선생님의 틀' 이렇게 정해진 틀이 있다면 신이 나란 사람을 오려서 만들 때 그 틀에 맞게 만든 게 아니란 느낌이죠. 이 외에도 cut out for가 자주 쓰이는 예문을 정리해 볼게요.

> **Why do you think you're cut out for this job?**
> 왜 자신이 이 일에 적합하다고 생각하시죠?

> **He's not cut out for investing.** 그는 투자가 체질상 안 맞아.

> **Not everyone is cut out for this lifestyle.**
> 이런 라이프스타일이 모두에게 맞는 건 아니야.

UNIT 6

All hands on deck.
모두 힘을 합쳐야 해.

MP3 170

1 항해 중 폭풍이 오거나 갑자기 위급 상황이 닥쳤을 때는 선장이 All hands on deck!을 외쳤다고 해요. 모두 갑판으로 모여 손을 모아 위급한 상황을 헤쳐 나가야 한다는 뉘앙스로 쓴 건데요. 이처럼 목표 달성을 위해 모두가 힘을 합쳐 도와야 할 때, 전사적인 노력이 필요할 때 'All hands on deck.(모두가 힘을 합쳐야 해/손을 모아 도와야 해.)'를 씁니다. 한 손만 갑판 위에 올리고 다른 한 손으로 핸드폰을 하거나 하면 안 되잖아요. 그래서 모두 으쌰으쌰 하자며 팀워크를 강조할 때 쓰여요.

> **We only have 3 hours until the deadline. All hands on deck!**
> 마감 기한까지 3시간밖에 남지 않았어. 모두 힘을 합쳐야 해!

> A **We all stayed up late to work on the project.**
> 그 프로젝트 작업하느라 저희 모두 늦게까지 일했어요.

> B **I'm impressed. All hands on deck!**
> 이렇게 다들 나서서 열심히 일하다니 대단한걸.

From the get-go
처음부터, 시작부터, 애초에

MP3 171

1   From the get-go를 Merriam-Webster 사전에서 찾아보면 from the very beginning이라고 나옵니다. 사전에서도 그냥 beginning이 아닌 very(맨/가장)로 정말 '맨 처음부터'라는 걸 강조해 표현하는데요. 이처럼 어떤 상황이 시작될 때부터 적용되거나 존재한다는 뉘앙스로 '처음부터, 시작부터, 애초에'란 뜻으로 쓰입니다.

We need to do this right from the get-go. 우리 이것, 시작부터 제대로 해야 해.

He liked it from the get-go. 그는 처음부터/애초에 그걸 마음에 들어했어.

- 응용해 처음부터/애초에 뭔가를 마음에 안 들어했을 땐 He didn't like it from the get-go.라고 할 수 있죠.

It was pretty easy from the get-go. (시작부터 꽤 수월했을 때) 처음부터 그건 꽤 쉬웠어.

Not see eye to eye
의견/생각이 다르다

MP3 172

1   상대방의 마음이나 생각을 이해할 때는 서로의 눈을 바라보며 '무슨 말인지 다 알아. 나도 그렇게 생각해'란 표정으로 고개를 끄덕이죠. 이처럼 마치 서로의 눈을 바라보듯 의견이나 생각이 같을 때 see eye to eye(의견을 같이하다)라고 할 수 있습니다.

I'm glad we see eye to eye on this issue.
이 사안에서 우리 의견/생각이 같아 다행입니다.

2   그런데 이 표현은 의견이나 생각이 다르다는 걸 돌려 말할 때 빛을 발해요. 의견이나 생각이 다르다는 건 자칫하면 의견 충돌이 생겨 논쟁을 할 수도 있고, 상대방을 기분 나쁘게 할 수도 있잖아요. 이때 disagree처럼 직설적으로 표현하지 않고 not see eye to eye(의견/생각이 다르다)를 써서 좀 더 부드럽게 표현할 수 있습니다.

We don't see eye to eye on the new marketing strategy.
새로운 마케팅 전략에 있어서는 우리가 생각이 달라.

We don't always see eye to eye, but I respect her as a colleague.
우리가 의견이 다를 때도 있지만 그래도 난 동료로서 그녀를 존중해.

It's impossible to see eye to eye on everything.
모든 면에서 생각/의견이 같기란 불가능해.

UNIT 9

Be on the fence
아직 고민 중이다/결정 못하다

MP3 173

1   마치 울타리 위에 딱 걸터앉아 왼쪽으로 넘어갈지 오른쪽으로 넘어갈지 고민하듯 결정을 못하고 갈팡질팡 고민 중일 때 be on the fence(아직 고민 중이야/결정 못했어)를 씁니다. 뭔가 확실치 않아서 고민되고 결정을 내리지 못할 때 쓰세요.

A **Which one did you decide to go with?**   어떤 걸로 하기로 했어?

 ● Go with는 마치 내가 선택한 대상과 함께 나아가듯 '~를 선택하다/고르다'란 뜻입니다.

B **Well, I'm still on the fence.**   음, 아직 고민 중이야/아직 결정 못했어/아직 확실치 않아.

A **How did the meeting go?**   미팅은 어떻게 됐어?

B **It went well. At first, she was on the fence, but I talked her into buying it.**   잘 진행됐어. 처음엔 그녀가 어떻게 할지 고민했는데 내가 그것 구매하도록 설득했어.

UNIT 10

Go south
떨어지다, (상황이) 악화되다

MP3 174

1   동서남북에서 남쪽은 아래쪽을 향해 있잖아요. 그래서 go south는 마치 차트 방향이 아래쪽을 향하듯 한때 좋았던 상황이 안 좋아질 때 '떨어지다, (상황이) 악화되다, 내리막길로 접어들다'란 뜻으로 쓰입니다.

A **I might lose my job if things go south.**
상황이 나빠지면 나 잘릴지도 몰라.

B **Don't worry. I won't let that happen.**
걱정하지 마. 그렇게 되게 놔두진 않을 테니까.

The economy went south.   경제가 안 좋아졌어.

Stock prices went south.   주가가 떨어졌어.

2   Go south가 상황이 안 좋아지는 거라면 go north는 북쪽, 즉 위쪽을 향하는 거니까 상황이 좋아지는 걸 뜻하는지 묻는 분들이 종종 계시더라고요. 그런데 go north란 표현은 없으니 참고해 주세요.

We have bigger fish to fry.
지금 이럴 때가 아니야/더 중요한 일을 처리해야 해.

MP3 175

1 We have bigger fish to fry를 직역하면 '우리에게 튀겨야 할 더 큰 생선이 있어'란 뜻입니다. 즉, 우리가 더 공들여, 집중해서 튀겨야 할 더 큰 생선이 있으니 자잘한 생선에 신경 쓰지 말라는 느낌으로 '지금 이럴 때가 아니야, 더 중요한 일을 처리해야 해'란 뜻으로 쓰여요. 예를 들어 회사에서 1,000억 원짜리 계약을 앞두고 정말 온 시간과 노력을 거기에다 쏟아도 모자랄 판에 자꾸 동료가 1억 원짜리 계약으로 모두의 집중을 흩트리는 거예요. 그때 Right now, we have bigger fish to fry.(지금은 그것보다 더 중요한 일이 있잖아.)라고 할 수 있는데요. 이처럼 특히 뭐가 더 중요한지 상황 파악을 못하는 듯한 상대에게 돌려서 조언이나 경고를 날릴 때 자주 쓰는 표현입니다.

I know it's important, but right now, we have bigger fish to fry.
그게 중요하다는 건 알겠는데, 지금은 그것보다 더 중요한 일이 있잖아.

A **Can we talk about this?**
이것에 대해 얘기 좀 할 수 있을까?

B **I'm sorry, but right now, I have a bigger fish to fry.**
미안한데, 지금은 그것보다 더 중요한 일을 처리해야 해서 말이야.

- Fish는 단수형과 복수형의 형태가 같아서 bigger fish to fry에서 fish는 복수형으로 쓰였고, a bigger fish to fry에서 fish는 단수형으로 쓰였습니다.

UNIT 12

Sleep on it.
시간을 갖고 잘 생각해 봐.

MP3 **176**

1   중요하거나 어려운 결정을 내려야 할 때 지금 바로 결정하는 것보단 시간을 갖고 생각해 보고 싶을 때가 있죠. 그럼 잠시 상황에서 한 걸음 물러나 더 객관적이고 현명한 결정을 내릴 수도 있으니까요.

  상대에게 지금 당장 결정하지 않아도 되니 한번 잘 생각해 보라는 뉘앙스로 'Sleep on it (하룻밤 자며 시간을 갖고 잘 생각해 봐)'라고 할 수 있는데요. 빨리 결정하라고 밀어붙이는 게 아니라, 고민거리(it) 위(on)에서 잠을 자듯(sleep) 좀 더 고민해 보고 심사숙고해서 현명한 결정을 내리길 바란다는 뉘앙스로 자주 쓰입니다.

> **You don't have to decide now. Just sleep on it.**
> 지금 당장 결정하지 않아도 돼. 그냥 시간을 갖고 잘 생각해 봐.

> **Why don't you sleep on it?**
> 시간을 갖고 좀 더 생각해 보는 게 어때?

2   반면 내가 생각해 볼 시간이 필요할 땐 'Let me sleep on it.(하룻밤 자며 고민해 볼게/생각해 볼게.)'라고 할 수 있어요. 단순히 생각해 보겠다는 뉘앙스인 Let me think about it.과 달리 Let me sleep on it.은 정말 중요한 결정이기에 하루 더 생각하고 고민하며 심사숙고해서 결정하겠다는 느낌을 줍니다.

> **It seems like a great deal, but let me sleep on it and I'll let you know.**
> 좋은 제안인 것 같은데 좀 더 고민해 보고 말씀드릴게요.

> **Let me sleep on it for a few days and get back to you with a decision.**
> 며칠 고민해 보고 결정해서 연락줄게.

Ballpark figure
대략적인 수치/범위, 추정치

1 Ballpark은 '야구장', figure는 '숫자, 수치'란 뜻인데요. 예전엔 야구장에 관객이 얼마나 왔는지 대략 눈대중으로 짐작했다고 해요. 그래서 ballpark figure는 '대략적인 범위, 어림잡은 수치'란 뜻으로 쓰입니다. 대충 어림잡았지만 그래도 꽤 정확한 수치예요.

전 ballpark figure를 보면 영화 〈귀여운 여인〉에서 주인공 비비앤이 에드워드와 일주일치 급여를 흥정하는 장면이 생각나요. 하루가 아니라 일주일 동안 자신을 고용하는 건 비쌀 거란 비비안의 말에 에드워드가 'Give me a ballpark figure. How much? (대략 얼마 정도인지 말해 줘 봐요. 얼마인데 그래요?)'라고 합니다.

2 이처럼 어림잡은 금액을 얘기할 때 가장 많이 쓰이지만 대략 몇 명이 올지 인원을 얘기할 때, 대략 얼마나 걸릴지 기간을 얘기할 때 등 다양한 상황에서 쓸 수 있습니다.

It's a ballpark figure.
(정확한 수치가 아닌) 어림잡은 수치예요.

Ballpark figure is fine.
(정확한 수치가 아니어도 괜찮다며) 대략 어림잡아 말해 줘도 괜찮아.

UNIT 14

Take a rain check

(제의, 초대, 약속 등을) 미루다, 다음을 기약하다

MP3 178

1   앞서 배운 ballpark figure(대략적인 수치/범위, 추정치)에 이어 take a rain check 역시 야구장에서 유래된 대표 표현인데요. 이 두 표현 모두 평소에 정말 자주 쓰이기에 확실히 알아두셔야 해요.

야구 경기는 날씨 영향을 많이 받기 때문에 비나 악천후로 인해 경기 일정이 변경되거나 취소되는 경우가 있습니다. 예전에는 티켓을 구매했지만 경기를 보지 못한 관객에게 추후에 열릴 경기에 무료로 입장할 수 있도록 rain check을 주었다고 해요. 비(rain)가 와서 주는 수표(check)라고 생각하면 외우기 쉬워요.

여기서 나중으로 미루고 기약하는 뉘앙스를 그대로 가져온 take a rain check은 일상에서 어떤 제의, 초대, 약속 등을 받았지만 지금 당장은 받아들이기 힘드니 나중에 다시 받아들이겠다고 할 때 쓰입니다.

예를 들어 지인이 저녁 식사에 초대했는데 사정이 있어 못 가는 상황이에요. 그때 딱 잘라서 'I can't go.(나 못 가.)'라고 하는 것보다 'Can I take a rain check?(다음을 기약해도 될까?)'라고 하면서 부드럽게 얘기할 수 있어요. 거절은 하는 사람도 당하는 사람도 유쾌하지 않기에 '나중에, 다음에' 느낌으로 빈말처럼 자주 쓰이는 표현입니다.

A   **Do you want to join us for a drink?**
우리랑 같이 술 한잔하러 갈래?

B   **I'd love to, but can I take a rain check? I actually have a prior engagement today.**
정말 그러고 싶은데 다음에 같이 가도 될까? 오늘은 사실 선약이 있어서 말이야.

2   Take a rain check은 누군가의 제안을 거절하며 다음을 기약할 때 외에, 기존에 잡힌 약속을 취소하고 다음으로 미룰 때도 쓸 수 있어요.

사실 전 rain check을 보면 영화 〈캡틴 아메리카: 퍼스트 어벤져〉가 생각나요. 사람들을 구하기 위해 자신의 폭격기를 추락시키기 직전 캡틴 아메리카가 연인인 페기에게 'I'm gonna need a rain check on that dance.(춤은 다음에 추러 가야 할 것 같아.)'라며 데이트를 미룹니다. 이후 구출돼 병실에서 깨어나지만 혼수상태로 70년을 보냈다고 설명하는 닉 퓨리에게 'I had a date.(데이트가 있었는데.)'라고 하지요. 이처럼 피치못할 사정으로 이미 잡힌 약속을 다음으로 미뤄야 할 때도 rain check을 쓸 수 있어요.

A **Can I take a rain check on dinner? Something came up at work, and I might have to work late tonight.**
저녁 식사 약속을 다음으로 미룰 수 있을까? 회사에 좀 일이 생겨서 오늘 밤에 야근해야 할지도 몰라서 말이야.

B **Of course, how does next Tuesday sound?**
그래. 다음 주 화요일은 어때?

UNIT 15

I have a lot on my plate
(처리해야 할) 문제가/일이 많아.

MP3 179

1   I have a lot on my plate.을 직역하면 '내 접시에 많은 게 올려져 있다'는 뜻입니다. 접시에 이것저것 많이 올려져 있으면 다른 음식을 더 담기 힘들죠. 그래서 이미 접시에 음식이 많아서 음식을 더 담긴 힘든 것처럼 이미 많은 일이나 책임을 맡고 있기에 더 이상 뭔가를 추가로 감당하긴 어렵다는 뉘앙스로 자주 쓰입니다. 그만큼 바쁘고 벅찬 상황인 거죠.

> **I have a lot on my plate today.**
> 오늘 처리해야 할 문제/일이 많아.

> A **Can you help me with this?**
>   이것 좀 도와줄 수 있어?
> B **Sorry, I already have a lot on my plate.**
>   미안, 이미 나도 해야 할 게 많아서 말이야.

> **She already has a lot on her plate.**
> (더 이상의 일이나 책임을 감당하긴 힘들 거라며) 걘 이미 처리해야 할 문제/일이 많은걸.

2   그런데 상대가 이미 바쁘다는 걸 알지만, 그래도 추가 임무를 줘야 할 때가 있잖아요. 그 때는 이렇게 말하세요.

> **I know you already have a lot on your plate, but this needs to be handled right away.**
> 네가 이미 일도 많고 바쁜 건 아는데, 이건 바로 처리돼야 해서 말이야.

미안한 말투만 더하면 단순히 일만 툭 던져주는 것보다 그래도 상대의 벅찬 상황을 조금이나마 이해하고 알아주는 느낌을 줍니다.

It's a long shot
거의 승산이 없어/잘될 가능성이 희박해.

MP3 180

1   총을 쏘는 걸 shot이라고 합니다. 그런데 목표물과 거리가 가까우면 그만큼 명중시키고 좋은 결과를 낼 가능성이 크지만, 반대로 목표물과 거리가 멀면(long shot) 그만큼 명중시킬 가능성이 작아지잖아요. 그래서 It's a long shot.은 어떤 일이 성공할 가능성이 매우 낮다는 뜻으로 쓰입니다.

    예를 들어 내 스펙으론 합격하기 힘들 것 같은 회사지만 그래도 지원서를 넣으며 시도해 볼 때 It's a long shot, but I'm going to apply anyway.(잘될 가능성은 거의 없지만 그래도 어쨌든 지원해 보려고.)라고 할 수 있어요. 가능성이 낮다고 생각해 시도도 않고 포기하는 것보단 도전해 보려는 의지를 나타내죠.

2   이 외에도 추가 예문으로 long shot의 뉘앙스를 확실히 정리해 볼게요.

I'm going to ask him out. It's a long shot, but you never know.
그에게 데이트 신청을 해 보려고. 잘될 가능성은 별로 없지만 그래도 사람 일은 모르는 거잖아.

- You never know는 특히 미래에 좋은 일이 있을지도 모른다는 뜻을 나타내면서 '누가 알아, 아무도 모르는 거라고'의 의미로 쓰입니다.

It sounds like a long shot.
(얘기를 들어 보니) 거의 승산이 없는 것처럼 들리는데/잘되긴 힘들 것 같은데.

I knew it was a long shot.
(특히 일이 잘 안 풀렸을 때) 거의 승산이 없다는 건 알고 있었어.

Wing it
즉흥적으로 하다, 준비를 제대로 하진 못했지만 일단 해 보다

MP3 181

1   Wing it은 미리 계획하거나 준비하지 않고 즉석에서 행동하고 대처할 때 쓰입니다. 이 표현은 극단에서 무대에 올라가기 전 배우가 대사를 완벽히 외우지 않고 건물 한쪽의 작은 부속 건물(wing)에서 대본을 후다닥 대충 훑어보고 무대에 올라가 즉흥적으로 연기한 것에서 유래했다고 해요. 그래서 뭔가를 사전 준비 없이 임기응변으로 할 때나 준비를 제대로 하진 못했지만 일단 해 볼 때 wing it을 씁니다.

I'm just going to wing it.
(준비를 제대로 하진 못했지만) 그냥 일단 해 보려고.

Let's just wing it.
(융통성을 발휘해 상황에 맞춰 대처하자며) 그냥 일단 해 보자.

2   근데 전 wing it을 보면 미국에서 직장 생활할 때 상사가 늘 wing it하지 말라고 경고했던 게 생각나요. 예를 들어 입사 후 고객과 첫 미팅이 잡히면 긴장되고 걱정돼서 사전 준비를 철저히 하고, 계획도 꼼꼼하게 세우지만, 어느 정도 일이 익숙해지면 임기응변하면 된다는 생각에 느슨해질 수 있잖아요. 뭐 어차피 비슷한 레퍼토리로 미팅이 진행될 텐데 군이 시간 내서 고객에 대해 알아보거나 준비하지 않고 그냥 예전에 썼던 프레젠테이션에 고객 이름만 바꿔 가져가거나 생각지 못한 질문이 들어와도 그때그때 상황 봐 가면서 처리하겠다 생각이 드는 것이죠. 그럼 'Don't try to wing it. They are going to see right through it (제대로 준비해야지 그냥 대충 하려고 할 생각하지 마. 고객들이 다 꿰뚫어볼 거야.)'라고 할 수 있습니다.

We can't just wing it.
미리 준비/연습도 안하고 그냥 대충할 수는 없어.

It's water under the bridge.
다 지나간/끝난 일이야.

MP3 182

1 It's water under the bridge는 '다 지나간/끝난 일이야'란 뜻으로 과거에 있었던 불미스러운 일이나 문제는 이미 지난 일이니 더 이상 신경 쓰지 말고 앞으로 나아가자는 뉘앙스로 쓰입니다. 마치 다리 아래로 흘러가는 강물처럼 이미 다 흘러가고 지나간 일이라는 거죠. 특히 과거에 일어난 일로 마음에 담아둔 것 없이 '난 쿨하게 잊었다'고 할 때 자주 쓰여요.

A **I think I owe you an apology.**
나, 네게 사과해야 할 것 같아.

B **No, there's no need to apologize. It's water under the bridge.**
아니야, 사과할 필요 없어. 다 지나간/끝난 일인걸.

We had our differences back then, but it's all water under the bridge now.
그 당시엔 서로 견해 차가 있었지만 이제 그런 건 다 과거로 날아갔어.

Don't dwell on it.
마음에 담아두지 마/(계속 생각하며) 연연해하지 마.

MP3 183

1 Dwell은 '~에 살다, 거주하다'란 뜻인데요. 여기에 on이 붙은 dwell on은 '~을 곱씹다'란 뜻으로 쓰여요. 마치 과거에 일어난 불미스러운 상황 속에 계속 살면서(dwell) 그 순간을 곱씹어 보는 느낌이죠. 그래서 이미 일어난 상황이나 문제에 과도하게 빠져 부정적인 감정에 머물지 말라는 조언조로 Don't dwell on it.(마음에 담아두지 마. 연연해하지 마.)을 자주 씁니다. 계속 그 상황 속에 살며 자신을 괴롭히지 말고 앞으로 나아가라는 거죠.

I know you're upset, but don't dwell on it.
네가 속상한 건 알겠는데 그렇다고 계속 마음에 담아두지 마.

There's no point in dwelling on the past.
과거에 있던 일을 계속 생각해 봤자 아무 소용 없어.

UNIT 20

Better late than never.
늦게 하더라도 아예 안 하는 것보다는 나아.

1   '젊은이의 패기와 도전정신'은 많이 들어 봤어도 '나이든 자의 패기와 도전정신'은 한 번도 들어 본 적이 없는 것 같아요. 이처럼 나이가 들수록 뭔가에 도전할 때 '아, 이제 와서 이걸 한다고 무슨 소용이 있을까? 이 나이에 시작하면 사람들이 이상하게 생각하지 않을까?' 이렇게 여러 생각을 하며 주춤하게 되는데요. 그렇게 고민하는 지인에게 Better late than never.(늦게 하더라도 아예 안 하는 것보다는 나아.)라고 조언해 주세요. 오늘이 내 인생에서 가장 젊은 나이이고, 영어 공부든 운동이든 지금이라도 시작하고 결과를 얻는 게 아예 안 하는 것보다는 낫다는 정말 좋은 표현입니다.

> A   **I wish I had started sooner.**
> 더 일찍 시작했으면 좋았을 텐데.
>
> B   **Well, better late than never.**
> 뭐, 늦게라도 시작하는 게 아예 안 하는 것보다는 낫잖아.

2   인생의 크고 작은 도전 외에도 다음과 같이 다양하게 응용할 수 있습니다. 이때도 늦게 이뤄지더라도 전혀 안 하는 것보다는 낫다는 뉘앙스가 그대로 연결돼요.

> **I'm going to call her and apologize. It's better late than never.**
> 그녀에게 전화해서 사과하려고. 조금 늦은 감이 있지만 아예 안 하는 것보단 낫잖아.
>
> A   **Sorry, I'm late.**
> 늦게 와서 미안해.
>
> B   **Well, better late than never.**
> (장난끼 있는 말투로) 뭐, 아예 안 온 것보단 그래도 온 게 낫잖아.

3   사실 요즘 같은 백세 시대에 건강하기만 하다면 50대, 60대는 뭔가를 시작해도 결코 늦지 않은 나이잖아요. 나이는 숫자에 불과하다는 뉘앙스로 자주 쓰이는 좋은 조언 표현들도 정리합니다.

> **You're never too old to learn something new.**
> 배움에 있어서 나이는 숫자에 불과해.
>
> **Age is just a number.**   나이는 숫자에 불과해.
>
> **60 is the new 40.**   60살은 요즘 시대엔 40살이나 다름없어.
>
> ● 50 is the new 40, 50 is the new 30 등으로 다양하게 응용해 쓸 수 있습니다.

I wasn't born yesterday.
그런 거에 속을 만큼 난 바보/애송이가 아냐.

MP3 185

1 I wasn't born yesterday.를 직역하면 '난 어제 태어나지 않았어.'죠. 즉, 나도 살만큼 살았고 그에 따른 연륜과 지식이 있는데 그런 것에 속을 만한 애송이가 아니라는 뜻으로 I wasn't born yesterday.(그런 거에 속을 만큼 난 바보/애송이가 아냐.)가 자주 쓰입니다.

예를 들어 누군가 내게 신형 노트북을 단돈 만 원에 주겠다며 비현실적으로 좋은 거래를 제안하는 거예요. 그때 Come on, I wasn't born yesterday. What's the catch?(에이, 제가 그런 거에 홀라당 넘어갈 애송이도 아니고 조건이 뭐예요?)라고 할 수 있겠죠. 이처럼 다른 사람의 의도를 의심하거나 상황을 그렇게 단순히 생각하지 않는다며 속임수를 방지할 때 자주 쓰입니다.

A **I've never sold it at this price. I'm basically losing money.**
이 가격에 팔아 본 적이 없어요. 손해 보고 파는 셈이라고요.

B **I know you're just saying that. I wasn't born yesterday.**
그냥 하시는 말씀인 거 다 알아요. 그런 말에 속을 나이는 아니거든요.

I know what's really happening. I mean, I wasn't born yesterday.
진짜 어떤 상황인지 나도 다 알아. 아니, 내가 그걸 모를 만한 바보는 아니잖아.

UNIT 22

Off the top of my head
지금 당장 떠오르는 생각으로는

MP3 186

1   네이티브는 즉흥적인 질문을 받을 때 종종 Off the top of my head(지금 당장 떠오르는 생각으로는)를 넣어 답변해요. 내 머릿속 깊이 있는 기억의 저장 창고까지 간 게 아닌, 지금 이 순간 내 머리 위에 딱 떠오르는 말풍선을 말해 주는 느낌이죠. 이처럼 제대로 된 조사나 준비 없이 지금 바로 생각나는 아이디어나 기억나는 정보를 알려 줄 때, 그래서 정확히 확인하거나 검토한 건 아니지만 현재 내가 알고 있는 지식이나 기억을 기반으로 말할 때 Off the top of my head를 자주 씁니다.

전 이걸 설령 내 답변이 틀리더라도 자신을 방어해 줄 수 있는 '안전망' 같은 표현이라고 생각해요. 질문에 답변하려고 최선을 다해 지금 생각나거나 기억나는 걸 말해 주지만, 그게 꼭 정확하거나 최고의 답변이란 보장은 없다는 뉘앙스가 담겨 있거든요.

> A **Do you know how many people are in our department?**
> 우리 부서에 사람들이 몇 명인지 알아?
>
> B **I don't remember the exact number off the top of my head, but I'd say about 20.**
> 지금 당장은 정확히 몇 명인지 기억이 안 나는데 한 20명쯤 될 거야.
>
> **I don't know if we can actually do this. It's just an idea off the top of my head.**
> 실질적으로 우리가 이걸 할 수 있는지 잘 모르겠어. 그냥 갑자기 든 생각이야.

2   그런데 완전한 확신 없이 답변하고 싶지 않을 때도 있잖아요. 아무리 안전망 같은 표현이라고 해도 괜히 잘못된 정보를 주었다가 곤란한 상황에 처할 수도 있고 왠지 찜찜하기도 하고요. 그래서 즉각적인 답변이나 아이디어 제시가 어려울 땐 이렇게 말할 수 있어요.

> **Sorry, I don't know off the top of my head.**
> 미안, 지금 당장은 생각이 잘 안 나네.
>
> **I don't know off the top of my head, but I can find out.**
> 지금 당장은 잘 모르겠는데 알아볼 수는 있어요.

It is what it is.
(체념, 마음을 비우고 받아들일 때) 뭐 어쩌겠어/어쩔 수 없지.

MP3 187

1 이미 일어난 일이나 바꿀 수 없는 상황을 체념하고 받아들일 때 It is what it is.(뭐 어쩌겠어, 어쩔 수 없지.)를 자주 쓰는데요. 지금 상황에서 뭘 바꿀 수 있는 것도 아닌데 그냥 현실을 있는 그대로 받아들여야지 어떻게 하겠냐는 뉘앙스로 쓰입니다.

I'm sorry, but it is what it is.
(지금 상황에서 바꿀 수 있는 건 딱히 없다며) 미안한데 어쩔 수 없어.

There's nothing we can do about it. It is what it is.
우리가 그것에 대해 할 수 있는 게 없어. 이게 현실인데 뭐 어쩌겠어.

2 그런데 살다 보면 아무리 노력해도 내 맘대로 안 되는 게 있잖아요. 그렇다고 마냥 '만일 이랬으면 어땠을까?' 하며 자책하고 현실을 부정하는 것보다 그 에너지를 지금 상황에 맞춰 앞으로 어떻게 나아가고 대처할지에 쏟는 게 더 현명하죠. 속상해도 어차피 달라지는 건 없으니 현실을 빨리 받아들이고 넘어가자는 긍정적인 뉘앙스로도 It is what it is.(뭐, 어쩔 수 없지.)가 자주 쓰입니다.

A **That deal fell through.**
그 거래 무산됐어.

B **Well, it is what it is. Let's not dwell on it and focus on closing some other deals.**
뭐 어쩔 수 없지. 계속 연연해하지 말고 다른 거래들 성사시키는 데 집중하자.

A **We didn't get the funding we needed for the project.**
그 프로젝트에 필요한 자금을 우리가 못 받았어.

B **Well, it is what it is. We'll just have to find another way to make it work.**
뭐, 어쩔 수 없지. 그냥 문제없이 진행하기 위해 다른 방법을 찾는 수밖에.

POP Quiz!

Go south ☐

The ball's in your court. ☐

All hands on deck. ☐

Not see eye to eye ☐

It is what it is. ☐

Sleep on it ☐

Wing it ☐

It's water under the bridge. ☐

Take a rain check ☐

Off the top of my head ☐

Cut corners

We have bigger fish to fry.

Ballpark figure

Skeleton in the closet

HINT

시간을 갖고 잘 생각해 보다 | 다 지나간/끝난 일이야. | 절차를 생략하다, 대충 해치우다 | 숨기고 싶은 비밀 | 네가 결정/처리할 차례야, 이제 네게 달렸어. | 의견/생각이 다르다 | 떨어지다, (상황이) 악화되다 | 지금 이럴 때가 아니야/더 중요한 일을 처리해야 해. | (체념, 마음을 비우고 받아들이며) 뭐, 어쩔 수 없지. | 모두 힘을 합쳐야 해. | 지금 당장 떠오르는 생각으로는 | 대략적인 수치/범위, 추정치 | (제의, 초대, 약속 등을) 미루다, 다음을 기약하다 | 즉흥적으로 하다, 준비를 제대로 하진 못했지만 일단 해 보다